汽车技术精品著作系列

基于 ISO 26262 的汽车电子功能安全：

方法与应用

郭 建　王高翃　赵涌鑫　蒲戈光　编著

机械工业出版社
CHINA MACHINE PRESS

本书从开发方法和应用指南两个部分对汽车电子的功能安全进行介绍，提供了从系统工程的角度整体地对汽车电子功能安全进行开发的方法，方便读者理解功能安全开发过程中所遇到的问题。本书还介绍了软件开发的形式化方法和一种高可靠性的软件开发功能安全验证方法。本书第二部分的应用指南，结合实现开发应用中的案例，对 ISO 26262 标准的理解和应用进行了具体的分析。

本书共 14 章，包括绪论、整体安全管理方法、概念阶段、系统级开发、硬件级开发、软件级开发、系统集成、形式化方法、故障容错系统开发、ASIL 等级分解、汽车油量估测与显示系统（FLEDS）功能安全的开发与分析、ISO 26262 功能安全认证案例、形式化方法在发动机管理系统建模中的应用、基于 ASIL 等级的电子节气门控制系统（ETC）软件开发。

本书可作为汽车电子功能安全的学习参考资料。

图书在版编目（CIP）数据

基于 ISO26262 的汽车电子功能安全：方法与应用 / 郭建等编著 . —北京：机械工业出版社，2021.6（2025.6 重印）
（汽车技术精品著作系列）
ISBN 978-7-111-68067-3

Ⅰ. ①基… Ⅱ. ①郭… Ⅲ. ①汽车—电子系统—安全技术 Ⅳ. ① U463.6

中国版本图书馆 CIP 数据核字（2021）第 072136 号

机械工业出版社（北京市百万庄大街 22 号　邮政编码 100037）
策划编辑：连景岩　　　责任编辑：连景岩　徐　霆
责任校对：肖　琳　　　封面设计：马精明
责任印制：单爱军
北京盛通数码印刷有限公司印刷
2025 年 6 月第 1 版第 6 次印刷
169mm×239mm · 13 印张 · 243 千字
标准书号：ISBN 978-7-111-68067-3
定价：119.00 元

电话服务　　　　　　　　网络服务
客服电话：010-88361066　　机 工 官 网：www.cmpbook.com
　　　　　010-88379833　　机 工 官 博：weibo.com/cmp1952
　　　　　010-68326294　　金 书 网：www.golden-book.com
封底无防伪标均为盗版　　机工教育服务网：www.cmpedu.com

前言

　　功能安全国际标准提出了一种全新的从研发过程管理、安全保障技术等多个方面来保障系统安全的先进原理和流程方法，并得到了国际上知名检测认证机构和企业的广泛支持。目前这种原理和方法，已形成了适用于航天、核电、轨道交通、汽车电子、医疗设备、智能家电、电驱设备、流程工业等安全攸关领域的产品安全技术标准，涉及国计民生各个重点行业。

　　在汽车电子领域，随着传感技术、计算机技术、网络技术的发展，汽车电子日益智能化、网络化、集成化。汽车的电子系统功能越来越强大，汽车上有几十到上百个电子控制单元（ECU），譬如汽车安全驾驶辅助系统、防抱死制动系统（ABS）、制动辅助系统（BAS）、驱动防滑装置（ASR）、电子制动辅助系统（EBA）、电子稳定程序（ESP）、车辆偏离警告系统、碰撞规避系统、胎压监测系统（TPMS）、自动驾驶系统等，这些与安全系统相关的电子系统一旦出现功能性故障，将会极大地影响汽车的安全问题，并导致汽车召回。

　　ISO 26262 标准的诞生，为解决软件引发的功能安全问题提供了一个过程框架和程序模型，具体包括：汽车生命周期和生命周期中必要的活动、决定风险等级的具体风险评估方法（汽车安全综合等级，ASIL），以及使用 ASIL 方法来确定获得可接受的残余风险的必要安全要求和确保获得足够和可接受的安全等级的有效性和确定性措施。

　　随着系统复杂性的提高，以及软件和机电设备的应用，来自系统失效和随机硬件失效的风险日益增加。制定 ISO 26262 标准的目的是使得研发设计人员对安全相关功能有一个更好的理解，并尽可能明确地对它们进行解释，同时为避免这些风险提供了可行性的要求和流程。ISO 26262 为汽车安全提供了一个生命周期（管理、开发、生产、经营、服务、报废）理念，并在这些生命周期阶段中提供必要的支持。该标准涵盖功能性安全方面的整体开发过程（包括需求规划、设计、实施、集成、验证、确认和配置）。

　　本书作者在对汽车电子功能安全进行研究的过程中，基于对

ISO 26262 标准的理解，结合系统工程的方法论和开发应用的案例，对标准进行了解读，以求读者在对标准的应用过程中能够获得更明确的解释和指导。

本书从开发方法和应用指南两个部分对汽车电子的功能安全进行介绍，提供了从系统工程的角度整体地对汽车电子功能安全进行开发的方法，方便读者理解功能安全开发过程中所遇到的问题。本书还介绍了软件开发的形式化方法，介绍了一种高可靠性的软件开发功能安全验证方法。本书第二部分的应用指南，结合实现开发应用中的案例，对标准的理解和应用进行了具体的分析。

本书共 14 章，包括绪论、整体安全管理方法、概念阶段、系统级开发、硬件级开发、软件级开发、系统集成、形式化方法、故障容错系统开发、ASIL 等级分解、汽车油量估测与显示系统（FLEDS）功能安全的开发与分析、ISO 26262 功能安全认证案例、形式化方法在发动机管理系统建模中的应用、基于 ASIL 等级的电子节气门控制系统（ETC）软件开发。

本书可作为汽车电子功能安全的学习参考资料。

由于编者水平有限，书中不妥之处在所难免，敬请广大读者批评指正。

编　者

前言

第Ⅰ部分 开发方法

第1章 绪论 // 3

1.1 功能安全概念 // 3
1.2 功能安全标准 // 5
1.3 汽车电子产业现状与前景 // 7
1.4 ISO 26262 发展 // 21
1.5 小结 // 24

第2章 整体安全管理方法 // 25

2.1 安全生命周期 // 25
2.2 功能安全认可方法 // 30
2.3 安全档案 // 32
2.4 小结 // 33

第3章 概念阶段 // 34

3.1 相关项定义 // 34
3.2 危害分析和风险评估 // 35
3.3 安全目标与 ASIL 等级概念 // 37
3.4 功能安全概念 // 39
3.5 小结 // 41

第 4 章 系统级开发 // 42

4.1 可靠性工程 // 43
4.2 架构开发 // 47
4.3 技术安全概念 // 51
4.4 系统级产品开发 // 52
4.5 组件级产品开发 // 53
4.6 ISO 26262 的验证 // 55
4.7 小结 // 57

第 5 章 硬件级开发 // 58

5.1 系统分析 // 58
5.2 故障分类示例 // 62
5.3 架构度量 // 64
5.4 相关失效分析 // 68
5.5 小结 // 70

第 6 章 软件级开发 // 71

6.1 软件安全需求规范 // 74
6.2 软件架构设计 // 75
6.3 软件单元设计与实现 // 77
6.4 软件单元验证 // 78
6.5 软件集成与验证 // 80
6.6 小结 // 81

第 7 章 系统集成 // 82

7.1 概述 // 82
7.2 系统集成中的安全分析和测试 // 83
7.3 系统集成中的验证要求 // 84
7.4 系统集成中的安全确认 // 85
7.5 其他技术要素集成 // 86

7.6 在用证明示例 // 89
7.7 小结 // 91

第 8 章 形式化方法 // 92

8.1 形式化语言 // 92
8.2 形式化规范 // 105
8.3 形式化验证 // 112
8.4 形式化验证的常见工具 // 116
8.5 小结 // 120

第 II 部分 应用指南

第 9 章 故障容错系统开发 // 123

9.1 概念阶段 // 123
9.2 故障容错相关项的 ASIL 等级分解 // 126
9.3 转换要求时间 // 127
9.4 小结 // 130

第 10 章 ASIL 等级分解 // 131

10.1 ASIL 等级分解概述 // 131
10.2 ASIL 等级分解示例 // 132
10.3 小结 // 134

第 11 章 汽车油量估测与显示系统（FLEDS）功能安全的开发与分析 // 135

11.1 FLEDS 的需求分析 // 135
11.2 ISO 26262 概念阶段的整体架构 // 137
11.3 FLEDS 中相关项的确定与定义 // 138

11.4 FLEDS 的安全目标 // 146
11.5 FLEDS 的功能安全概念 // 148
11.6 小结 // 151

第 12 章 ISO 26262 功能安全认证案例 // 152

12.1 SmartRocket Unit 相关标准要求 // 152
12.2 SmartRocket Unit 规范文档示例 // 155
12.3 小结 // 159

第 13 章 形式化方法在发动机管理系统建模中的应用 // 160

13.1 AUTOSAR OS 和汽车发动机管理系统简介 // 161
13.2 形式化建模的整体框架 // 163
13.3 AUTOSAR OS 建模 // 164
13.4 EMS 建模 // 171
13.5 EMS 的验证 // 175
13.6 实现 // 179
13.7 小结 // 180

第 14 章 基于 ASIL 等级的电子节气门控制系统（ETC）软件开发 // 182

14.1 整体设计指导 // 182
14.2 电子节气门控制系统整体架构 // 184
14.3 软件架构设计 // 185
14.4 软件单元设计与实现 // 187
14.5 软件单元验证 // 187
14.6 软件集成和验证 // 189
14.7 嵌入式软件测试 // 189
14.8 小结 // 190

参考文献 // 191

第 I 部分

开发方法

开发方法

第 1 部分

第 1 章

绪　　论

功能安全国际标准提出了一种全新的从研发过程管理、安全保障技术等多个方面来保障系统安全的先进原理和流程方法，并得到了国际上知名检测认证机构和企业的广泛支持。目前这种原理和方法，已形成了适用于航天、核电、轨道交通、汽车电子、医疗设备、智能家电、电驱设备、流程工业等安全攸关领域的产品安全技术标准，涉及国计民生各个重点行业。

1.1　功能安全概念

工业文明在给人类带来巨大利益的同时，也不可避免地带来了灾难。工程总是伴随着风险，这是由工程本身的性质决定的。工程系统不同于自然系统，它是根据人类需求创造出来的自然界原本不存在的人工物。它包含自然、科学、技术、社会、政治、经济、文化等诸多要素，是一个远离平衡态的复杂有序系统。根据比利时物理化学家 Ilya Prigogine 的耗散结构理论，有序系统要保持有序的结构需要通过环境的熵增来维持。这意味着，如果对工程系统不进行定期的维护和保养，或者受到内外因素的干扰，它就会从有序走向无序，重新回归无序状态，无序即风险。因此，工程必然会伴随风险的发生。

根据国际劳工组织（ILO）在第十五届世界职业安全健康大会公布的数据，全世界每年有接近 2.5 亿工人在生产过程中受到伤害，在生产岗位的死亡人数为 110 万人，加之因安全管理和控制缺陷引发的安全事故而导致的人员伤亡，使全世界每年死于工伤事故和职业病危害的人数约为 200 万，工业安全事故已经成为人类的最大杀手。与此同时，全世界因职业伤亡事故和职业病造成的直接和间接的经济损失，已经超过了全世界平均国内生产总值（GDP）的 4%。安全事故带来的危害和造成的经济损失是触目惊心的。1974 年英国 Nypro 公司在 Flixborough 镇发生的己内酰胺装置爆炸事故造成 28 人死亡，99 人受伤，经济损失达 2.544 亿美元。1976 年意大利塞维索市伊克梅萨化工厂发生二噁英泄漏，造成严重的环境污染，3300 多只动物死亡，许多人出现中毒症状。1984 年印度中央邦博帕尔市的美国联合碳化物公司农药厂发生氰化物泄漏使储气罐内 45t 剧毒气体泄漏殆尽，仅 2 天内就有 2500 余人丧生，另有 60 万人受毒气不同程度的伤害，到 1994 年死亡人数已达 6495 人，还有 4 万人濒临死亡。此外，1986 年苏联基辅州切尔诺贝利核电站核反应堆爆炸，1994 年英国 Millford 港口炼油厂可燃碳氢化合物泄漏，2001 年法国图尔兹 AFZ 化工厂发生硝酸铵爆炸，2005 年英国邦斯菲尔德油库发生火灾，2010 年墨西哥湾"深水地平线"钻井平台爆炸，2011 年中国温州甬温线动车追尾事故，2017 年以来特斯拉、蔚来电动汽车曾多次发生自燃现象，无人驾驶车辆事故频发，这些不断发生的事故，给人类社会带来了巨大的生命和财产的损失。

为了实现"安全工业"的目标，使工业生产更加安全可靠，越来越多的安全相关系统（Safety Related System，SRS）被用在各个不同的领域，保护人员免受伤害，保证机械、整套装置甚至整个工厂自动、正常、安全地运转。安全相关系统虽然降低了工业生产灾难的发生频率，却无法保证系统的绝对安全，有些时候，正是由于安全相关系统发生失效，在需要它执行安全功能时无法正确执行应有的操作，从而导致灾难的发生。为了确保安全相关系统的功能得到确实的执行，人们开始认识到，必须采取措施，用标准和法规来规范领域内安全相关系统的使用，使技术在安全的框架内发展，使人类在尽可能地享受新技术带来的安全和舒适的同时，也能掌控危险。不能由于技术的缺陷和人为错误导致灾难的发生，这样功能安全相关的研究诞生了。

粗略来说，功能安全作为整体安全的一部分，是以系统功能的可靠执行（即依赖于一个系统或设备对其输入的正确响应）来确保系统安全。以电机的过热保护装置为例，它的功能是当电机的温度超出一定范围时断开电源。如果热传感器失效，从而导致断电保护功能失效，温度达到危险值时过热保护装置没有启动，就会导致电机温度不断升高，发热严重，甚至会引起电机毁坏，带来财产损失。在这个电机过热保护装置中，安全依赖于系统执行正确的功能。这种安全依赖于系统执行正确功能的情况，就称为"功能安全"（Functional Safety，FS）。

功能安全与本质安全在概念上有所区别，下面以十字路口为例，比较一下基于两种安全概念的避免路口事故的方法。这里避免路口事故就是安全目标，为了实现这个安全目标，可采取如下两种方案：

1）在十字路口建设立交桥，让两个方向的汽车分别从桥上和桥下通过，这样就不会发生路口车辆相撞的事故了。像这样根据系统特性直接把危险源去掉的方法就是本质安全。

2）在十字路口设置交通信号灯，用来在时间上给交通流分配通行权，指挥车辆有条不紊地行驶，避免交通事故的发生。像这样通过信号灯的安全机制（Safety Mechanism）来抑制事故风险的技术叫做功能安全。

理想的情况是不管什么场合都应采用本质安全，但事实上，在很多场合里，由于系统自身的原因，不可能把危险源除掉。特别是像车载电控系统这样非常复杂的电子化系统，以上所述的本质安全很难被实现和应用。因此我们只能采用功能安全，它的目的就是在本质安全无法达到时，尽可能地通过增加安全机制去提高安全等级，将风险降低到社会可接受的范围内，最终实现安全目标。

1.2 功能安全标准

20世纪70年代以前，安全相关系统大多由电磁继电器组成，也有一部分由固态集成电路构成，80年代开始应用冗余的普通可编程控制器（PLC），随着人们对人身安全、设备安全和环境保护的要求越来越严格，80年代中期以后，伴随着微电子技术和控制系统可靠性技术的发展，专门用于有关安全相关系统的控制器系统、安全型PLC和各种安全解决方案得到迅速发展和推广。但安全控制系统或设备执行安全功能时的可靠性问题，限制了用户使用新技术的积极性。由于没有公认的评价体系，制造商很难说服用户使用新技术，尤其是在关系人身财产安全的重要领域。制造商迫切需要一个公认的标准来建立与用户对接的公共平台。从20世纪70年代开始，欧美各国都开始用系统工程的理论和原理来研究解决安全相关系统的功能安全问题，希望通过标准和法规控制危险，使技术缺陷和人为错误导致的危险威胁降至最小。临近21世纪，国际电工委员会（IEC）率先为促进安全攸关产品的安全性水平提升，发布了首个产品安全性标准——IEC 61508-1:1998《电气/电子/可编程电子安全相关系统的功能安全要求》。该标准从研发过程管理、安全保障技术等多个方面对安全相关产品（含软件）提出了要求，并得到了国际上知名检测认证机构（TÜV、SGS、UL、CSA等）、领军企业（Boeing、Airbus、GE、ABB、BMW等）的广泛支持。国际电工委员会作为世界上成立最早的国际性电工标准化机构，其权威性在为促进安全相关产品的安全水平提升上起到引领作用。

该标准对功能安全（Functional Safety）的定义如下：part of the overall safety relating to the EUC and the EUC control system that depends on the correct functioning of the E/E/PE safety-relted systems and other risk reduction measures（功能安全是指受控装备和受控装备控制系统整体安全相关部分的属性，其取决于

电气/电子/可编程系统功能的正确性和其他风险降低措施）。标准制定的目标是保证电气、电子、可编程安全相关系统的安全可靠，当系统发生故障（包括硬件随机故障和软件故障）或错误时，安全相关系统会采取预先设定的措施，保证故障不会引起人员的伤亡、环境的破坏和设备财产的损失。该标准的内容可概括为以下三个方面：

1）对包括软件、硬件在内的安全相关系统及其部件，在生命周期范围提供了一个安全监督的系统方法。

2）推荐了确定安全相关系统安全功能 SIL 等级的方法。

3）建立一个基础标准，使其可以直接应用于所有工业领域，同时，亦可指导其他领域，如流程工业部门标准 IEC61511、机械部门标准 IEC62061、核工业标准 IEC61513、汽车行业功能安全标准 ISO 26262。

经过最近二十几年来的发展，以 IEC61508 标准为基础，结合各领域的知识背景，形成了适用于航空、核电、轨道交通、汽车、工业仪表、医疗电子、扶梯、电驱设备、智能家电等领域的功能安全技术标准，涉及国计民生各重点行业。功能安全标准系列如图 1.1 所示。

IEC 和 ISO 颁布的功能安全各领域标准详细情况见表 1.1。

表 1.1 功能安全标准系列列表

标准号	名称	行业/领域	颁布方	对应国标
IEC 61508:2010	电气/电子/可编程电子安全相关系统的功能安全	电气/电子/可编程电子	IEC/TC 65	GB/T 20438—2006
IEC 61511:2003	过程工业安全仪表系统的功能安全	过程工业仪表	IEC/TC 65	GB/T 21109—2007
IEC 61513:2011	核电厂核能工业的安全仪表系统	核电	IEC	—
IEC 62061:2005	机械安全与安全有关的电气、电子和可编程电子控制系统的功能安全	机械安全	IEC/TC 44	GB 28526—2012
IEC/TR 62061-1:2010	指导 ISO 13849-1 和 IEC62061 中用于机械的安全相关控制系统设计的应用指南	机械安全相关控制系统	IEC/TC44 iso/TC199	GB/T 34169—2017
IEC 61784-3:2016	工业通信网络协议集第 3 部分：现场总线功能安全	数据通信	IEC/TC 65	GB/T 34040—2017
IEC 61131-6:2012	可编程序控制器第 6 部分：功能安全	设备安全	IEC/TC 65	GB/T 15969.6—2015
IEC 62304:2015	医疗设备软件	设备安全软件	IEC	—

（续）

标准号	名称	行业/领域	颁布方	对应国标
IEC 60730-1:2003	家用和类似用途电自动控制器第1部分：通用要求	家电	IEC/TC 72	GB/T 14536.1—2008
IEC 60800-5-2:2007	可调速的电气传动系统第5-2部分：安全要求功能	电驱设备	IEC/TC 22	GB/T 12668.502—2013
ISO 25119:2010	农业和林业用拖拉机和机械控制系统的安全相关部件	农林业	ISO /TC 23	—
ISO 26262:2011	道路车辆功能安全	汽车	ISO /TC 22	GB/T 34590—2017
ISO 15998	土方机械应用电子器件的机械控制系统（MCS）功能性安全的性能准则和试验	土建	ISO /TC 127	GB/T 34353—2017

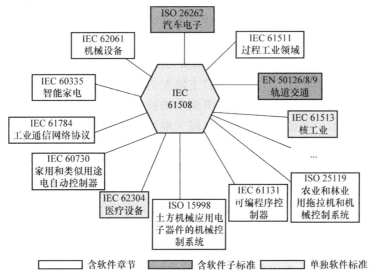

图 1.1 功能安全各行业标准

1.3 汽车电子产业现状与前景

1.3.1 汽车电子产业现状

从历史上看，近 30 年来每一次汽车技术的进步都离不开汽车电子技术的应用，当前世界汽车工业 60%～70% 的技术创新来源于汽车电子技术的使用。汽车电子技术的应用程度已经成为衡量整车水平的主要标志，因此，汽车电子不仅是汽车的核心技术，更是各国汽车技术竞争的焦点。电子技术在一定意义上主导着汽车技术进步的方向和步伐，汽车技术的竞争越来越多地体现在汽车电子技术的竞争上，汽车电子产业的地位日益突出。

我国汽车电子产业随着汽车工业一起进入快速发展时期，巨大的市场吸引着国际知名企业加快在我国汽车电子领域的布局，汽车电子市场呈现出明显的国际化特征。目前，外资和合资企业占据着我国汽车电子市场的极大空间。一方面，虽然我国汽车产业经历了几十年的合资，在汽车生产方面积累了一定的技术储备，在电力主动转向、自动变速器、主动半主动悬架等方面的技术有了一定的发展，取得了一定的成果，积累了一定的经验，但整体上而言，我国汽车电子技术水平还是相当薄弱的，未能掌握核心技术，可靠性和稳定性较差，竞争力不足，因此生产的轿车多为外方设计，以致外资企业的汽车电子产品占据我国的大部分市场，制约了我国汽车电子产业的竞争力；另一方面，国内汽车电子企业没有形成完善的配套体系，企业多是进行产品的自主研发，在产品研发后才到整车厂接受测试，测试成功后才能到需求配套的厂家进行产品生产，因此其配套体系不完善，影响到汽车电子产业的发展；再者，外资企业和合资企业利用我国汽车电子产业起步晚的劣势，向国内汽车电子企业推荐其专用汽车芯片或整体解决方案，我国自主研发的电子产品很难被引用到汽车配套体系中，使我国自主品牌只限于从事简单的技术开发和产品组装，产品的高额利润和核心技术仍掌握在外资手中，极大地压缩了国内汽车电子企业的利润空间和自主技术开发空间。汽车电子化程度的高低已经成为当今世界衡量汽车先进水平的重要标志。目前，我国现有低端汽车电子产品距世界一般水平约差 3 年时间，而高端产品则差距在 7 年以上。这些差距主要表现在电子控制单元的软硬件、传感器、执行器、系统的可靠性和控制精度等方面。

市场研究机构 SemicastResearch 的报告指出，在 2016 年全球车用半导体市场排名前 10 的厂商依次是恩智浦半导体、英飞凌、瑞萨电子、意法半导体、德州仪器、博世、安森美半导体、微芯、东芝、罗姆。这 10 家厂商占据了全球车用半导体市场 67.1% 的份额，并且都不是中国自主品牌厂商，我国汽车电子企业正面临外资企业的巨大竞争压力。国际厂商，如英飞凌，已在我国建立了生产基地，主要致力于开发生产更高认证级别的、更复杂的汽车电子元器件及功率器件等产品，包括产品的设计、研发、制造和组装。我国自主品牌积极应对市场，竞争日趋激烈。国内公司集中在娱乐、远程信息处理和车辆控制等更成熟的领域，如音频、视频、导航、遥控门锁（RKE）和防抱死制动系统（ABS）。深圳航盛是中国汽车电子行业的主要厂商，其主要产品包括汽车视听娱乐系统产品、车身电子智能集成控制系统、车载 GPS 自主导航系统和汽车安全控制系统等。另外，有中国科学院背景的中科正方较早进入我国汽车电子行业，主要生产汽车仪表、CAN 总线车用控制系统、发动机 EGR 等。

到目前为止，汽车电子技术已经发展到了功能多样化、系统集成化、体积微小化、系统网络化。在功能多样化方面，现在汽车应用的一个控制系统可以由多个子系统组成，一个控制系统就可以控制多个功能；在系统的集成化方面，使硬件上可以共有传感器、控制元件、线路等元件，这样的集成使零散的零件减少，连接点减少，电路线变得简单，提高了汽车的可靠性，在软件上实现信息的共享与集中控制，可以提高和扩展各自的单独控制功能。汽车电子技术不断更新进步，电子元器件越来越多功能、微型化、智能化，给汽车电子控制系统的微型化提供了有力的技术支撑。然而，由于受到外商技术垄断、国际商家打压、国内品牌竞争激烈等原因的影响，我国汽车电子自主品牌在产品开发和产业化上面临很多问题，具体可分为以下几个方面：

1）我国汽车电子企业对国际标准体系的要求了解不深，成为中国汽车电子产业走向国际的障碍。外资企业和合资企业技术实力雄厚，掌握核心技术，不断技术创新，推出功能先进、技术含量高的新产品，同时有相应的行业或企业标准出台；而国内汽车电子企业熟悉汽车电控零部件国际标准的速度远远赶不上外资企业，整车厂信赖洋品牌，我国自主品牌推出新产品的速度重重受阻。

2）根据整车电子产品配置需求，汽车制造商与汽车电子企业没有建立开展项目合作的商业模式，外资企业在中国建立生产基地，与国内企业使用同样的生产资源，享有同样的税收等方面的优惠政策，其产品以技术和价格优势进入中低档产品市场。除此之外，他们在高低端产品之间进行利润比例调节。例如，国内企业自主研发出 ABS 后，极大地动摇了外资企业的垄断地位，抑制了其产品的高利润，外资企业快速做出反应，开发出 ESP 等新产品，技术更先进，功能更全，他们以 ESP 的利润补贴 ABS，使其更具有市场竞争力。

3）汽车制造商对任何零部件都有很高的可靠性要求，任何汽车电子零部件在进入汽车制造商的测试环节前，必须先在多个权威的测试认证机构通过高低温冲击、老化、电磁兼容（EMC）、静电释放（ESD）等各种项目的严格测试，在实际进入批量生产流程之前，还必须通过严苛的现场测试与认证（如各种不同的地域、路况、温度和气候等）。经过 2~3 年的时间与汽车制造商磨合，才能真正进入汽车供应链；而目前国内汽车电子产品存在测试次数少、产品经受的试验时间短、在稳定性和可靠性上难以达到国际标准要求等问题。汽车电子产品与整车的配套相关性很高，国内大多数汽车企业通常不给国内汽车电子企业机会。

4）企业规模小，制约了国内汽车电子厂商的竞争力。我国大部分的汽车电子零部件企业规模小，没有形成规模效益，因此产品生产成本高，效益低，所占市场份额小，不具备国际竞争力。若想提高竞争力，企业必须扩大规模，加大生产量，提升自主研发能力。汽车电子控制系统的优劣是影响汽车性能的关键因素。然而，汽车电子控制系统的开发需要投入大量资金、技术资源，投资回收期长，短时间内没有收益，存在一定的风险，制约了国内汽车电子企业的竞争力。

虽然我国汽车电子技术水平与国外存在较大差距，但发展空间更为广阔，目前，我国汽车电子产业各方面已认识到应该抓住这一机遇，大力发展汽车电子这一新兴产业，提高我国汽车工业的整体水平和国际竞争力。目前我国汽车电子产业不再是一味地复制别人的产品，进行模仿式技术开发，而是一直把自主创新作为提升企业核心竞争力之本，国内一批汽车电子企业已经得到很大的提升，如高起点的软、硬件投入，开发更全面、更新的产品，增加产品种类，以及努力解决国产汽车电子产品所存在的质量、技术、服务等一系列问题，产品的技术含量、品质都已经有了质的飞跃，具备了一定的与国际品牌相抗衡的实力，形成了初步的汽车电子产业和一定的规模化生产，已融入整车厂的配套体系之中，并逐渐赢得了国内汽车制造商及用户的认可和信任。

1.3.2　无人驾驶功能等开发前景

作为一种智能化的移动交通工具，无人驾驶车辆的优势在于它们可以相互协作、协调或与交叉口控制中心交互，为智能交叉口管理开辟了可能，无人驾驶汽车能够在一定程度上代替人类驾驶员实现一系列的驾驶行为。由于受到经济状况和技术条件等因素的影响，无人驾驶汽车在各个国家和地区的发展情况也各不相同。目前，美国在无人驾驶方面的研究相对较为成熟，在行车可行性和安全性方面做了实际的测试，并且已取得了成果。2019年8月7日起，6辆无人驾驶班车开始在美国纽约市布鲁克林海军造船厂区域提供免费接驳服务，成为纽约市首批无人驾驶班车，这6辆无人驾驶班车每天在布鲁克林海军造船厂内的环路上运行，接驳来往于新渡轮码头的乘客，运行时间为每天上午7:00到晚上10:30。而我国虽然在无人驾驶领域开展研究较晚，并且无人驾驶汽车在我国仍然处于研发试验的初级阶段，但是近年来，国内许多车企纷纷开始和高校及科研机构开展合作，积极投入无人驾驶汽车的研发中，形成相应的无人驾驶汽车企业技术发展格局。相关资料显示，无人驾驶汽车经过了近50年的研究和发展后，技术已日趋成熟和完善，交通系统的安全和效率也将得到极大的提高。

美国国家公路交通安全管理局（NHTSA）将自动化驾驶系统分为5个等级：

1) L0级：无自动驾驶。驾驶员完全控制制动、转向、加速等主要的车辆控制设备。

2）L1级：特定功能的自动化。车辆的一项或多项主要控制设备实现自动化，但无法联动运行成为系统。

3）L2级：整合功能的自动化。车辆中至少有两项自动化控制系统能够联动运行。

4）L3级：实现有限自主驾驶的自动化。在某些特定的条件下，驾驶员可以交让与安全相关的功能的控制权，驾驶员可以偶尔接管车辆。

5）L4级：实现完全自主驾驶的自动化。这是完全意义上的无人驾驶，车辆可以自身全程控制并监控安全相关的驾驶功能。目前，主流水平的无人驾驶处在L2和L3之间，而特斯拉的无人驾驶汽车则处于L3，实现了有限自动驾驶功能。

不同机构对于自动驾驶的分级比较见表1.2。

表 1.2 自动驾驶分级比较

美国国家公路交通安全管理局（NHTSA）、美国汽车工程师协会（SAE）自动驾驶分级标准							
自动驾驶分级		名称（SAE）	定义（SAE）	驾驶操作	周边监控	接管	应用场景
NHTSA	SAE						
L0	L0	人工驾驶	由人类驾驶员全权驾驶汽车，在行驶过程中可以得到警告	人类驾驶员	人类驾驶员	人类驾驶员	无
L1	L1	辅助驾驶	车辆对方向盘和加减速中的一项操作提供驾驶操作，人类驾驶员负责其余的驾驶动作	人类驾驶员和车辆	人类驾驶员	人类驾驶员	限定场景
L2	L2	部分自动驾驶	车辆对方向盘和加减速中的多项操作提供驾驶操作，人类驾驶员负责其余的驾驶动作	车辆	人类驾驶员	人类驾驶员	
L3	L3	条件自动驾驶	由车辆完成绝大部分驾驶操作，人类驾驶员需保持注意力集中以备不时之需	车辆	车辆	人类驾驶员	
L4	L4	高度自动驾驶	由车辆完成所有驾驶操作，人类驾驶员无需保持注意力，但限定道路和环境条件	车辆	车辆	车辆	
	L5	完全自动驾驶	由车辆完成所有驾驶操作，人类驾驶员无需保持注意力	车辆	车辆	车辆	所有场景

从20世70年代开始，国外一些发达国家已经开始了无人驾驶汽车技术的研究。国外的一些著名汽车企业以及IT行业的领先者投入大量的资源来研

发无人驾驶汽车技术，研发进程非常迅速，并且取得了实质性的突破。例如通用汽车公司研制的 EN-V，已在中国上海展出。Parma 大学研发的半自动驾驶车 ARGO，人类驾驶员负责执行纵向控制，智能系统负责横向控制。卡内基梅隆大学塔尔坦赛车队凭借他们的无人驾驶车辆"Boss"，获得了 DARPA UrbanChallenge 无人驾驶车辆挑战赛的 200 万美元奖金。但是即便如此，不同国家的不同企业在自动驾驶的观点上也略有分歧，在选择的技术发展路线方面也存在着一定的差异。

美国的 Google 公司是最先发展无人驾驶技术的公司，其无人驾驶汽车的研发选择的是基于导航技术的路线，研发需要的投入很高，但也产生了许多创新性的成果。Google 无人驾驶汽车通过摄像装置、雷达传感器和激光测距仪感知周围环境中的其他车辆，并使用高分辨率地图来进行导航。其所使用的地图由街景车和探测车绘制而成，包括整个城市的高精确度的经纬度坐标以及每个地理位置相应的三维信息。Google 数据中心对收集而来的车辆信息进行分析和处理，并发出相应的指令，使无人驾驶汽车安全稳定地运行。Google 公司的无人驾驶汽车的研发理念是计算机将完全取代人类驾驶。最初 Google 研发的无人驾驶汽车要求驾驶员坐在方向盘的后面，以便有突发状况时能够代替计算机接管汽车。但在 2013 年的试验之后，Google 公司决定坚持走用计算机完全取代人类驾驶的路线，因为其相信在危机发生时，不存在驾驶员从分心状态下回过神来比计算机系统的反应速度更快的可能。所以，至今 Google 公司的无人驾驶汽车没有方向盘、制动踏板和加速踏板，完全由计算机系统全程控制。

Google X 实验室在 2007 年就开始了无人驾驶汽车研究的各项筹备工作，并在 2009 年利用丰田车身进行了无人驾驶汽车的初步研发工作。2012 年 5 月，美国内华达州机动车辆管理部门（DMV）为 Google 的无人驾驶汽车颁发了首张驾驶许可证，这也是美国首例自动驾驶汽车的路测许可。而在 2014 年 5 月，Google 公司公布了其自主设计的无人驾驶汽车，虽然还处于原型阶段，但是它仍然显示出了其与众不同的创新特性。同年 12 月，Google 完成了首辆全功能无人驾驶汽车原型。截止到 2015 年 11 月，Google 研发的无人驾驶汽车共完成了 209 万 km 的路测。Google 在人工智能方面长时间的研发积淀为其无人驾驶汽车的发展奠定了良好的基础，2016 年 2 月，NHTSA 表示 Google 的无人驾驶汽车采用的人工智能系统可以被视为"驾驶员"，同年，Google 自动驾驶汽车项目独立，成立了新公司 Waymo。虽然，Google 公司是首家上路测试无人驾驶汽车的公司，并且其无人驾驶技术处于领先地位，但是 Google 尚未实现无人驾驶汽车的商品化，在这方面要落后于特斯拉和 Uber 等主要竞争对手。另外，Google 公司的无人驾驶汽车所安装的智能零配件成本较高，安装在汽车顶部的 64 束激光雷达售价就高达 7 万美元，各种传感器的价格总和达到了 25 万美元左右，而整个无人驾驶汽车的成本总计约 35 万美元，过高的成本也是限制 Google 无人驾驶汽车商业化生产的主要因素之一。不过，Waymo 公司近日正式拿到了美国首个商业自动驾驶出租车服务执照，其真正的无人驾驶汽车已进入公路测试阶段，于 2018 年 12 月初推出了全球首项商用无人驾驶汽车服务。这项服务将在新品牌下运营，并直接与 Uber 和 Lyft 竞争。一些无人驾驶汽车配有控制汽车的备用驾驶员，可以在必要情况下接管汽车，最终营运的无人驾驶出租车没有人类驾驶员。总体来看，Google 作为最早发展无人驾驶技术的公司，其依靠自身强大的视觉系统和高精定位为主要优势，在无人驾驶研发领域处于技术领先的地位，并且，其旗下的 Waymo 公司已经开始与美国汽车行业的其他公司积极开展合作，逐步扩大其无人驾驶汽车的应用场景。

特斯拉作为美国另一家具有代表性的无人驾驶汽车的研发公司，其并没有像 Google 那样采用完全由计算机实现自动驾驶的方式。特斯拉公司在无人驾驶汽车的研发过程中旨在通过无人驾驶系统帮助驾驶员提高驾驶体验，实现相应的辅助驾驶功能，其无人自动驾驶不会完全替代驾驶员的作用和地位。特斯拉已经在其量产的车型中，集成了部分基础的自动驾驶功能，但是仍然要求驾驶员做好随时接管车辆的准备。特斯拉公司的无人驾驶汽车的硬件设备包括摄像头、前置雷达和车载处理器等。在汽车行业的未来动态中，汽车产业价值链关键元件可能由传感器、专用计算机硬件（即视频识别）、通信和控制软件等组成。与 Google 有所不同的是，其无人驾驶汽车并未采用激光雷达设备，而是使用摄像头和具有 40 倍计算能力的车载处理器代替。这样可以最大限度地采用便宜的资源，尽可能地获得同等的效果。由于特斯拉的自动驾驶汽车已经投入量产，所以其选择的"低成本感知 + 高性能计算"的方式对于控制整车成本来说是十分合理的。特斯拉公司的 Models 系列车型中加载了自动驾驶系统 Autopilot，它可以帮助驾驶员在一些特定情况下实现辅助自动驾驶功能。2016 年 10 月，特斯拉公司在其新车上都安装了 Autopilot 2.0"完全自动驾驶功能"的硬件系统，其软件部分也包含了多项辅助功能，但是成本却控制在了合理的范围之内。2017 年 3 月，特斯拉宣布推出 Autopilot 8.1 系统，大大提升了无人驾驶汽车的等级。据相关资料统计显示，特斯拉公司的无人驾驶汽车在 Autopilot 模式下行驶的路程已经超过了 2.2 亿 mile（1mile=1.61km）。相对于 Google 公司的无人驾驶汽车目前还处于测试阶段，特斯拉公司的无人驾驶汽车已经实现了商业化的量产，并且拥有一个关于自动驾驶汽车的商业模式。在特斯拉的创始人 Elon Musk 看来，当前汽车实现全自动驾驶的基础已经具备，而且无人驾驶汽车的安全性至少是人类驾驶员的 2 倍以上，理应加快全自动无人驾驶的进程。特斯拉公司在无人驾驶汽车方面研发的目标在传统的车企以及其竞争对手看来，过于冒险甚至有一些激进。过去几年里，特斯拉自动驾驶汽车曾多次发生事故，从而造成车内人员伤亡。这些事件也引起了人们对于无人驾驶汽车安全性的广泛讨论，在实现全自动无人驾驶汽车目标的过程中，特斯拉公司必将遇到技术和安全等方面的多重挑战，有许多问题亟待解决。

  福特公司在 2015 年也成立了无人驾驶汽车研究团队，由在福特公司工作了近 30 年的资深专家 Randy Visintainer 担任此团队的负责人。为了增强在自动驾驶中的云计算能力，福特公司在 2016 年入股了云计算领域的一家公司 Pivovot-al Software，同年 7 月，其与麻省理工学院共同发起了一项关于机器学习以及自动驾驶系统的研究计划，该计划旨在解决车辆碰撞问题以及改进自主路线规划。除了使用激光雷达测距传感外，福特还尝试使用无人机充当无人驾驶汽车的传感器，并获得了一项新专利。根据最新的专利显示，福特公司想要开发一种新类型的车载传感器，一旦无人驾驶汽车的传感器出现问题，无人机的套件将作为替代组件使用。但是目前这套系统还只是处于专利阶段，此项技术的普及还需要长时间的实验及验证。在 2017 年世界移动大会上，福特推出 Autolivery 无人驾驶货车，旨在解决配送的"最后一公里"问题，研究无人驾驶的可行性和盈利性，引发了业内强烈关注以及合作者的兴趣。福特公司计划在 2021 年开始量产无方向盘的纯无人驾驶汽车，用于无人驾驶的出租车服务。

  德国的两大著名汽车企业奔驰和宝马公司也各自开展了有关无人驾驶汽车的研发工作。2013 年 9 月，奔驰汽车公司宣布其生产的 S 级轿车完成了从德国的曼海姆到达普福尔茨海姆的自动驾驶测试。2015 年 1 月，在国际消费电子展上，奔驰公司发布了其旗下 F015 Luxury in Motion 自动驾驶豪华级概念车，并在美国旧金山通过路试。除此之外，奔驰公司还与芯片制造商英伟达公司建立了研发无人驾驶汽车的合作关系。宝马公司早在 2006 年，就已经开始在赛道上尝试对汽车的自动驾驶进行测试。2011 年，宝马公司的无人驾驶汽车的首次路试在德国进行。2014 年 7 月，宝马公司和百度公司达成战略合作，进行无人驾驶汽车的研发和制造，其中，宝马公司负责硬件设施的设计和制造，而百度公司则承担起数据分析和技术服务的任务。2015 年底，宝马公司联合奥迪、奔驰公司收购诺基亚地图业务 HERE，布局对无人驾驶至关重要的高精地图领域。而在 2016 年 7 月，宝马、英特尔以及 Mobileye 联合举行发布会，宣布进行三方合作，联手进入无人驾驶汽车领域，协同开发无人驾驶电动车 iNexy，并声明宝马公司将于 2021 年与两家合作公司共同推出无人驾驶汽车。这也是 IT、汽车、ADAS（高级驾驶辅助系统）三巨头的首次合作。

  除了上述企业外，汽车行业的其他公司也纷纷开展有关无人驾驶汽车的研发和制造。包括丰田、奥迪、大众、沃尔沃等传统车企在内的许多公司都加入了无人驾驶汽车的研究，并制定了相应的战略布局。另外，芯片制造商英伟达、移动专车公司 Uber、全球汽车零件供应商博世等公司的积极参与使得无人驾驶汽车产业更加蓬勃发展。

1.3.3 新能源汽车前景

新能源汽车也是目前发展的一个趋势，这里将介绍新能源汽车的种类和特点，并从国际和国内两方面分别分析新能源汽车的现状。

1. 新能源汽车的种类及其特点

（1）天然气汽车和液化石油气汽车

天然气汽车又被称为"蓝色动力"汽车，主要以压缩天然气（CNG）、液化天然气（LNG）、吸附天然气（ANG）为燃料，常见的是压缩天然气汽车（CNGV）。液化石油气汽车（LPGV）是以液化石油气（LPG）为燃料。CNG 和 LPG 是理想的点燃式发动机燃料，燃气成分单一、纯度高，与空气混合均匀，燃烧完全，CO 和微粒的排放量较低，燃烧温度低因而 NO_x 排放较少，稀燃特性优越，低温起动及低温运转性能好。其缺点是储运性能比液体燃料差、发动机的容积效率较低、着火延迟期较长。这两类汽车多采用双燃料系统，即一个汽油或柴油燃料系统和一个压缩天然气或液化石油气系统，汽车可由其中任意一个系统驱动，并能容易地由一个系统过渡到另一个系统。康明斯与美国能源部正合作开发名为"先进往复式发动机系统"（ARES）的新一代天然气发动机，根据开发目标，该发动机热效率达 50%（热电联产时达到 80% 以上），NO_x 排放量低于 19g/km，制造成本为 400~450 美元/kW，在满足这些目标的同时，发动机具有较高的可靠性。

（2）醇类汽车

醇类汽车就是以甲醇、乙醇等醇类物质为燃料的汽车，使用比较广泛的是乙醇。乙醇来源广泛，制取技术成熟，最新的一种利用纤维素原料生产乙醇的技术可利用的原料几乎包括了所有的农林废弃物、城市生活有机垃圾和工业有机废弃物。目前醇类汽车多使用乙醇与汽油或柴油以任意比例混合的灵活燃料驱动，此燃料属于液体燃料，燃烧特性好，而且从国际经验看，没有技术瓶颈，有利于能源结构调整，同时既不需要改造发动机，又起到良好的节能、降污效果。但这种混合燃料要获得与汽油或柴油相当的功率，必须加大燃油喷射量，当掺醇率大于 15%~20% 时，应改变发动机的压缩比和点火提前角。乙醇燃料理论空燃比低，对发动机进气系统要求不高，自燃性能差，辛烷值高，有较高的抗爆性，挥发性好，混合气分布均匀，热效率较高，汽车尾气污染可减少 30% 以上。这种汽车最早由福特公司在 20 世纪 80 年代中期开发，到 2003 年底，美国有 230 多万辆乙醇汽车，2003 年卖出 233466 辆。2012 年以来，我国工业和信息化部会同有关部门先后在山西、上海、陕西、贵州、甘肃 5 省市的晋中、长治、上海、西安、宝鸡、榆林、汉中、贵阳、兰州、平凉等 10 个城市，组织开展了甲醇汽车试点工作。2017 年国内甲醇产能为 8351 万 t、产量为 6147 万 t，开工率约 74%，处于产能过剩状态。2018 年甲醇汽车试点工作全部结束，并通过了由工业和信息化部、发展和改革委员会、科技部共同组织的验收，取得了积极成效。试点共投入运营甲醇汽车 1024 辆，车辆总运行里程超过 1.84 亿 km，单车最高行驶超过 35 万 km，累计消耗甲醇燃料超过 2.4 万 t。

（3）氢燃料汽车

氢是清洁燃料，采用氢气作为燃料，只需略加改动常规火花塞点火式发动机，其燃烧效率比汽油高，混合气可以较大程度地变稀，所需点火能量小，有利于节约燃料。氢气也可以加入其他燃料（如 CNG）中，用于提高效率和减少 CO 排放。氢的质量能量密度是各种燃料中最高的，但体积能量密度较低，其最大的使用障碍是储存和安全问题。宝马公司一直致力于氢气发动机研制，开发了多款氢发动机汽车，其装有 V12 氢发动机的 7 系列轿车是世界上首批量产的氢发动机汽车，其发动机可使用氢气和汽油两种燃料。2014 年 5 月，日本推出第 4 次《能源基本计划》，提出建设"氢能社会"。2017 年 12 月，日本发布了《氢能源基本战略》，计划到 2030 年，氢燃料电池增加到 80 万台，加氢站 900 座，氢气加注成本降至 30 日元 $/Nm^3$。在 2008 年，欧盟、欧洲工业委员会和欧洲研究社团联合制订了 2020 年氢能与燃料电池发展计划，2014 年又提出《地平线 2020》计划，继续支持"燃料电池与氢能联合执行体（FCH-JU）"，规划到 2020 年氢能燃料电池汽车保有量 50 万辆、加氢站 1000 座、氢气 50% 来自非化石能源。

（4）二甲醚汽车

二甲醚（DME）是一种无色无味的气体，具有优良的燃烧性能，清洁、十六烷值高、动力性能好、污染少，稍加压即为液体，非常适合作为压燃式发动机的代用能源。在发动机性能方面，采用 D20 燃料时，发动机的额定功率输出可以与柴油机相当，同时减少 70% 以上的烟雾和 20% 的氮氧化物（NO_x）排放。日本 NKK 公司成功地开发出用劣质煤生产二甲醚的设备，并且和住友金属工业公司于 1998 年完成了用二甲醚作为汽车燃料的试验，二甲醚汽车（DMEV）不会排放黑色气体污染环境，产生的 NO_x 比柴油少 20%。我国二甲醚研究开发起步较晚，但发展很快。国内二甲醚生产能力逐年增加，一些大规模工业化生产项目正在酝酿中。在作为车用替代燃料方面，西安交通大学和上海交通大学分别于 2000 年、2005 年研制出二甲醚燃料中型和大型客车，尾气排放均满足欧Ⅲ标准。在 2007 年，上海市 147 路共有 30 辆公交车都改成了二甲醚汽车。在 2010 年世博会，上海市投运 30 辆二甲醚公交车作为示范。到目前为止，我国在二甲醚生产、储运、应用方面已开展了部分研发工作，并取得一定成果。但总体来看，二甲醚的研发主要是企业和科研单位的孤立行动，缺乏国家总体部署和统一指导，以及系统的、扎实的研究与应用基础。

（5）气动汽车

以压缩空气、液态空气、液氮等为介质，通过吸热膨胀做功供给驱动能量的汽车称为气动汽车，气动发动机不发生燃烧或其他化学反应，排放的是无污染物的空气或氮气，真正实现了零污染。目前开发比较成功的是压缩空气动力汽车（Air-Powered Vehicle，APV），工作原理类似于传统内燃机汽车，只不过驱动活塞连杆机构的能量来源于高压空气。APV介质来源方便、清洁，社会基础设施建设费用不高，较容易建造；无燃料燃烧过程，对发动机材料要求低，结构简单，可借鉴现有内燃机技术，因而研发周期短，设计和制造容易。但目前APV能量密度和能量转换率还不够高，续驶里程短。1991年法国工程师Guy Negre获得了压缩空气动力发动机的专利，并加盟MDI公司，2000年MDI公司推出名为"进化"（Evolution）的APV，质量仅700kg，其发动机质量仅为35kg，速度可达120km/h。它一次充满压缩空气可行驶200km，充气费用仅为0.3美元，在城市中约可行驶10h，在压缩空气站充气2min就可完成，用气泵充气3h可完成。

（6）电动汽车

电动汽车是零排放或超低排放车辆，可以改善城市大气环境质量，是解决机动车排放的根本性措施。世界上第一辆电动车（Electric Vehicle，EV）由美国人在19世纪90年代制造。EV大致分为蓄电池电动汽车（BEV）、燃料电池电动汽车（FCEV）和混合动力电动汽车（HEV）。电动汽车的一个共同特点是汽车完全或部分由电力通过电机驱动，能够实现低排放或零排放。蓄电池电动汽车是最早出现的电动汽车。使用铅酸电池的汽车整车动力性、续驶里程与传统内燃机汽车有较大的差距，而使用高性能镍氢电池或者锂电池又会使成本大大增加。而且BEV都需一定的充电时间及相应的充电设备，使用场合受到了限制。燃料电池具有近65%的能量利用率，能够实现零排放、低噪声，国外最新开发的高性能燃料电池已经能够实现几乎与传统内燃机汽车相当的动力性能，发展前景很好，但成本却是制约其产业化的瓶颈。在加拿大进行的示范试验表明，使用燃料电池的公共汽车制造成本为120万加元，而使用柴油机的公共汽车仅为27.5万加元。

混合动力汽车融合了传统内燃机汽车和电动汽车的优点，同时克服了两者的缺点，近年来获得了飞速发展，并已经实现了产业化和商业化，PRIUS和INSIGHT两款混合动力汽车的成功向人们展现了混合动力技术的魅力和巨大的市场潜力。

（7）以植物油为燃料的汽车

为了寻找可代替石油的新能源，科学家也将目光投向了植物油，正在研制以植物油如大豆油、玉米油及向日葵油为原料的内燃机燃料。科学家们还在研究生物柴油，这是一种以植物油为原料的燃料，将来可作为柴油的替代品大量用于货车和轮船。生物柴油中不含硫，因此不会对环境造成酸雨威胁。为生产生物柴油，化学家们正在对植物油进行酯化加工，使之变成甲基酯化合物，燃烧起来更干净，发动机内残留物也较少。

2. 国际新能源汽车发展现状

（1）美国新能源汽车发展现状

美国的新能源汽车技术研发和政策支持一直走在世界前列。早在克林顿、布什政府期间就提出过许多政策来扶持新能源汽车的发展。奥巴马上台后，将重点放在插电式混合动力汽车，通过政府采购、示范运行、立法规范、补贴、税收抵扣以及不断完善的积分机制等策略扶持新能源汽车发展。2010年，新能源汽车首次作为其国家战略高度被提出，提出到2015年将会有100万辆插电式混合动力汽车的保有量。2013年，美国能源部发布《电动汽车普及蓝图》，明确美国未来十年在电动汽车动力电池、电机等关键技术领域的研发道路，提出到2022年，每户家庭都能拥有插电式电动汽车。2016年，美国政府发布关于"加快普及电动汽车"计划的声明，希望通过加强政府与企业合作，进一步推广电动汽车和加强充电基础设施建设。

（2）日本新能源汽车发展现状

日本不仅在混合动力汽车领域的技术实力具有领导地位，同时也在燃料电池汽车技术领域加大研发投入，使得技术发展迅速。近年来，日本插电式纯电动汽车和混合动力汽车市场销量高速增长，进入全面推广阶段。日本政府采取绿色税制、购车补贴和分层次建设充电设施等多种措施发展新能源汽车。日本在2010年的"新一代汽车战略"提出2020年混合动力电动汽车与纯电动汽车将占据20%~50%比例的目标，然而2013年新能源汽车的销量已经达到了2020年的目标，发展速度相当快。2013年和2014年，日本政府分别提出"日本重振战略"和"汽车战略2014"，加大对电动汽车补贴。2014年6月，日本政府发布《氢燃料电池战略规划》，明确下一步政策重点从混合动力汽车向燃料电池车转移，提出全力打造"氢社会"的目标。2016年3月，日本政府发布了《电动汽车发展路线图》，提出到2020年国内电动汽车保有量突破100万辆。在日本《氢能燃料电池发展战略路线图》中，提出到2025年，日本燃料电池汽车保有量将达到200万辆。

（3）德国新能源汽车发展现状

早在2009年9月，德国就发布了《国家电动汽车发展计划》，明确发展重点是纯电动汽车，提出到2020年保有量达到100万辆，2030年突破600万辆，2050年基本实现新能源汽车普及，并设立"国家电动汽车平台"，保证计划实施。2016年，德国在柏林气候论坛上表示，德国计划在2030年之前规定禁止燃油车登记，全力推广新能源汽车。2016年5月，德国出台政策激励电动汽车发展，支持政策主要包括研发支持、示范支持、使用支持和财税支持等领域。到2016年初，市场上已经有35款不同类型的电动汽车来自于德国汽车制造商。充电基础设施方面，2016年6月，德国总计有6517个公共充电设施，与2015年末相比提高了10%。

3. 中国新能源汽车发展现状

（1）政策推动

在我国大力发展节能和新能源汽车与当今的国家政策正好不谋而合，有着良好的发展基础。"十一五"期间，我国在"863"计划中设立节能与新能源汽车重大项目，推动节能与新能源汽车整车和关键零部件的研发和产业化，在"十二五"期间，我国开始大力发展节能汽车，但是对于总体的汽车总量占比还是比较低的。全国政协副主席、科技部部长万钢在2008年中国汽车产业发展国际论坛上表示，我国要出台汽车产业振兴规划，明确鼓励发展新能源汽车。之后针对电动汽车的研发投入了3000科技人员直接参与，并且制定了电动汽车的相关标准40多项。2012年，国务院出台了《节能与新能源汽车产业发展规划》并且开始提出了新能源汽车行业的具体目标。在电动汽车行业中，我国有着较好的基础，我国是相对于日本和韩国的第三大锂电池生产国，产业规模和产业链基础都有着一定的优势。在新能源汽车中需要大规模使用动力电池，而我国的生产线正好具备这样的条件。现在我国的电动汽车已经可以规模化应用了。近几年来，我国也出台了关于节能减排与新能源汽车的国家财政补贴的相关政策。我国电动汽车2017年的产量已经达到了79.4万辆，电动汽车全球销量第一、增速最快、全球市场份额最大。电动汽车的基础设施也开始慢慢形成一定的规模。

（2）技术进步

尽管新能源汽车尚处于起步阶段，但由于能源危机、环境污染等原因，发展新能源汽车产业对我国具有很大的现实需求和强烈的紧迫性。因此，国家大力支持相关标准在新能源汽车中的应用，2009年开始实施推广工程，第一阶段"四部委"（科技部、财政部、发改委、工信部）开始"十城千辆"，在2013年开始了第二阶段的推广应用。在两次推广中，2009年还不到300辆，2015年增长到40万辆。随着技术的进步和成本的降低，2020年后，新能源汽车将逐渐成为主流。在新能源汽车数量开始剧增的趋势下，我国也要制定关于新能源汽车的相关标准，对于新能源汽车的驱动方式和结构，充电站的设施和变化，新能源汽车内部电源结构的变化，在这些方面都要制定相关的行业标准，防止因新能源汽车的数量增加和规模扩大，使得行业里的秩序混乱。我们需要"标准先行"，使得企业按照标准来前进，但是标准需要慢慢完善，无法做到一步到位。问题之一是新能源汽车本身的电池能量密度不够，续驶能力不足，对于公交车来说行驶路线比较固定，充电不成问题，但是对于私人购买新能源汽车方面还需要时间进行建设。一些地方政府提出的传统汽车限行，也是为了给新能源汽车营造一个良好的环境，从而引导公众消费者加深新能源汽车的认识。现在，新能源汽车在技术、成本和驾驶感受方面，都会让消费者感受到越来越好。

4. 中国新能源汽车发展趋势

（1）构建完善的充电网络

汽车行业在制定战略方面很灵活，可以通过提供具有高度灵活性、经济有效的创新产品的能力来保持其长期竞争力。通过建设和维护完善的充电网络，结合充电设施自身特点创新充电模式，从而实现新能源汽车的健康稳定发展。建立健全智能电网，是新能源汽车实现发展的重要措施，而传统的电力系统根本无法满足新能源汽车的发展需求，两者之间产生了较大的矛盾。在社会经济发展的促进下，用电量不断增大，这对于电网企业来讲，并非只有机遇，同样也带来了巨大挑战，即合理处理峰谷差。目前，我国建设的大部分电站，主要是为了满足电力系统短期内的峰值。但是，在政策辅助与相关措施的鼓励下，人们购买新能源汽车的积极性与主动性已经开始被调动起来，这样的话，在白天的时候，向电网出卖高价电，而在晚上的时候，使用低谷的低电价进行充电，从而能够进一步解决峰谷差的问题。这样一来，充电网络便能够产生非常强的自我调节能力，进而促使电力系统实现信息化与智能化的双向发展。

（2）全面引导私车消费

我国大多数人在汽车消费方面，依旧停留在传统能源汽车上，而新能源汽车的使用相对较少。新能源汽车的发展终究是需要以消费者为载体的，所以，全面引导私家车消费是非常关键的。这就需要给予企业一种比较宽松的发展空间，为新能源汽车企业制定更多的优惠政策，以此激发其积极性与主动性，推动其进一步实现良性竞争。在此基础上，采取适当的优惠政策，积极引导，加大政府部门使用新能源汽车的力度，充分发挥先锋模范作用，起到良好的带头作用，从而激发人们购置新能源汽车的主动性与积极性。

（3）整合资源，实现产业联盟

为了进一步实现新能源汽车的健康稳定发展，并得到大力推广，必须进一步整合资源，实现产业联盟，有效弥补新能源汽车在研发上的不足，充分发挥企业、高校、科研机构各自在资源、市场等方面的优势，推动相关合作项目取得进展。然而在政府实行的相关政策影响下，我国一些企业为了寻求自身的发展，获得良好的利润，将所有资源都包揽下来，由此造成了严重的资源浪费，从而使得资源分配的科学性与合理性明显不足。为了有效改变这一现状，应进行资源整合，从而形成完善的产业联盟，为新能源汽车发展创新政策奠定基础。例如，我国深圳市发布了指导方针，通过确定适当的研究场所、人员和设备，整合社会资源，以创造一个支持新能源汽车的建设环境。

1.4 ISO 26262 发展

在汽车电子领域，随着传感技术、计算机技术、网络技术的发展，汽车电子日益智能化、网络化、集成化。汽车的电子系统功能越来越强大，汽车上有几十上百个电子控制单元（ECU），譬如汽车安全驾驶辅助系统、防抱死制动系统（ABS）、制动辅助系统（BAS）、驱动防滑装置（ASR）、电子制动辅助系统（EBA）、电子稳定程序（ESP）、车辆偏离警告系统、碰撞规避系统、胎压监测系统（TPMS）、自动驾驶系统等，这些与安全系统相关的电子系统一旦出现功能性故障，将会极大地影响汽车的安全问题，导致汽车召回。如何解决软件引发的功能安全问题，成为多数企业需要面临的重要问题。

同时，由于 IEC 61058 是一个通用的标准，对于汽车电子有些方面不是特别适应。汽车电子的快速发展给 IEC 61508 带来了较大的挑战，因此非常有必要针对汽车电子领域形成特定的标准，鉴于此，ISO 26262 应运而生。

ISO 26262 是国际标准化组织文件第 26262 号，为机动车辆开发和测试紧急安全电子系统提供了一个过程框架和程序模型。它是从电子、电气及可编程器件功能安全基本标准 IEC 61508 派生出来的，主要定位在汽车行业中特定的电气器件、电子设备、可编程电子器件等，是旨在提高汽车电子、电气产品功能安全的国际标准。

ISO 26262 从 2005 年 11 月起正式开始制定，经历了大约 6 年的时间，于 2011 年 11 月正式颁布，成为国际标准。为了更好地适应不断更新的技术要求，ISO 26262 于 2018 发布了新版的汽车安全标准。中国也积极制定了相应的国标 GB/T 34590。安全在将来的汽车研发中是关键要素之一，新的功能不仅用于辅助驾驶，也应用于车辆的动态控制和涉及安全工程领域的主动安全系统。这些功能的研发和集成必将加强安全系统研发过程的需求，同时，也为满足所有预期的安全目的提供证据。

随着系统复杂性的提高，以及软件和机电设备的应用，来自系统失效和随机硬件失效的风险也日益增加，制定 ISO 26262 标准的目的是使得研发设计人员对安全相关功能有一个更好的理解，并尽可能明确地对它们进行解释，同时，为避免这些风险提供了可行性的要求和流程。汽车的系统组成如图 1.2 所示。ISO 26262 为汽车安全提供了一个生命周期（管理、开发、生产、经营、服务、报废）理念，并在这些生命周期阶段中提供必要的支持。该标准涵盖功能性安全方面的整体开发过程（包括需求规划、设计、实施、集成、验证、确认和配置）。

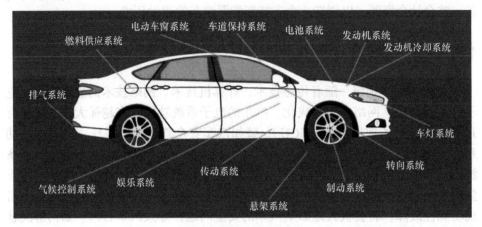

图 1.2　汽车的系统组成

ISO 26262 标准根据安全风险程度将系统或系统某组成部分确定划分为由 A 到 D 的安全需求等级（Automotive Safety Integrity Level，ASIL，汽车安全完整性等级）。其中 D 级为最高等级，需要最苛刻的安全需求。伴随着 ASIL 等级的增加，针对系统硬件和软件开发流程的要求也随之增强。对系统供应商而言，除了需要满足现有的高质量要求外，还必须满足这些因为安全等级增加而提出的更高的要求。

系统安全可以从大量的安全措施中获得，包括各种技术的应用（如机械、液压、气动、电力、电子、可编程电子元件）。尽管 ISO 26262 是相关于 E/E 系统的，但它仍然提供了基于其他相关技术的安全相关系统的框架。

- 提供了汽车生命周期和生命周期中必要的改装活动。
- 提供了决定风险等级的具体风险评估方法（汽车安全综合等级，ASIL）。
- 使用 ASIL 方法来确定获得可接受的残余风险的必要安全要求。
- 提供了确保获得足够和可接受的安全等级的有效性和确定性措施。

功能安全受研发过程（包括具体要求、设计、执行、整合、验证、有效性和配置）、生产过程和服务流程以及管理流程的影响。安全事件总是同通常的功能和质量相关的研发活动与产品伴随在一起。ISO 26262 强调了研发活动和产品的安全相关方面。ISO 26262 主要用于安装在最大毛重不超过 3.5t 的乘用车上的一个或多个 E/E 系统的安全相关系统。但在 2018 版对此进行了进一步的扩展，给出了也适用于摩托车、客车、货车和重型车的流程规范。ISO 26262 不适用于为残疾人设计的特殊目的车辆的 E/E 系统。系统研发早于 ISO 26262

出版日期的，也不在标准的要求之内。ISO 26262 表述了由 E/E 安全相关系统，包括这些系统的互相影响、故障导致的可能危险行为，但不包括电击、火灾、热、辐射、有毒物质、可燃物质、反应物质、腐蚀性物质、能量释放及类似的危险，除非这些危险是由于 E/E 安全相关系统故障导致的。ISO 26262 对 E/E 系统的标称性能没有要求，对这些系统的功能性性能标准也没有要求（如主被动安全系统、制动系统、ACC 等）。2018 年版 ISO 26262 主要包括 12 个部分，见表 1.3。

表 1.3 功能安全标准系列列表

章节	Road vehicles-Functional safety	道路交通功能安全
Part 1:	Vocabulary	术语
Part 2:	Management of functional safety	功能安全管理
Part 3:	Concept phase	概念阶段
Part 4:	Product development at the system level	产品研发：系统层面
Part 5:	Product development at the hardware level	产品研发：硬件层面
Part 6:	Product development at the software level	产品研发：软件层面
Part 7:	Production, operation, service and decommissioning	生产和运行
Part 8:	Supporting processes	支持过程
Part 9:	Automotive safety integrity level (ASIL) -oriented and safety-oriented analyses	以汽车安全完整性等级为导向和以安全为导向的分析
Part 10:	Guidelines on ISO 26262	指南
Part 11:	Guidelines on application of ISO 26262 to semiconductors	ISO 26262 半导体应用指南
Part 12:	Adaptation of ISO 26262 for motorcycles	适用于摩托车的 ISO 26262

ISO 26262 适用范围包括：ISO 26262-BMS 电池管理系统；ISO 26262-MCU 微控制单元；ISO 26262-ECU 电子控制单元；ISO 26262-ABS 防抱死制动系统；ISO 26262-BAS 制动辅助系统；ISO 26262-TPMS 胎压实时监控系统；ISO 26262-PEPS 无钥匙进入系统；ISO 26262-ESP 车身稳定控制系统；ISO 26262-EPS 电子助力转向系统；ISO 26262-CCAS 汽车防撞雷达系统；ISO 26262-AFS 自适应前照明系统；ISO 26262-LDWS 车道偏离预警系统；ISO 26262-ASR 牵引力控制系统；ISO 26262-EBD 电子制动力分配系统；ISO 26262-EBA 紧急制动辅助系统；ISO 26262-VSC 车身稳定控制系统；ISO 26262-PAS 停车辅助系统；ISO 26262-Seat-belt pre-tensioning 安全带预紧；ISO 26262-Electronic brake system 电子制动系统；ISO 26262- 电动汽车（EV）整车控制系统硬件及软件；ISO 26262- 混合动力汽车（HEV）整车控制系统硬件及软件。

ISO 26262 的发展和颁布对于汽车电子行业是一个重大的进步，在第一版 ISO 26262 经验积累的基础上，为了能更好地适应不断更新的技术需求，ISO

26262于2018年正式改版，消除了对车身重量的限制，并将适用范围向其他种类车辆，如摩托车、货车、客车、重型公路车辆进行了拓展；同时引入了半导体层面的功能安全以及失效可操作（Fail-operational）系统。

2018年版ISO 26262标准涉及软件供应商的一些重要修改和补充。具体包括更新了PMHF（硬件故障概率度量）方程式和安全验证，拓展了过程以确保软件工具的使用置信度。

在新增加的第11部分，2018年版ISO 26262制定了关于半导体产品的功能安全设计和使用流程。作为二级汽车供应商的半导体公司，必须满足其原始设备制造商和一级客户提出的各项苛刻要求。他们必须证明，交付给客户的集成电路和系统的开发遵循或已经遵循其所用软件工具的合理设计、验证和确认流程。

在新版标准第8部分特别明确规定了一项名为"工具置信度"（TCL）的标准，对置信度进行了分级。该置信度包括3个等级，其中TCL1为最高等级，TCL3为最低等级，可以用来衡量软件对故障的响应能力和故障检测能力。

新版增加的第12部分是适用于摩托车开发的ISO 26262标准。下文中在没有特别强调时，就是指2018年版的ISO 26262标准。

1.5 小结

本章首先介绍了功能安全的概念和标准，然后分析了汽车电子产业的现状和前景，包括在无人驾驶、新能源等方面的发展情况，最后重点介绍了ISO 26262标准的发展以及新版的变化。

第 2 章

整体安全管理方法

为了进行整体功能安全管理，在功能安全标准 IEC 61508 中首先提出了安全生命周期的概念。在 ISO 26262 安全生命周期的框架下，可以在项目的安全开发过程中采用系统工程的方法，从而有效地进行整体功能安全管理。除了安全生命周期外，功能安全认可也是功能安全管理和责任认定的一个重要方面。安全文档中关于验证和有效性确认的工作成果为功能安全认可提供了证据。本章中，我们将分别介绍 ISO 26262 所描述的安全生命周期、功能安全认可和安全档案的相关内容。

2.1 安全生命周期

随着工业生产和功能安全的发展，工业界开始意识到产品的要求会影响产品的设计，以至于产品的整个开发和使用周期。产品设计、开发和使用中任一阶段的错误都会造成功能安全问题。因此，功能安全是一个贯穿产品整个生命周期的工作，在功能安全标准 IEC 61508 中，提出了安全生命周期的概念。安全生命周期的定义是从产品概念到产品生命结束的整体时间跨度。在安全生命周期的各个阶段，需充分描述产品实际需求，并开展安全活动，实现"整体安全管理"。

除了整体安全管理表述了安全生命周期、产品生命周期和功能安全管理的相互关系外，质量管理体系和安全文化也是整体安全管理的重要环节。质量管理是功能安全的基础，企业的安全文化确保了对安全活动的重视，并系统地针对功能安全进行学习、能力管理和持续建设。

作为功能安全标准，ISO 26262 标准中就质量管理的具体标准并没有提出要求，但就质量管理仍然提出了一些基本的要求。

质量管理相关要求

可考虑如下信息：质量管理体系符合质量管理标准（如 ISO/TS 16949、ISO 9001 或等同要求）的证据；执行安全生命周期活动的组织应具有满足质量标准（如 ISO/TS 16949、ISO 9001 或等同标准）的质量管理体系。

事实上，在一些质量管理标准中，已经考虑了早期开发阶段的功能安全。出于产品可靠性的要求，质量管理也提出了对产品全生命周期进行文档化的想法。更重要的是，良好的质量管理体系是开展功能安全的基础。功能安全标准（如 IEC 61508 和 ISO 26262）在此基础上强调了生产开发过程中功能安全方面的要求。

ISO 26262 是功能安全标准 IEC 61508 在汽车行业的衍生标准，针对汽车行业就安全生命周期进行了展开要求。ISO 26262 建议产品按照一定的项目结构以系统工程方法开发，并在此框架下对产品架构和安全要求进行优化。

2.1.1　ISO 26262 的安全生命周期

ISO 26262 的安全生命周期总结了概念阶段、开发阶段和生产服务阶段中最重要的安全活动。安全的核心管理任务是对安全生命周期的各阶段规划、协调以及验证。

在 2011 版 ISO 26262 标准中的安全生命周期概念图中，安全生命周期分为概念阶段、开发阶段和发布生产后阶段。在 2018 版的描述（图 2.1）中，安全生命周期在整体安全管理的框架下被分为了项目相关的安全管理和发布生产后的安全管理两部分，并且将一些对应的章节进行了调整。例如在 2011 版中，功能安全评估和发布生产章节，作为系统集成的后续阶段，在第 4 部分的第 10 章、第 11 章进行介绍。而在 2018 版中，将这两个环节的要求移至第 2 部分第 6 章，统一在整体安全管理中进行介绍。尽管章节的安排在新版中有所不同，但是在安全生命周期的系统开发阶段，标准中的要求沿用了旧版标准的架构，并且在 2018 版 ISO 26262 的后续部分中，仍然以概念阶段、开发阶段和发布生产后阶段对功能安全要求进行描述。

图 2.1 中从相关项定义到功能安全概念为止是概念阶段，产品开发到发布生产是开发阶段，之后为发布生产后阶段。

第 2 章 整体安全管理方法

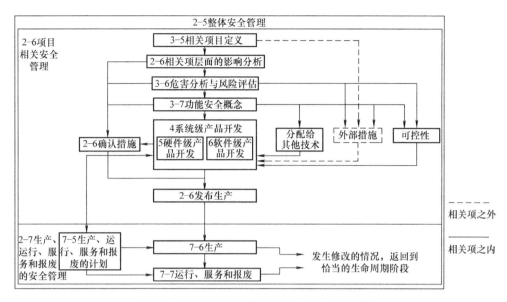

图 2.1 ISO 26262 描述的汽车安全生命周期

安全生命周期

在标准中,对安全生命周期的各个环节进行了如下介绍:

- 相关项定义

对所研发相关项的一个描述,是安全生命周期的初始化任务,包括相关项的功能、接口、环境条件、法规要求和危害等内容,也包括相关项的其他相关功能、系统和组件决定的接口和边界条件等内容。

- 安全生命周期的初始化

基于相关项定义,安全生命周期需要对相关项进行区分,确定是新产品研发,还是既有产品更改。如果是既有产品更改,影响分析的结果可以用来进行安全生命周期的拼接。

- 危害分析和风险评估

安全生命周期初始化之后,需按照 ISO 26262 第 3 部分的要求进行危害分析和风险评估。危害分析和风险评估的流程要考虑危害暴露的可能性、可控性和严重性,以确定相关项的 ASIL 等级。接下来为每一个风险设立安全目标,并确定合适的 ASIL 等级。

- 功能安全概念

基于安全目标,功能安全概念需要考虑具体相关项的基本架构,对定位到每个相关项要素中的功能安全要求的具体化和细化。超出边界条件的系统或其他技术可以作为功能安全概念的一部分来考虑，但对其他技术的应用和外部措施的要求不在 ISO 26262 考虑的范围之内。

- 系统级产品开发

有了具体的功能安全概念之后，就需要按照 ISO 26262 第 4 部分的要求进行系统级开发了。系统级开发的过程基于技术安全要求规范的 V 模型，V 模型左侧下降分支包含技术安全要求的定义、系统架构、系统设计和实现，V 模型右侧上升分支包含集成、验证、确认和功能安全评估。

- 硬件级产品开发

基于系统的设计规范，硬件级的产品研发要遵循 ISO 26262 第 5 部分的要求。硬件开发流程基于 V 模型概念，V 模型左侧包含硬件要求的定义、硬件设计和实现，V 模型右侧包含硬件集成和测试。

- 软件级产品开发

基于系统的设计规范，软件级的产品研发应遵循 ISO 26262 第 6 部分的要求。软件开发流程基于 V 模型概念，V 模型左侧包含软件要求的定义、软件架构设计和实现，V 模型右侧包含软件集成、测试和软件要求验证。

- 产品的生产、运行、服务和报废

生产和运行计划包括相关的需求规范和系统级产品开发等方面。ISO 26262 第 7 部分给出了生产和操作的具体要求。产品的运行、服务和报废也应符合 ISO 26262 第 7 部分中的相关要求。

简单来说，相关项始于概念阶段，通过进行危害分析和风险评估确定其功能安全概念。在产品开发阶段，功能安全概念被进一步细分，并分配至相关项系统架构中，形成技术安全概念。产品的开发采用 V 模型的开发模型，依据系统层级分为系统、硬件和软件阶段的开发。

ISO 26262 建议使用的产品开发阶段的过程模型如图 2.2 所示。

开发过程遵循从设计开发到集成测试的顺序。V 模型强调了在此过程中，通过验证进行迭代开发，并不断完善产品的要求。在系统级的产品开发中，V 模型的左侧分支包括启动系统级产品开发、技术安全要求定义和系统设计，对应于系统级产品的设计开发阶段。由于这一阶段在 V 模型中显示为下降顺序，V 模型的左侧分支也称为下降分支。V 模型的右侧分支为上升分支。系统级产品开发的上升分支对应于系统集成阶段，包括相关项集成和测试、安全确认、功能安全评估和生产发布。与系统级产品开发类似，V 模型的下降分支和上升分支也分别对应于硬件级和软件级开发的设计和集成测试阶段。在软件开发 V 模型中，明确表示了验证工作在迭代开发流程中的作用。

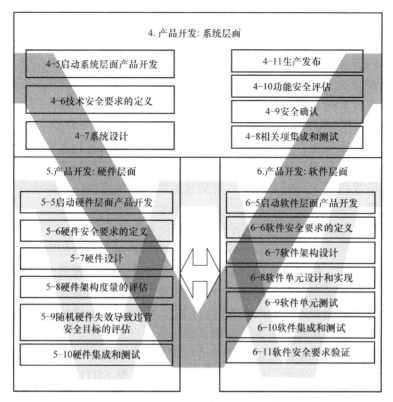

图 2.2 ISO 26262 产品开发 V 模型

在产品开发的同时,也需要考虑生产计划。在项目批准发布投入生产以后,安全活动进入维保阶段。注意在图 2.1 中,外部措施以虚线表示,并不在本标准中直接涉及,但也是产品开发的必要环节。在 2011 版 ISO 26262 中,其他技术(如液压技术)和可控性的要求也被置于虚线框内,但是在更新的 2018 版本中,对这两项进行了规范要求并将其置于实线框中。在功能安全管理的范围内,规范要求在安全生命周期内每个阶段开展的安全活动都要记录足够的信息。这对于有效完成后续阶段的开发和验证活动是必要的。安全生命周期的各阶段活动的执行和记录所形成的安全档案也是整体安全管理的重要部分。

安全生命周期所展现的是在产品生产开发的早期,即概念阶段,进行安全考量是非常重要的。安全在产品生命周期中越早介入,后续及总体的安全成本和风险就越低,因此安全的早期介入也具有重要的经济效益。反之,如果在概念阶段忽视安全的考虑而引入了潜在的危害,这不但会导致危害发生的概率提高,同时也对后续危害的安全处理带来更多的要求和困难。

在开发过程中,ISO 26262 对危害的控制基于产品的故障分析,依据分析结果实现相应的安全机制,以达到安全要求。同时,对于大量生产的复杂产品来说，在开发过程中对安全分析和安全机制的验证也是十分必要的。ISO 26262 推荐以 V 模型为系统工程方法进行系统、硬件和软件级的开发和集成。

产品的开发成果最终以产品发布的形式获得批准并发布生产。产品发布的文件记录要求决策人员了解相关活动的正确性、适当性以及产品实现的特点，并确认相应要求的实现。根据标准要求，在产品确认发布之前，需要准备好安全档案和相关工作成果。

在产品开发完成，确认发布生产并上市以后，仍需进行大量的安全相关的活动。例如汽车上市后的维护，尤其是对容易磨损的部件和系统的维护。而在产品开发阶段所形成的安全档案，对质量追溯、现场维修以及后续开发等都有重要的作用。

以上的整体环节，构成了汽车的生命安全周期。

由于电子产品在汽车行业的应用日益增多，相对于车辆的服役时间，电子产品（包括芯片、软件编程语言等）迭代更新更为快速和频繁，这给汽车行业的功能安全维护带来许多新的挑战。例如辅助驾驶和自动驾驶功能在现代汽车上的应用已经日趋成熟。然而在实际应用中，可能产生一种情况，即由于自动驾驶等高级功能并不能以传统的编程式方法来实现及验证，使得一些功能即使按照软件的预期实现来运行仍可能造成危害。此类的危害场景和相对应的安全工作被称为预期功能安全。相关预期功能安全的标准 SOTIF ISO 21448 仍在制定中。尽管 ISO 26262 标准中并没有涉及预期功能安全，然而，通过遵循标准的开发流程，仍然可能在产品开发过程对风险进行一定程度的管理。现阶段对预期功能安全相关的功能使用仍然有许多限制。

2.1.2 信息安全与安全生命周期

车载通信系统在现代汽车上的普遍使用，使得车辆的信息安全问题开始受到重视。信息安全对于车身电子控制系统的潜在影响也是功能安全必须要考虑的因素。常见的信息安全要求可分为以下几类：

1）信息的可用性——确保数据和架构的访问。
2）信息的完整性——确认控制和通信数据的操作。
3）信息的保密性——禁止未授权的信息访问。

其中信息安全的防盗保护提出了许多功能安全要求，需要重点考虑。此外，与"完整性"相关的信息安全问题也容易影响到系统的功能安全。

2.2 功能安全认可方法

功能安全认可通过认可措施确认产品或系统的功能安全，是功能安全管理和责任认定的重要一环。为了保证功能安全认可的充分透明和可追溯性，ISO

26262 在第 2 部分功能安全管理中对认可措施进行了如下定义。

认可措施

认可措施包括认可评审、功能安全审核和功能安全评估：
- 对已实施的可在相关项开发过程中评估的安全措施的恰当性和有效性进行评审。
- 一次或多次功能安全审核，以评估功能安全所要求的流程实施情况。
- 对安全计划所要求的工作成果的评估，着重对选定的工作成果进行评审，这些活动作为认可评审，目的是确认这些工作成果是否符合标准的相应要求。

2.2.1 确认审查

确认审查的目的是确认各项需求验证之间的关系，以确保安全要求和工作成果的一致性和合规性，从而保证在相关项开发过程中已实施的安全措施的恰当性和有效性。

确认审查需要考虑的工作成果包括：危害分析和风险评估、相关项安全计划、整车级系统集成和测试计划、验证计划、安全分析、工具鉴定、在用证明和安全证明的完整性。

尽管"确认审查"的要求仅在 ISO 26262 第 2 部分中提及，但这对安全档案的建立是十分重要的。

标准虽未要求对相关项的定义、功能安全概念、组件集成及其测试、安全验证以及硬件和软件组件的鉴定进行确认审查，但要求对这些工作成果进行验证。验证是 ISO 26262 标准中确保功能安全所需的重要工作，我们将在第 7 章对此进行更详细的介绍。确认审查工作和验证工作是相辅相承的，其中确认审查主要是为了确保安全活动的恰当性和有效性。通过确认审查和验证的组合应用，能够确保功能安全的一致性、完整性、透明度和正确性，并最终完成功能安全评估，形成安全案例，以确保车辆的功能安全。

2.2.2 功能安全审核

功能安全审核的目标是对安全活动进行评估，评估其是否符合标准，以及是否充分实现功能安全概念的要求。为了达成审核目标，通常需要对安全活动进行调整。为保证安全活动的开展和调整，应当规划实施相应的安全流程。安全流程的规划应该在概念阶段进行。安全活动和安全流程的制定也是形成安全档案的重要部分。

安全流程需要根据相关项、安全目标和安全概念制定,以便从不同的安全活动得到审核所需的工作成果。安全计划首要描述活动的安全目标,以及为达到这一目标所要使用的中间目标(如产品的安全成熟度)和方法(如对故障树分析的应用进行评估)。在故障树分析中,即使是对于同一产品,不同的目标和安全要求所得到的故障树分析结果可能会有很大不同,具体的情况需要根据相关项的安全概念来决定。

2.2.3 功能安全评估

ISO 26262 建议以 V 模型进行系统开发,在开发过程中对安全概念进行充分验证,并且在集成、安全验证后对产品进行最终的整体安全评估。

在功能安全方面,有时也需要在系统边界内对要素(如微控制器等电子部件)进行部分评估。特别是在分布式开发中,整车级厂商不可能对复杂的部件产品进行全面的功能安全评估。通常整车厂会对功能进行部分评估,而对部件的功能安全评估由下级零部件供应商来执行。

功能安全评估的主要对象是系统开发完成所形成的安全档案。ISO 26262 第 2 部分第 6 章中提及以下功能安全评估的目标及要求。

功能安全评估

该要求适用于安全目标 ASIL B(建议)、C、和 D 等级;对于图 2.1 中的安全生命周期各步骤,应识别功能安全评估的具体对象。

根据标准要求,对相关项的整个安全生命周期需进行功能安全评估。但是,对于不同的 ASIL 等级,标准的要求是不同的。标准并没有对 ASIL A 等级的安全目标建议或要求进行功能安全评估;对于 ASIL B 等级的安全目标,标准只是建议进行功能安全直接评估;而对于更高的 ASIL C 和 D 等级的安全目标,功能安全评估则是必需的。安全文档中关于验证和有效性确认的工作成果为功能安全评估提供了证据。

2.3 安全档案

安全档案的目的是提供一个由证据支持,进行清晰、全面和正当的论证,以证明当运行在预期的环境中,相关项不存在不合理的风险。根据标准要求,在产品发布生产之前,必须准备好完善的安全档案,并经过批准。

安全档案有三个主要素:安全要求、论证和证据。图 2.3 描述了这三个主要素之间的关系。

安全要求是相关项开发实践过程中通过危害分析和风险评估并进一步细化得出的。相关的论证和证据一起为安全要求的实现提供了说明。

标准的工作成果（work product）为安全档案提供了证据。根据 ISO 26262 第 1 部分的定义，工作成果指一个或多个相关要求的结果，包含阶段性开发完整信息的独立文档或参考列表，例如，相关项集成和测试计划、集成测试规范和集成测试报告。

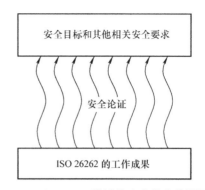

图 2.3　ISO 26262 描述的安全档案关键要素

论证和证据对实现安全要求的说明是互为依托的。没有经过论证的证据，仅仅是一些工作成果，无法解释它们是如何支持安全要求的实现；反之，只有论证过程而没有确实的证据，则论证只会沦为空谈，无法达成有效的证明。

安全认证分为产品论证和过程论证两种类型，以达到对相关项安全的完整论证。其中，产品论证通过直接诉诸实施的相关项特征（例如定时看门狗的行为）来证明安全的安全论证；过程论证通过诉诸开发和评估过程的特征（例如采用的设计符号）来证明安全的安全论证。过程论证为产品论证中用到的证据提供可信度。

根据 ISO 26262 的要求进行产品开发并由安全目标出现计划安全活动，在产品开发完成时会产生一系列的工作成果。这些工作成果形成安全档案，从产品范围、安全活动的一致性、安全分析和安全机制的完整性、验证和有效性确认和功能安全评估等各方面为相关项的功能安全提供了足够的证据。安全档案对将来产品的质量追溯、现场维修以及后续开发起着重要的作用。

2.4　小结

本章介绍了 ISO 26262 所描述的安全生命周期、功能安全认可和安全档案的相关内容。安全生命周期是采用系统工程方法有效地进行整体功能安全管理的基础。功能安全认可通过认可措施确认产品或系统的功能安全，也是功能安全管理和责任认定的重要方面。安全文档中验证和有效性确认工作成果为功能安全认可提供了证据。

第 3 章

概念阶段

概念阶段的主要目的是为开发者和生产者明确将要开发和生产什么样的产品、这个产品存在哪些潜在的危害，以及在开发和生产时需要达到什么样的安全要求才能减少、避免和预防这些危害的发生，也就是为汽车电子产品的研发和生产提供高层次的安全研究。概念阶段主要完成相关项定义（Definition）、危害分析与风险评估（Hazard analysis and risk assessment）和功能安全概念（Functional safety concept）。通过概念阶段初步建立系统的架构及基本功能，并对其进行车辆级（Vehicle level）、系统级（System level）、子系统级（Sub-System level）的风险分析，确定系统需要满足的安全目标（Safety goal），最后明确系统所需的安全机制（Safety Mechanism）。若分析结果没有达到要求的安全目标，则需要引入相应的安全机制来达到安全等级的改善。

3.1 相关项定义

在概念阶段，需要首先定义相关项，对将要研发或待评估的汽车电子产品进行明确的定义和描述，并对所有相关项进行定义说明，描述各个相关项的功能、目的和边界要求等信息。目的是让产品的设计者、开发者、生产者以及评估者对产品有更加清晰、全面和透彻的认识，以便能够很好地完成安全生命周期中定义的每一个活动。

在相关项定义之前，需要先确定汽车电子产品中包含了哪些相关项，然后才能对各个相关项进行定义。简单来说，一个相关项就是实现一定功能的系统或子系统。在相关项定义阶段，为了全面详细地对相关项进行定义和描述，需要从多个角度对相关项进行描述。ISO 26262 中从项目信息和项目的边界条件以及项目之间的接口条件等方面给出了建议。项目信息包括项目的目的和功能、项目的非功能性要求（如操作要求、环境限制等）、法律法规要求、已知的国家和国际标准、类似功能、系统或要素达到的行为，以及对项目预期行为的构想及已知的失效模式和风险等项目缺陷造成的潜在影响方面的内容。从项目的边界条件及项目之间的接口条件可以定义包括相关项的所有要素，如相关项对其他相关项或相关项环境要素的相关影响，以及其他相关项、要素和环境对本相关项的要求。在系统或者包含的要素中，还有对功能的定位和分配，以及影响相关项功能时项目的运行情况。

有了以上的基本信息，就可以对要开发的相关项给出比较明确和具体的定义，明确项目的要求，从而对相关项有足够的理解，能够指导后续工作，从而很好地完成安全生命周期中定义的各个活动。

3.2 危害分析和风险评估

安全一般可分为绝对安全和相对安全。绝对安全是指没有危险，不受威胁，不出事故。在现实中，绝对安全一般是不存在的。既然没有绝对的安全，那么在工程设计时就要考虑"把系统做到什么程度才算是安全的"这一现实问题。在 IEC 61508 中，安全是指"不存在不可接受的风险"，这是一个相对安全的概念，它将安全问题转化为风险问题，因此实施功能安全本质就是控制风险。要控制风险，就必须对风险有正确的认识和评估。风险概念含有负面效果或伤害的含义。美国风险问题专家 William W.Lawrence 把风险定义为"负面效果或伤害的可能性以及负面效果或伤害的强度"。

在概念阶段，ISO 26262 第 3 部分给出了对危害分析和风险评估的要求。危害分析和风险评估的目的和 ISO 13849、IEC 62061 等标准一样，都是为了将设备存在的危险识别出来，并根据危险的程度按照一定的原则对其进行分类，同时针对不同的风险设计具体的安全目标，并最终减少或消除风险，避免未知风险的发生。

进行危害分析和风险评估共有两部分工作：首先是识别出相关项中所有潜在的危害；其次是对识别出来的危害进行分类。为此，需要通过相关的情况分析将产品可能造成的风险识别出来。这就要求考虑可能引发危险的操作环境和操作模式，还要考虑在正确使用时和可预见的误使用时的情况。基于这样的考虑，我们运用大量的技术进行系统分析，具体来说，可以从以下几个方面考虑：

1）识别系统的功能，并分析所有可能的功能故障（Malfunction）或失效，主要可以通过诸如头脑风暴、检查列表、FMEA、产品矩阵，以及相关的领域研究等技术手段来进行。也可以根据汽车电子系统的功能表现、历史统计资料、新闻以及模拟仿真的结果等来识别相关项中的危害。

2）识别与故障相关的驾驶场景。功能故障在特定的驾驶场景下才会造成伤亡事件，比如近光灯系统，其中一个功能故障就是灯非预期熄灭，如果在漆黑的夜晚行驶在山路上，驾驶员看不清道路状况，可能会掉下悬崖，造成车毁人亡。如果此功能故障发生在白天就不会产生任何影响。功能故障和驾驶场景的组合叫做危害事件（hazard event），如在高速公路超车、车库停车等驾驶情景下，建议从公路类型（国道、高速）、路面情况（湿滑、冰雪）、车辆状态（转向、超车、制动、加速等）、环境条件（风雪雨尘、夜晚、隧道灯）、人员情况（乘客、路人）等几个方面考虑。

3）危害应该用在车辆上可以被观察到的条件或影响来定义或描述。

4）在相关操作条件和操作模式下，危害事件的影响应该被明确说明，如车辆电源系统故障可能导致丧失发动机动力、转向的助力以及前照灯照明等情况的出现。

5）如果在危害识别中识别出的风险超出了 ISO 26262 的要求范围，则需要给出相应措施。当然，超出 ISO 26262 的风险可以不必分类列出。

在描述车辆的安全程度时，人们通常会使用"很安全""非常安全""绝对安全"等词汇，但是它们之间存在什么量的区别呢？为了客观地表明工程风险的概率大小，在完成危害的识别以后，就要对这些危害进行适当的分级，以便设定相应的安全目标，并按照不同的风险等级来采取合理的措施加以避免。ISO 26262 对于安全性的衡量完全是基于风险评估的，安全生命周期中很重要的一环就是风险分析，可见理解风险的概念对于理解标准的重要性。风险的分类主要是通过三个指标来考量，包括：危害发生时导致伤害的严重性（Severity）；在操作条件下暴露于危害当中的可能性（Probability of Exposure），即危害所在工况的发生概率；危害的可控性（Controllability），即危害能被驾驶员或其他交通人员控制的可能性。风险可以根据下面的公式计算：

$$R = f(E, C, S)$$

式中，E 是危害暴露的概率；C 是危害的可控性；S 是危害导致的伤害严重性。

这三个指标是根据产品功能行为的表现而评定，因此在做危害分析和风险评估时，并不需要提前知道产品的设计和实现细节。

首先看伤害的严重性。伤害是指危害事件发生时，对所有被卷入事件中的人的伤害程度（无伤害、轻伤、致残、致死）。被卷入事件的人包括车上的驾驶员和乘客，路上骑自行车的人、行人，以及其他车辆上的人员。伤害的严重性可分为 4 个等级，即 S0、S1、S2、S3，表 3.1 给出了关于危害可能导致的后果，以及每一个后果的严重性等级。

第 3 章 概念阶段

表 3.1 危害的严重性等级

级别	S0	S1	S2	S3
描述	无伤害	轻微或有限伤害	严重或危及生命的伤害（可以挽救）	危及生命（不确定可以挽救）、致命伤害

其次是看在操作条件下暴露于危害中的概率。概率的大小分 5 个等级，即 E0、E1、E2、E3、E4，具体分级见表 3.2。至于暴露值是选 E1 还是选 E2，主要看车辆在正常工况下合理的使用情况。评估暴露于危害中的概率并不考虑在车上安装了多少个要评估的产品，或假设了所有车上都安装了这个产品。对于那种认为不是每辆车都安装的产品，其相应的暴露在危害中的概率会减小的说法也是错误的。

表 3.2 暴露于危害中的概率

级别	E0	E1	E2	E3	E4
描述	几乎不可能	非常低的概率	低的概率	中等概率	高的概率

这里，E0 只用于在风险评估中一些建议性的情况，通常如果一个危害，人员暴露其中的概率是 E0，则无需考虑 ASIL 等级。

再次是危害的可控性。即危害事件能被驾驶员或者其他交通参与人员进行控制并减小或者避免伤害的可能性。驾驶员通过观察系统警示信息或快速反应来采取一定的措施对紧急情况进行控制，以及避免危害事件发生的难易程度。所以，可控性就是驾驶员对紧急情况进行控制，避免危害事件发生的难易程度的一种度量（注意，这里不是系统主动避免危害事件，而是驾驶员对紧急情况进行控制来避免危害事件）。在 ISO 26262 中，可控性分 4 个等级，即 C0、C1、C2 和 C3。使用分级的条件是驾驶员处于正常状态，即不疲劳、有驾照和按照交通规则行驶。当然，其中要考虑可预见的误操作和误使用。4 个级别具体描述见表 3.3。

表 3.3 危害的可控性

级别	C0	C1	C2	C3
描述	通常可控	简单可控	正常可控	很难控制或不可控

其中，C0 用于不影响车辆安全操作的情况。如果危害的可控性被评为 C0，则对其没有 ASIL 等级要求。

3.3 安全目标与 ASIL 等级概念

安全目标就是通过减少、预防和避免危害的发生，使系统在一定条件下能够正常安全运行的安全要求。ASIL（Automotive Safety Integration Level）是指汽车安全完整性等级，描述系统能够实现指定安全目标的概率高低。安全目标和ASIL安全等级共同构成了安全功能要求。

在制定安全目标时，要保证每个危害事件在所有操作情况下确定的ASIL等级都不高于其安全目标的ASIL等级。要得到相关项的安全目标，需要考虑安全目标是为了减少、预防和避免危害的发生而得到的，以及实现安全目标能够保证系统功能上的安全性，使系统可正常安全地运行。

一个安全目标的定义应在危害分析和风险评估过程中对每个危害进行评估时，相似的安全目标可以合并为一个安全目标，合并后的安全目标的ASIL等级应该是合并之前那些安全目标当中的最高的ASIL等级。所以，在对每个危害进行风险评估之后就制定一个安全目标，或者在对所有危害进行风险评估之后，定义安全目标。

有了安全目标以后，按照等级划分的基本规则，考虑影响安全等级的三个要素，即伤害的严重性、危害暴露的概率和可控性，最终确定系统或者ECU的ASIL等级，具体确定方法见图3.1和表3.4。

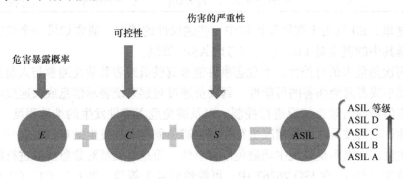

图3.1　风险与ASIL等级

表3.4　ASIL等级确定表

严重性等级	暴露的概率等级	可控性等级		
		C1	C2	C3
S1	E1	QM	QM	QM
	E2	QM	QM	QM
	E3	QM	QM	A
	E4	QM	A	B
S2	E1	QM	QM	QM
	E2	QM	QM	A
	E3	QM	A	B
	E4	A	B	C
S3	E1	QM	QM	A
	E2	QM	A	B
	E3	A	B	C
	E4	B	C	D

ASIL 等级分为 A、B、C 和 D 四个等级，ASIL A 是最低的安全等级，ASIL D 是最高的安全等级。除了这四个等级，QM 表示与安全无关，只需进行质量管理。在风险分析过程中，要确保对每个危险事件，根据 S、E、C 和具体的操作条件和模式来确定 ASIL 等级，其等级应不低于其安全目标的要求。同时，相似的安全目标也可以合并为一个安全目标，但要达到的 ASIL 等级应该是合并后最高的等级。如果安全目标可以被分解到具体的状态中，那么每个安全目标也要转换成达到具体安全状态下安全目标的具体要求。

在整车研发中，给汽车上的全部电子电气系统划分安全等级，明确每个系统、每个子系统和每个零部件的安全目标。制定执行明确的安全措施，可以使相关人员和部门统一认识，避免因为目标含混不清、职责不明确造成的风险。除此之外，安全等级的划分具有非常重要的经济意义。要避免在同一个安全要素上重复投入资源，出现分布不均而造成资源浪费，例如，一个风险点有几个安全保障，而另一个故障点却没有意识到。同时，如果把安全等级制定得过高，就会造成不必要的浪费；反之，则会增大工程风险的概率。给出一个符合实际的安全等级非常有必要，通过系统性、全生命周期的思考方式，实现全面规划安全功能的目的。

3.4 功能安全概念

完成危害分析和风险评估之后，需要功能安全的定义，其目的是通过危害分析和风险评估得出的安全目标来确定具体的功能安全要求，并将它们分配到初步的设计架构要素中，或者外部减少危害的措施当中，同时赋予一定的 ASIL 等级，确保满足相关的功能安全要求。

功能安全要求就是实现安全目标的功能性描述，因此每个安全目标都至少有一个功能安全要求与之对应，但是它并没有描述如何在软件和硬件当中实现这些功能。每个功能安全要求都需要被分配到系统基础架构要素当中，并从与之相关的安全目标中按照一定规则继承 ASIL 等级，目的是指定系统架构基础要素（一般为相关项的基本要素）要实现的功能以及这些功能必须要达到的 ASIL 等级。

为了符合功能安全要求，功能安全概念定义了基本的安全机制和安全措施，使功能安全要求分配到系统架构的要素中去。这些机制和措施如下：

1）故障检测和失效缓解措施。

2）安全状态转换。

3）故障容错机制。即故障不会直接导致违背安全目标，或者保持系统处于安全状态（降级或者没有降级）。

4)故障检测和将故障暴露时间减小到驾驶员可接受的警示装置。

5)不同功能触发的多任务请求通过逻辑仲裁选择最合适的控制。

基于上述机制和措施,再根据相关项定义、危害分析和风险评估、安全目标的设定,以及考虑来自外部的预想架构、功能、操作模式及系统状态等因素,进一步考虑将功能安全要求进行适当的分配,指定 ASIL 等级,并将其合理地分配到子系统当中。安全目标和功能安全要求的层次结构如图 3.2 所示。

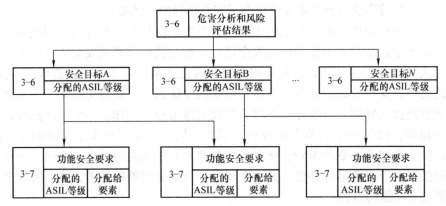

图 3.2 安全目标和功能安全要求的层次结构

在功能安全概念中,ISO 26262 从功能安全要求的来源和功能安全的分配两个方面提出建议和要求。

在功能安全要求的来源方面,应该从安全目标和安全状态来获得相应的功能安全要求,并考虑预想的架构、功能概念、操作模式和系统状态等。要为每个安全目标设定至少一个功能安全要求。同时每个功能安全要求都要考虑具体的操作模式、故障容错时间间隔、安全状态、急停操作间隔、功能冗余等活动。如果安全状态不能通过立即关闭来达到,则需指定一个紧急操作。这些事项都可以通过安全分析(如 FMEA、FTA、HAZOP)等手段来完成,并制定一套完整有效的功能安全要求。

功能安全要求的分配基于相关项预想架构的要素进行。在分配过程中,ASIL 等级和功能安全要求的内容信息都要继续传递。如果多个功能安全要求被分配到同一个架构要素,则这个架构要素应以功能安全要求的最高 ASIL 等级进行研发。如果相关项由超过一个子系统组成,则对于每个独立子系统和它们接口的功能安全要求都要从预想系统架构的功能安全要求中获得,而这些功能安全要求也都要分配到系统中。如果 ASIL 等级需要被分解,则按照符合 ISO 26262 第 9 部分第 5 条款的要求进行。如果安全要求被分配到其他技术的要素中,则无需考虑 ASIL 等级。如果功能安全概念依赖于其他技术的要素,则应考虑以下环节:

1）其他技术执行的功能安全要求应该从其相应的要素中获得并分配到要素中去。

2）明确与其他技术接口的相关功能安全要求。

3）有其他技术执行的功能安全要求要确保有具体的措施。

对于依赖于外部风险降低措施的功能安全概念，应该从相应的外部风险降低措施中获得并分配到其中。为此，需要明确与外部风险降低措施接口的功能安全要求。如果外部风险降低措施由 E/E 系统构成，则功能安全要求可以用 ISO 26262 来评估，确保由外部风险降低措施执行的功能安全要求能够得到正确执行。功能安全概念应该按照 ISO 26262 第 8 部分第 9 条款的要求来验证与安全目标的一致性和符合性。相关项安全确认的原则详细地写在功能安全概念中。功能安全要求的审核应该阐明功能安全要求符合安全目标。

由此，按照流程完成上述分析和审核之后，即完成了功能安全概念的阶段，最终形成功能安全概念的结果和通过审核的功能安全要求。

例 3.1　以安全气囊系统为例，在正常驾驶车辆过程中，安全气囊意外弹出，会造成车辆失控。由危害分析及风险评估得出：车辆安全完整性等级为 ASIL D 等级。安全目标：除非车辆发生碰撞，否则在任何情况下，安全气囊不能意外弹出。功能安全概念：设计一个冗余功能，用来检测车辆是否发生碰撞。

3.5　小结

本章介绍了概念阶段的工作，主要包括相关项的定义、危害分析和风险评估以及功能安全概念，并引入了 ASIL 等级的概念设立及分析，并将功能安全要求和相应的 ASIL 等级分配到预设架构的要素中。

第 4 章

系统级开发

在 ISO 26262 标准中,涉及安全的产品系统级开发具有三个重要的阶段,即系统架构阶段、开发设计阶段、测试验证和评估阶段。标准提出了依据系统工程方法,利用 V 模型进行系统开发的方法论,如图 4.1 所示。

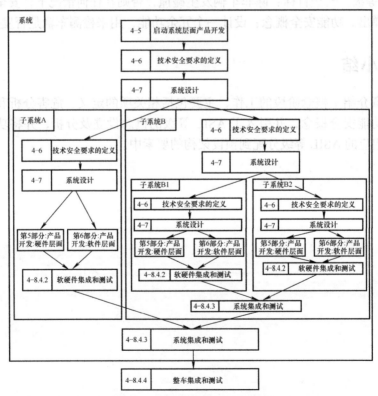

图 4.1 系统层面产品开发示例

系统架构定义阶段包括功能 ASIL 等级的定义、ASIL 整车系统分配、控制模块框架结构及相互关系、整车级和零件级的安全概念、安全目标、安全状态、单点故障度（SPFM）、潜在故障度（LFM）和硬件随机故障目标值（PMHF）等。

开发设计阶段包括产品安全规格定义、软硬件接口、硬件开发和软件开发、测试规范等。

测试验证和评估阶段包括软硬件安全性能测试、系统集成测试、失效率和故障率计算、测试，以及计算结果和开发工具评估。

此外，在产品的开发过程中，ISO 26262 要求进行验证，通过验证活动和开发活动的迭代过程，确保开发成果的准确性、有效性和完整性。

本章将着重介绍系统架构定义阶段和开发设计阶段的相关内容和背景，包括可靠性工程、架构开发、技术安全概念、系统和组件级产品开发以及开发过程的验证。

测试验证和评估阶段将在系统集成（第 7 章）进行介绍。

4.1 可靠性工程

产品可靠性是指元器件、产品、系统在一定时间内、在一定条件下无故障地执行指定功能的能力或可能性。产品的可靠性可以通过可靠度、失效率、平均无故障时间间隔等来评价。

可靠性统计的研究起源于工业时代。Robert Lusser 法则是系统可靠性的基础。1943 年，德国工程师 Robert Lusser 用概率设计法则，计算了 V2 导弹导航系统的可靠度。他提出了利用概率乘积法则，把一个系统的可靠性程度看成该系统的各要素可靠度的乘积，从而首次定量地对可靠性进行了描述。简单来说，根据该法则所述，系统可靠性的强度是由系统中最弱的一环决定的。失效分析和安全分析需要对系统架构进行确认和区分，以便更深入地了解系统安全相关的功能、安全机制的运行以及它们对各个组件的依赖关系。通过测试方法对产品可靠性进行分析，也可以通过对产品施加刺激或注入错误，来观察产品在调整变更后的特性和变化，确定产品的可靠性。此外，安全分析还应当识别外部机制的需求和它们对系统的影响程度，并根据分析结果设计相应的安全措施。通常用冗余的方法提高系统可靠性，例如电力行业应用并行输发电系统实现冗余。

系统的功能运行要求系统中每个环节的功能正常，且每个环节的正常概率是相互独立的，于是系统的整体正常运行概率是每个独立环节的正常概率乘积。设系统中每个环节的正常概率为 $R_1, R_2, \cdots, R_n$，则整体正常运行概率 R_g

为

$$R_g = R_1 \times R_2 \times \cdots \times R_n$$

由此可知，系统各个组件的可靠性远远高于整个系统的可靠性。可靠性工程的研究就是为解决系统可靠性的测量、预测、维护和优化的问题。对复杂系统的系统性分析要求和成本控制等因素促成了可靠性工程的发展。通过研究和实践，人们开始认为可靠性工程应当作为开发和建设的一部分来进行整体考虑，并发展出了系统性的安全开发方法。

可靠性包含了耐久性、可维修性、设计可靠性三大要素。其中，耐久性是指产品使用无故障或使用寿命长；可维修性指当产品发生故障后，能够很快很容易地通过维护或维修排除故障；而设计可靠性是决定产品质量的关键，由于人机系统的复杂性，以及人在操作中可能存在的差错和操作使用环境因素影响，发生错误的可能性依然存在，所以设计的时候必须充分考虑产品的易使用性和易操作性，这就是设计可靠性。此外，产品的使用频率和强度，以及使用环境对可靠性也有重要影响。

4.1.1　可靠性基础

可靠性是要求产品在一段时间内无故障地执行预期功能。为了对可靠性进行量化描述，下面介绍一些常用的衡量可靠性的量化指标，如平均故障时间间隔（MTBF）。

考虑到组件的替代成本和可维修性，需要对可修复组件和不可修复组件进行区分。对不可修复组件，定义平均失效前时间（MTTF）是到发生失效时间的期望；如果组件可维修，定义组件的平均故障时间间隔（MTBF），其中维修时间需要参考各种维修模型。

从概率分布角度来看，如果产品的故障率为常值 R，则其寿命分布呈指数分布，有

$$p(x) = \lambda e^{-\lambda x}$$

式中，λ 与 R 成正比。取 $\lambda = R$，指数分布的期望有

$$E_{x \sim p(x)} = \frac{1}{\lambda}$$

由此可知 MTTF 和故障率 R 互为倒数，即

$$\text{MTTF} = 1/R$$

通常故障率 FIT 表示"每 10^9 h 发生的故障数"，这也是安全工程中对电气部件故障概率的一种度量。

例 4.1 通常设计汽车的预期寿命在 15 年,每年驾驶 300h。假设车辆一共有 1000000 个组件,在车辆寿命内发生了 1 次故障,则可计算得 MTTF——若相关功能需求持续于整个汽车的生命阶段,则

$$MTTF = 15 \times 1000000/1 = 15000000 \text{(年·组件/次)}$$

若相关功能需求只要求在汽车运行时保持,则

$$MTTF = 15 \times 300 \times 1000000/1 = 4500000000 \text{(h·组件/次)}$$

以后者为例,可以以 FIT 为单位算得失效率:

$$R = 1/(4.5 \times 10^9 h) = 0.22 FIT$$

例 4.2 在汽车行业的设计中往往需要使用到产品的预期寿命。通常汽车系统中最薄弱的环节是汽车中的线束,由于异常使用、车辆的装配方式或维护不当,线束中经常会出现错误,其失效率被列为 6000 FIT。在系统功能的定量观察中,薄弱环节的高失效率将会掩盖信号链中的其他错误,使得量化结果无法表现实际所需的效果,而为此,大多数可靠性手册都建议在安全应用的观察中,将线束的错误与 FIT 仅作形式上的关联,以提高可靠性。我们倾向于在这些高失效率的薄弱环节寻求对系统的优化,有大量的研究和精力投入在电缆布线和连接的改进方面。

需要注意的是,故障率在组件的生命周期中不是固定不变的。随着组件运行时间的增加,运行中的持续需求会对故障率造成不同的影响。为此,在确定故障率数值时,必须考虑到运行类型和运行环境。当组件运行经常超过其弹性极限时,统计学上对老化行为的失效率传播分析变得不再准确。因此,为观察并描述老化行为对可靠性的影响,需要防止组件运行超出其弹性极限。通常为保证弹性极限,会采取一些较保守的设计。尽管由于材料多样化,老化曲线不保持恒定,并受到组件运行条件影响,导致老化行为的差异。但是在统计中仍可以采用通用的失效率参考模型,如图 4.2 中的 U 形曲线。

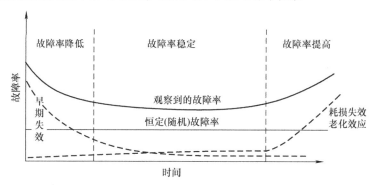

图 4.2 U 形曲线

U 形曲线显示故障率随着时间的发展分为三个阶段：早期失效期、随机失效期和耗损失效期。

- 早期失效期：产品在开始使用时，失效率很高，但随着产品工作时间的增加，失效率迅速降低。这一阶段的失效大多是由于设计、原材料和制造过程中的缺陷造成的。为了缩短这一阶段的时间，可在产品投入运行前进行试运转，以便及早发现、修正和排除故障；或通过试验进行筛选，剔除不合格品。
- 随机失效期：随机失效期的特点是失效率较低，且较稳定，往往可近似看作常数，产品可靠性指标所描述的就是这个时期。这一时期是产品的良好使用阶段。随机失效主要原因是质量缺陷、材料弱点、环境和使用不当等因素。
- 耗损失效期：该阶段的失效率随时间的延长而急速增加，主要由磨损、疲劳、老化和耗损等原因造成。

除了环境因素的考量外，还要以通过统计故障分布的种类及不同的技术因素来描述故障率。如果将故障的产生视为大量随机因素重叠作用的结果，那么正态分布（图 4.3）是最适用于描述此类概念的分布模型。

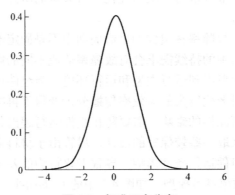

图 4.3　标准正态分布

正态分布的标准差记作 σ。在生产工程中，我们通常考虑 6σ 的值。这对应于要求每百万次失效可能出现 3.4 个缺陷，即故障概率为 0.00034%，成功率为 99.99966%。设 UCL 和 LCL 分别表示控制上限和控制下限，系统的过程能力通过下面的公式计算：

$$C_{pk} = \frac{\text{UCL} - \text{LCL}}{6\sigma}$$

对于系统过程能力的要求，在短期处理过程中，通常取 $C_{pk} = 2$；长期处理过程中则取 $C_{pk} = 1.5$。

4.1.2 可靠性与安全

可靠性通常被视作组件特性，而安全被视作系统特性。其中可靠性表示在环境条件明确定义时的组件特性。对于复杂动态系统的安全分析，希望能够推广并应用可靠性分析的方法。

可靠性和安全有许多重叠的地方，如上述组件间的交互影响。此外，车辆系统的定义规定了外部措施、环境条件、外部车辆系统行为、运行条件和动态行为等。这些都是可靠性和安全的关键影响因素。

在可靠性分析中，通常简单地假设环境条件是规范化的，并且不会发生改变。事实上，随着时间的推移进行观察，环境因素对可靠性的影响就会渐渐体现。然而这些影响因素往往很难确定，或只在产生负面结果（如腐蚀、老化影响等）时能观察到。在系统性的安全分析中，这些因素都需要考虑，并对其进行相应的危害分析和风险评估。在 ISO 26262 第 5 部分中所述的硬件体系结构度量的评估和违背安全目标的随机硬件故障的度量都是基于随机硬件故障率进行定量分析。我们将在第 5 章对此进行更详细的介绍。

单独组件在规范化的环境下，可靠性分析并不能真实反应组件的环境因素。如果不考虑已实施的安全机制，则只能在设计验证的背景下对各个组件进行可靠性预测。这些可靠性指标代表了功能安全的相应定量度量的基础，但是功能安全需要考虑更多系统整体的安全性质，如功能、环境和子系统的相互依赖关系等。

4.2 架构开发

根据 ISO 26262 定义，架构是相关项、功能、系统或要素的结构表征，用于识别结构模块及其边界和接口，并包括硬件和软件要素的要求分配。因此，架构需要满足两个要求——产品结构及其交互，并为描述技术行为提供基础。我们从架构的水平层级对其进行抽象，以便明确描述系统中的每个组件或要素的预期行为和故障发生时的行为，以及组件或要素之间的交互。

系统架构定义阶段包含确定功能 ASIL 等级的定义、ASIL 等级整车系统分配、控制模块框架结构及相互关系、整车级和零件级的技术安全概念、安全目标和安全状态等。

在定义产品架构规范时，需要首先确定产品的预期功能，包括功能要求、产品行为、设计极限和接口。然后，对功能做分析，确定其是否安全相关。如果功能与安全无关，则根据质量管理要求进行开发。功能初步设计由逻辑要素来实现，并逐渐细化成为技术要素直到最终实现功能开发。如果功能与安全有关，那么通过安全分析，定义相应的安全目标和 ASIL 等级，并设计安全机制以保证产品符合安全要求。安全相关功能的开发和安全机制的实现也经由逻辑要素细化为技术要素并最终完成。

ISO 26262 关注的是汽车的电子安全。车身的电子系统包括传感器和执行器等硬件，以及软件和微控制器组件等软硬件。对于电子系统实现的功能是否安全相关，需要做好分析和规划。例如，车上的广播系统是相对独立且不影响安全，因此只需要保证其质量管理（QM）；而制动、转向等控制系统，则需要设计相应 ASIL 等级的安全机制，以实现其功能安全。现代车辆系统通常具有多个安全目标和不同安全等级的安全完整性，架构也随之变得日趋复杂。因此，分析整体产品架构和集成环境变得非常重要。通过产品架构分析，做好预先规划，统一架构和各子系统的定义及相互间的交互，以确保在系统集成时各系统间的匹配。

根据 ISO 26262 标准，清晰明确的系统架构是避免系统性失效的基础。

避免系统性失效的措施

为了避免高复杂性导致的失效，架构设计应满足以下的原则：模块性、适当的粒度水平和简单。

在 2011 版 ISO 26262 中，系统级的设计原则和硬件级的设计原则有很大重叠度。在 2018 版 ISO 26262 中，系统级的设计原则被移除，而保留了表 4.1 和表 4.2 所列硬件和软件的设计原则，以保证架构的模块化等属性。

由此可见，分层的架构设计是系统开发的基础。

4.2.1　水平层级的架构抽象

在描述车辆的行为时，不仅需要明确每个组件或要素的功能和行为，还要明确各个组件或要素之间的依赖关系。为了更好地分析，我们对汽车架构进行整车级、系统级和组件级的抽象并加以研究。

表 4.1　硬件架构设计原则

	原则	ASIL 等级			
		A	B	C	D
1	分层设计	+	+	+	+
2	安全相关硬件组件的精确定义接口	++	++	++	++
3	避免不必要的接口复杂性	+	+	+	+
4	避免不必要的硬件组件复杂性	+	+	+	+
5	可维护性（服务）	+	+	++	++
6	可测试性*	+	+	++	++

注：* 可测试性包括开发和运行过程中的测试；+ 表示推荐，++ 表示强烈推荐。

表 4.2 软件架构设计原则

方法		ASIL 等级			
		A	B	C	D
1a	软件组件的层次	++	++	++	++
1b	限制软件组件的规模	++	++	++	++
1c	限制接口规模	+	+	+	+
1d	每个组件内高内聚	+	++	++	++
1e	软件组件间低耦合	+	++	++	++
1f	恰当调度的特性	++	++	++	++
1g	限制中断的使用	+	+	+	++

系统架构应显示系统安全要求的结构。在水平层级架构抽象的基础上,架构对上下层接口的细节进行描述;通过确定逻辑和技术要素,以实现所需的功能,来进一步确定水平层级内的接口,并确保安全相关系统能够执行正确的行为。

ISO 26262 相关的系统集成提到了三个水平的集成层级,即整车级、系统级和组件级,对应于架构的水平层级抽象。

在该标准的第 4 部分第 8 章中确定了相关项集成和测试目的。

相关项集成

相关项集成和测试阶段包含三个阶段:相关项所包含的每一个要素的软硬件集成、构成一个完整系统的相关项所有要素的集成,以及相关项与车辆上其他系统的集成和与整车的集成。

在三个水平层级间,要求考虑系统集成及其接口:
- 系统 - 整车级接口,将车辆系统(相关项)集成到车辆中。
- 组件 - 系统级接口,将组件集成到已定义的系统中。
- 组件级软硬件接口,电子硬件和嵌入式软件的集成。

尽管 ISO 26262 只是在系统集成中提到架构的水平抽象层级,但是其接口明确对应于系统架构的水平层级,并且会影响到安全要求,因此在系统开发中就需要考虑这些因素,并对架构和接口进行规划。事实上,系统集成时所考虑的系统架构是初始的概念设计和系统开发的结果:系统 - 整车级的接口很大程度上决定了组件开发和布置,ISO 26262 在第 3 部分概念阶段中对此提出了相关的要求;组件 - 系统级的要求则更为具体,根据不同的组件和相互关系也会体现出更多不同;在组件级集成时,由于一个软件系统可以由多个软件组成,相应的软硬件接口的要求也会变得更为复杂。

在整车级，汽车运行环境对系统开发有着重要的影响。安全相关事件的发生概率与设计的使用场景密切相关，场景变化也是多种多样。例如，在平整路面和颠簸路面上的行驶条件，对车辆底盘和车胎以及车辆可控性的影响是不同的。再如，在麋鹿测试中，相同的车速下，由于SUV相比于普通轿车重心更高，普通轿车会体现出更好的稳定性。

在系统级，通常显示组件之间的相互作用，如机械、电子和软件组件，根据不同的要求和环境参数，导致其不同的系统设计。

在组件级，在硬件和软件组件中也有与系统级类似的情形。通常组件级的差异主要表现在架构设计中。

通过对系统架构的抽象描述，可以更好地分配功能安全概念，并且确保冗余安全机制的独立性。

4.2.2 系统架构开发

在系统架构开发过程中，除了架构的水平层级抽象描述及其所分配的安全要求外，系统架构的还受到材料生产能力、专业知识与经验、供应链与运输，甚至是目标客户群体和市场开发等因素的影响。

从安全角度出发，ISO 26262建议以系统工程的方式进行功能安全开发，在系统开发的早期，及时介入功能安全概念。及早地进行危害分析和风险评估以及相应的功能安全开发，为后期的系统迭代整改节省大量的成本。一旦车辆由于安全隐患而需要召回，召回的成本是无法估量的。因此，从整体成本上考量，功能安全的及早介入，以系统工程的方式进行开发是十分必要的。相关安全档案的可复用性也使得产品后期开发成本得到更好的控制。

尽管我们非常重视功能安全，但是这不意味着需要对每一个子系统或组件的功能安全要求都设计为最高的ASIL等级，应以合理的成本实现所需的功能安全要求。

此外，在系统架构开发过程中应该做好相应的项目管理。在产品的开发过程中，通常有一些组件需要最先或者提早确定，如ECU外壳和微控制器——任何针对外壳的更改都会导致开发时间的延长，相关控制装置的安装及空间部署，对安全分析都会受其影响。因此在产品开发过程中，如果没有实质性理由支持，不会轻易更改产品的外壳或微控制器。由此可见产品开发过程非常依赖项目的管理和产品架构。为了使各个组件互相运作，组件的架构需要规范化设计和实现。作为项目规划的第一步，需要创建项目结构树，并考虑产品、组件和相关项的接口。

- 产品、组件和相关项接口需要很好地匹配，接口越多，产品开发就越复杂。

- 产品、组件和相关项接口需要通过分层结构来定义和控制,每个接口都需要在更高的层次结构中定义和管理。
- 产品结构以及水平和垂直接口为规范架构的要素及其行为或它们之间的依赖关系确定的基础。

4.3 技术安全概念

在概念阶段初步形成功能安全概念的基础上,系统架构描述了相关项的功能和要素组成,将功能安全概念分配到系统架构,得到更为具体的技术安全概念。

ISO 26262 第 4 部分第 6 章提出了技术安全要求的规范。

技术安全要求规范

技术安全要求规范需要考虑功能概念和初步的架构设想,从而进一步细化功能安全概念,通过分析来验证技术安全要求是否符合功能安全要求。在整个开发生命周期中,技术安全要求是实现功能安全概念必要的技术要求,目的是将相关项层面的功能安全要求细化到系统层面的技术安全要求。

从技术安全要求规范的描述可知,系统的设计和开发都应源于功能安全概念,是将功能安全概念分配至系统架构,形成技术安全概念。所以,系统架构在技术安全概念中起着核心作用。

在系统架构的冗余安全机制设计中,重要的是冗余机制的独立性,以排除相关失效的影响。例如,通过软件分别实现某项功能的安全监测和功能执行。然而,这两个独立的软件功能可能依赖于同一个硬件资源。为此,在进行软件开发的技术安全概念细化时,必须将它们分开描述与设计,以便得到两个相互独立的软件要素。

系统架构中的一个要素可能会用于实现多种功能。在技术安全概念开发过程中,需要综合考虑功能和技术要素,以避免在描述功能相关性时忽略相关的技术要素。这在安全的相关失效分析中也非常重要。技术安全概念来自于功能安全概念及其对技术架构的要素和接口的分配。在描述技术架构时,确定具体的水平层级并指定其中的要素和接口是很重要的。

在开发的迭代过程之初,由于架构的层级较高,技术要素不一定被考虑。随着开发迭代过程的进行,对要素的描述会向下逐层细化并且越来越详细,上层的系统要素被描述为逻辑要素,并最终通过技术接口实现为技术要素。一个要素作为特定功能实现的一部分是在迭代过程中设计决定的。迭代细化的过程也使得技术要素的接口相较于功能接口变得更多维，接口需要考虑的信息来自于功能、逻辑或技术等多方面。技术要素的接口之间也会产生重叠，出现无法单独实现特定产品特性的情况，需要结合其他要素一起实现特定功能。当系统开发是由多个不同的、跨职能或外部开发团队开发时，需要通过开发团队间的技术安全要求接口来协调产品、组件或相关项的开发。

4.4 系统级产品开发

系统架构决定了所考虑要素的结构，从而决定了这些要素的接口。针对在架构中的抽象层级，这些要素可以是功能要素、逻辑要素或技术要素。要素以及要素之间的交互行为实现系统所需的功能。在系统开发中，还需要具体设计架构中要素的特征和行为，包括系统设计、机械设计、电子设计和软件设计。

在设计和开发过程中，通过验证证明设计的指定特性是否符合要求。每个设计决策都应经过验证，以便可以将指定的特征以及实现的要求正确描述，或者在描述过程中，发现一些约束与性能要求相矛盾的情况，以做到及早修改。此外，通过验证还可以确保产品的可追溯性。

在安全分析中，应分析所有可能的差异，考虑指定的要素并评估其可能发生的错误和影响。这有助于改进系统安全的完整性，并通过验证活动确保产品满足性能和安全要求。因此，在设计阶段，系统架构中的逻辑要素将逐渐转化为技术要素。布局、图形、草图、零件清单和设计规范中记录的设计特征将在每次验证和迭代时得到进一步确认，直到完成一个清晰描述的要素，并便于该要素的应用。

例 4.3 传感器作为一个逻辑元件在设计中首先进入系统，随着其他相关要素进一步的增加，传感器的功能描述也越来越具体，并最终被设计成为一个技术要素。

在设计的最后阶段，较低级别的设计决策需要再次验证和分析，以便能够根据安全要求和正确的规范执行测试，并集成至上层系统。

在设计过程中，经常对功能做出相对保守的假设，于是较小的更改不会对上层设计规范产生太大影响。

在早期设计阶段，足够稳定的接口是很重要的，这样在迭代变更时，对其他要素的依赖关系只会产生有限的影响。产品在进行型号变更时，保守的接口设计显得尤为重要。通过规划一些可变要素的接口，可以解耦相对其他要素的依赖关系和影响，方便在型号变更开发时对组件或要素做出改变。

例 4.4 软硬件接口（HSI）显示了我们必须深入了解组件的详细信息，以确保安全要求足够的覆盖范围和规范级别。要素的接口总是由电子系统的性质给出的。特别是软件组件的功能实现依赖其于机械元件（如 PCB、插接器等）

的接口。例如软件组件的运行依赖于传感器的数据,这需要低级驱动程序读取微控制器硬件中的信息,并通过数据接口传递给软件组件。

4.5 组件级产品开发

与系统级开发相同,组件级的开发关系到软件、电子和机械以及相关工具之间的交互。因此,在组件中需要采用系统开发方法,将技术要素描述为逻辑要素,通过固化模型描述技术行为。我们首先通过安全分析从系统要素的要求中导出逻辑要素的要求,并且测试在要求未能满足时系统要素对其特征和环境的影响。然后再将这些逻辑要素对应到技术要素上,做出设计决策。从设计要素的已知特征到可能的错误传播出发,再通过安全分析,测试并确认这些设计决策具有足够的鲁棒性,或者对设计做出变更以确保故障的影响在可接受范围内。考虑现有的技术要素,我们可通过分析、模拟、计算和测试等典型的设计FMEA措施来评估其特征和行为。

逻辑要素对应到技术要素接口的类型和数量十分庞杂,需要考虑所有技术接口:环境和技术要素之间、技术要素之间;以及所有环境接口:环境和逻辑要素之间、逻辑要素之间、技术要素和功能接口之间、逻辑和技术要素之间。

这些接口的所有特征及其可能出现的故障,以及要素之间的所有预期行为交互可能导致的故障、系统要素要求的不一致。此时,系统的安全鲁棒性是系统对可能的故障或不一致要求所造成的危害的容错能力。

汽车行业采用设计 FMEA 对组件级设计以及设计缺陷的风险确定进行分析,识别产品及其工艺流程特性,包括要素和组件的技术行为、它们之间的信息流、设计的完整性和一致性。设计 FMEA 基于风险对组件的设计展开定量分析,并评估开发过程中的架构度量,确保设计最终能够充分地实现。与此相对,系统 FMEA 主要分析更高层级的体系结构和接口。系统-整车级的接口管理通常需要在 OEM 的指导下协调多个供应商进行。在 ISO 26262 中,此类协调作为安全活动被要求纳入开发接口协议(DIA)。

4.5.1 机械开发

ISO 26262 并未对机械开发作出明确要求。机械产品的规范和特性常见于设计图纸及相关文档和产品数据表中。一般情况下,这些信息已经足够完成大批量生产产品的开发和集成,而无须通过自然语言对规范进行描述。然而,在考虑电子电气的相关问题时,我们也不能忽视机械开发,因为电子电气系统最终需要通过硬件来执行功能。对于机电一体化系统,还需要协调许多不同技术要素的接口并考虑其系统开发。

机械组件和电子元器件一样,会发生随机硬件和系统故障。但是在考虑这些随机硬件故障时，不建议引用 ISO 26262 的度量指标。ISO 26262 中的随机硬件失效等度量指标是电子相关的，无法正确反映机械功能的故障率。

机械系统和组件也可以像电子要素一样，在架构中进行规划和设计。

例 4.5 制动助力器可以作为制动系统中的逻辑要素进行规划，根据指定的集成环境，还可以将一些要求拆分到阀门、弹簧或其他逻辑要素。机械模型中的弹簧可以作为一个逻辑要素考虑，通过弹簧常数来表述其特征。然而，如果需要对弹簧的使用、老化、应力或弹性作出说明，则要将弹簧视为一个技术要素考虑。为了确保其功能安全，弹簧对制动助力器的影响应满足与标准数据表数据一致；还需要考虑制动助力器对其他技术要素（如软件要素）的影响，并明确其安全规范。

为了验证机械组件设计的充分性和接口行为的正确性，对机械组件也会进行诸如系统 FMEA 和设计 FMEA 的分析。通常，与软件密集型组件相比，机械组件的功能相关性更易于分析和说明。

4.5.2 电子开发

在 ISO 26262 的框架下，采用系统开发的 V 型模型作为电子开发的参考模型，通过迭代开发以保证电子产品满足功能和安全要求。在电子开发的过程中，除功能安全外，还要考虑到电气安全，如触电保护等。

对于电子设计和开发，还需要考虑电子元器件。电子元器件在功能要素的限制范围内进一步分解，以便识别电子部件及其特性。对于安全分析或相关故障分析，还需要规划逻辑要素的分离，以便在实现中对故障原因进行区分。在电子元器件设计时，还需要考虑外壳、电路板等机械设备的因素所造成的设计限制，确保电子元器件的功能及安全要求与机械设计的要求相一致。

从系统开发中获得需求、架构、分析结果，包括故障描述、故障评估（FMEA 中的严重度评级），以及设计（图纸、几何准则），通过将需求映射到系统架构，安全要求被分配到电子电器组件。在迭代开发的过程中，安全分析确保安全机制实现的一致性。在架构分析的基础上，对导出的安全要求的完整性和一致性进行验证，并对开发的产品进行测试。

在系统工程的开发过程中，对系统的测试和验证是十分必要的。为保证安全机制的有效性，需要对技术要素进行测试或计算验证，并且在项目早期进行系统性的规划。如果通过模型进行计算可能得到理论依据支持验证结果，那么可以以验证结果来代替一些昂贵的测试。在通常情况下，我们会选择模型计算和测试的组合验证方法，以测试的方法确认模型满足安全要求，证实模型的有效性。在正确的模型基础上进行计算和推理，以保证得到正确的验证结果。

4.6 ISO 26262 的验证

ISO 26262 要求对安全生命周期的每个阶段制订验证计划,并至少在每个开发阶段后进行阶段性验证。因此,基于 ISO 26262 的系统工程开发中,验证是非常重要的组成部分,验证工作的执行不是仅在系统集成阶段,而是贯穿了从相关项设计开始的整个安全生命周期。

验证的目标是提供有关正确性、一致性和完整性的证据,从而保证设计开发中的逻辑和技术要求满足功能要求和安全要求。ISO 26262 中强调验证工作不仅在集成阶段进行,在产品的设计开发阶段,也要求展开验证工作。

事实上,根据 ISO 26262 标准要求,验证工作贯穿于产品的安全生命周期。在开发周期中,功能和安全要求是否被满足,是否需要进行迭代开发或变更,都是基于验证工作进行的。

ISO 26262 第 8 部分第 9 章对验证给出了要求。

ISO 26262 中的验证

验证适用于整个安全生命周期阶段。在概念阶段,验证确保概念是正确、完整的,并符合相关项的边界条件,同时保证定义的边界条件是正确、完整和一致的,以使概念得到实现。

在产品开发阶段,以不同的方式执行验证。

在设计阶段,验证是对工作成果的评估,如需求规范、架构设计、模型或软件实现,从而确保它们与之前建立的要求在正确性、完整性和一致性方面相符合。评估可通过评审、模拟或分析技术开展,并以系统化方式展开工作,包括计划、定义、执行和记录。

在测试阶段,验证是在测试环境下对工作成果的评估,以确保其满足要求。测试以系统化的方式展开工作,包括测试计划、测试用例定义、执行、工作成果评估和记录。

在生产和运行阶段,验证确保安全要求在生产流程、用户手册、维修和维护指导中得到了恰当发布,并通过在生产流程中应用控制措施,相关项安全特性得到满足。

在产品的开发过程中,尤其是当开发活动依赖于以前开发的成果时,ISO 26262 经常要求进行验证,以确保之前开发成果的准确性、有效性和完整性。验证活动和开发活动间也具有一个迭代的过程,通过验证结果的反馈,根据验证期间偏差的评估结果需要对开发活动进行调整和改进。例如在 V 模型的下降分支中,水平向的抽象接口总是要求验证。

验证通常被视为较高层级的活动，相对而言较低级别的活动一般从需求分析开始。ISO 26262 还将测试作为验证活动的一部分进行考虑，特别是在较低级别，如组件设计的抽象。验证中对于正确性、完整性和一致性的验证必须基于一致的验证方法。通常在验证工作之前，上一级的产品需求都已经被分配到下一级要素。在此情况下，需要分析层级之间的关系以便更好地进行验证。

验证活动和开发活动间是迭代改进的过程，只有在验证结果完全为通过时，才不必启动迭代。根据验证期间对偏差的评估以及为重复验证采取的措施，需要回到以前的相应活动，可以是同一水平级内的要求、架构、设计或测试用例规范，也可以反馈并跳回至另一个水平级别（例如，从组件级回到系统级或整车级）。如果迭代返回到整车级别，则顶层安全目标就会受到更改的影响。在验证需求期间的第一项活动应该是需求分析。需求分析需要确定较低级别的要求是来自其上层，还是来自更高级的约束、架构或设计的要求。

通过不同级别的细化，设计总是包含越来越详细的信息，使相关的设计特征在迭代过程中变得越来越可靠。但是，在将信息向下传递时，应对其进行测试或验证，因为根据设计特征实现工作成果仍然有许多不同的方法途径。为此，还要对需求规范和设计规范进行区分。通常，需求规范应提供一般条件作为设计的基础。设计规范描述了实现的特性，可由产品进行测量。需求规范定义了"应该是怎样的"，设计规范定义了"设计方式"。

验证过程的流程模型也有其局限性。验证的过程并不只在需求的开发过程中进行，需求的开发也可能在功能实现时迭代进入。即使在验证结果通过并在产品上正确实现所有要求时，在产品的使用阶段也可能会出现新的问题，在开发阶段没有得到充分的考虑。尤其在当今开发周期越来越短，产品不断地迭代开发，对需求开发和验证的要求也越来越高。开发和验证过程中尽可能全面地考虑所有的安全影响因素，如应用场景和相关条件，以确保在按照流程开发的模型中能够避免安全风险。另外，从形式化方法的角度，需求和设计规范的开发应该是一个线性的不断细化的过程，然而在实际开发过程中，为了使下层开发能够获得足够的信息，设计和需求推导过程中会引入更多的参数。例如微控制器的设计要求提供必要的软件要求，通常这些要求不能从上层需求中推导得到。同时微控制器的基础结构也要在软硬件接口（HSI）中定义，并和软件组件的相关系统要求协调。因此，ISO 26262 也要求验证所有软件需求，无论相关需求是否从系统层需求推导分配给软件级。

除了安全分析和测试外，还需要进行越来越多的验证，以确定正在开发的产品的安全成熟度。在每个组件接口和所有水平接口以及要素之间，所有特征都需要进行验证。另外，有效性确认的方法被用来确保从较高层级的要求或约束所导出的验证要求的正确性。

4.7 小结

在本章中,从可靠性工程开始,介绍了系统级开发过程中系统架构定义阶段和开发设计阶段的相关内容和背景。可靠性是安全的基础,但是与安全又有所区别,因为安全更多是一个系统性的概念,而可靠性更偏向于组件特性。关于系统级开发,根据 ISO 26262 标准中提出的系统工程的流程,依次介绍了架构开发、技术安全概念、系统和组件级产品开发的要求和方法以及开发过程中的验证。

第 5 章

硬件级开发

第 4 章介绍了系统开发阶段的架构开发和技术安全概念，这些都依赖于系统的功能和技术安全要求。ISO 26262 在系统级产品开发中对安全分析的要求主要是对系统故障的分析，而在硬件级产品开发中，对相关安全分析的要求则注重于更具体的定量分析，以支持系统级安全分析的结果。本章将介绍定量系统分析的量化方法和相应的架构度量，以及架构度量的量化描述依赖的故障分类和相关失效分析。其中，相关失效分析是安全分析中的一个难点。

在 ISO 26262 第 4 部分系统开发阶段提出了系统设计和架构的分析，但是在系统开发阶段不需要量化指标，只是规划需要考虑的指标及其目标值，而在第 5 部分的硬件级开发中，给出了量化分析的要求和方法。

5.1 系统分析

系统分析是系统理论中的分析方法，通过对系统建立抽象的模型以便进行分析。

在系统分析中需要对系统的运行环境和预期行为进行抽象的描述，并确定该抽象描述的层级。第 4 章讨论了汽车架构的抽象层级，包括整车级、系统级和组件级。

系统分析方法一般分为演绎分析和归纳分析。演绎法自上而下从共性条件出发，通过推导来解释具体细节；而归纳法则自下而上从细节出发，总结出共性结论。

在 ISO 26262 框架下，系统分析基于顶层抽象级别（整车级或系统级）的安全目标来展开。采用演绎安全分析法，从顶层安全目标出发，推导并验证可能影响安全目标的具体系统故障等特征，最终确保采取适当措施以防止、减轻

第 5 章 硬件级开发

或避免这些故障的负面影响。归纳也可以应用到汽车的系统分析,从系统的具体特征或潜在的故障原因出发,分析这些潜在故障是否可能违反相关的安全目标,其中包括故障对系统相关组件的影响及其在系统中的传播。

ISO 26262 中将故障和失效表述为一个故障传播的过程,即"故障、错误、失效"。故障产生,引发错误,形成失效原因,最终导致系统或组件失效,造成失效影响。除了失效原因和失效影响外,还需要考虑失效模式,如电子器件的断路和短路。ISO 26262 中,对故障、错误和失效概念有明确的定义。

故障、错误和失效概念

故障(Fault):可引起要素或相关项失效的异常情况。

错误(Error):计算的、观测的、测量的值或条件与真实的、规定的、理论上正确的值或条件之间的差异。

失效(Failure):要素按要求执行功能的能力的终止。

图 5.1 所示故障导致失效的示例取自 ISO 26262 第 10 部分指南部分,展示了故障传播中系统级和组件级的行为。

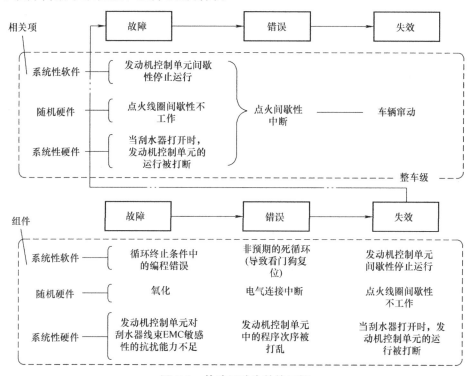

图 5.1 故障导致失效的示例

例 5.1 当车辆开始穿越十字路口时发生非期望的行为，可能发生碰撞。图 5.1 中所示故障如点火线圈间歇性不工作、发动机控制单元受电磁干扰影响都是潜在的危害。这些危害的发生并不一定导致危害事件和伤害后果。在危害产生之后，只有和驾驶场景结合才会产生危害事件。如果当车辆开始穿越十字路口时，因上述故障而产生猛烈窜动，则危害事件发生。在危害事件发生后，我们仍可以尝试人为控制车辆以减轻或避免危害事件的后果。功能安全的目的则是通过系统性的功能安全机制来避免危害事件或减轻伤害后果。

除了故障传播，还需要考虑相关组件的影响。相关组件的影响是指相关失效，主要在系统设计和实现中，组件之间或一个系统内部的关系不是充分独立的，从而形成共因失效和级联失效等相关失效现象。在第 5.4 节将对相关失效分析的内容进行进一步的介绍。

失效模式和影响分析方法（FMEA）最先由美国国家航空航天局（NASA）在阿波罗项目中应用。工业生产中最早使用 FMEA 方法的是美国的 Grumman 公司，在 1950 年左右，对喷气式飞机操作系统的可靠性进行了评估。在汽车行业中，福特采用了故障树分析（FTA）。随后故障树分析很快被其他标准和组织所应用和推广。另外，还有许多系统分析方法，如可靠性框图和 HAZOP 等。

失效模式和影响分析（FMEA）

根据 ISO 26262 标准，FMEA 是以归纳法进行安全分析。FMEA 方法可以应用到系统层、产品设计和过程设计中。设计 FMEA 方法是在产品设计阶段，对构成产品的子系统、零件逐一进行分析，找出所有潜在的失效模式，分析其可能的后果，并预先采取必要的措施，以确保产品设计的充分性、产品质量特性和可靠性（例如对组件的细节特征进行评估）。

过程 FMEA 是指在过程设计阶段，对构成产品生产过程的各个工序逐一进行分析，找出所有潜在的失效模式，并进行分析。

系统 FMEA 与设计 FMEA 相同，也是基于失效原因、失效模式和失效分析进行的，只是对故障传播的分析是系统层的，并不深入到具体的组件级别。

在汽车行业的应用中，所有 FMEA 方法都基于失效原因、失效模式和失效影响的分析。但是针对产品改进的方法，如避免、减轻错误和错误传播等措施，不同的标准所提出的具体应用会有所不同。

在 FMEA 中失效的评估因素包含损害的严重性（S）、故障发生的概率（O）和故障检测的概率（D）。

其中严重性（S）是由失效影响决定的。严重性的定义与危害分析和风险评估（HARA）中的严重程度不同。一般来说，危害分析和风险评估中的严重程度是指对人身的影响或伤害，而 FMEA 中的严重等级更多的是指车辆本身的损害。此外，HARA 还须考虑车辆运行场景，这样 HARA 的结构和 FMEA 有很大的不同。FMEA 中故障发生的概率（O）和故障检测的概率（D）通常基于对故障原因的评估。

故障树分析（FTA）

故障树分析是对安全相关系统进行开发和分析的一种关键方法，并且越来越多地应用于综合性复杂系统的分析和说明。故障树分析的目的是确定最少的可能导致顶层危害事件的事件集合（最小割集），以确定系统的弱点和危险状态。利用故障树分析，可以发现相关要素因失效（如发动机故障）而导致危险的状态或事件。

故障树分析在 ISO 26262 中应用于产品开发的验证阶段，即应用在系统开发 V 模型的右侧上升分支。结合随机硬件故障概率度量（PMHF），故障树分析也可用于确定基于随机硬件故障率的错误传播及其违反给定安全目标的概率。

可靠性框图（RBD）

可靠性框图是具有代表性的图形和计算方法，用于为系统可用性和可靠性建模。可靠性框图的结构定义了系统中各故障的逻辑交互作用，而不一定要具体定义各故障的逻辑连接和物理连接。每个方框可以代表一个组件故障、子系统故障或其他具有代表性的故障。该框图可以代表整个系统，也可以代表该系统中要求进行故障分析、可靠性分析或可用性分析的任何子集或组合。可靠性框图通过方框间的连接来显示系统的失效逻辑，分析系统中每一个要素的失效率对系统的影响，以帮助评估系统的整体可靠性。

事件树分析（ETA）

事件树分析是安全系统工程中常用的一种归纳推理分析方法，按事故发展的时间顺序由初始事件开始推论可能的后果，从而进行危险源辨识。这种方法将系统可能发生的事故与导致事故发生的各种原因之间的逻辑关系用一种称为事件树的树形图表示，通过对事件树的定性与定量分析，找出事故发生的主要原因，为确定安全对策提供可靠依据，以达到猜测与预防事故发生的目的。

危险与可操作性分析（HAZOP）

危险与可操作性分析是对个别技术要素的故障条件或故障的潜在危险的定性分析，用于探明生产装置和工艺过程中的危险及其原因，寻求必要对策。通过分析生产运行过程中工艺状态参数的变动、操作控制中可能出现的偏差，以及这些变动与偏差对系统的影响及可能导致的后果，寻找出现变动与偏差的原因，明确装置或系统内及生产过程中存在的主要危险、危害因素，并针对变动与偏差的后果提出采取的措施。

HAZOP 分析方法主要用于石油、化工行业。SAEJ2980 标准 "Considerations for ISO 26262 ASIL Hazard Classification" 中提供了 HAZOP 在汽车行业中，结合 ASIL 等级及危害分析和风险评估的应用。

5.2 故障分类示例

架构度量（第5.3节）量化描述要求对相应的故障进行分类，以便计算不同类型失效的失效率。

ISO 26262 标准中针对故障分类给出了如下的定义。

故障和失效分类的定义

在安全分析中的故障有以下分类：
- 单点故障（single-point fault）：要素中没有被安全机制所覆盖，并且直接导致违背安全目标的故障。
- 单点失效（single-point failure）：由单点故障引起并直接导致违背安全目标的失效。
- 多点故障（multiple-point fault）：与其他独立故障组合而导致一个多点失效的单独故障。
- 多点失效（multiple-point failure）：由几个独立的故障组合引发，直接导致违背安全目标的失效。
- 残余故障（residul fault）：发生在硬件要素中，能导致违背安全目标且未被安全机制覆盖的故障。
- 可探测故障（detected fault）：在规定的时间间隔内，可通过防止故障变成潜伏故障的安全机制探测到的故障。
- 可感知故障（perceved fault）：在规定的时间间隔内由驾驶员推断出的故障。

- 潜伏故障（latent fault）：未被安全机制探测到且在多点故障探测时间间隔内未被驾驶员感知的多点故障。
- 安全故障（safe fault）：不会显著提高违背安全目标概率的故障。
- 永久性故障（permanent fault）：发生并持续直到被移除或修复的故障。

通常在安全分析中，我们需要考虑单点故障、残余故障、可探测双点故障、可感知双点故障、潜伏双点故障和安全故障。在进行故障分类时，应保证故障的分类是不相交的，以避免失效率的重复计算。图 5.2 说明了如何将硬件要素的失效模式进行分类。

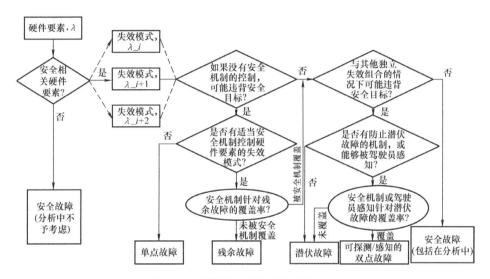

图 5.2　硬件要素的失效分类流程

下面通过几个例子解释故障的分类。

例 5.2（单点故障）　无监督的电阻，其中有一种失效模式（如开路或断路）会导致违背安全目标，即为单点故障。

例 5.3（残余故障）　考虑一个随机存储器（RAM）模块，它的故障直接导致对安全目标的违背。为此，采用一个安全机制——checker board RAM 测试对 RAM 模块进行测试，但是却不能探测出桥接故障，桥接故障即为残余故障。

例 5.4（可探测双点故障）　考虑以下两例可探测双点故障：
- 奇偶校验保护的闪存：按照技术安全概念对单位故障进行探测并触发响应，如关闭系统并通过警告灯通知驾驶员来触发响应。
- 错误探测和纠错码（ECC）保护的闪存：按照技术安全概念通过测试对 ECC 逻辑中的故障进行探测并触发响应，如通过警告灯通知驾驶员来触发响应。

在数据提供给 CPU 前，瞬态的位翻转被错误探测和纠错码（ECC）纠正，并通过写回正确值得到后续纠正。可使用记录来区分间发故障和真正的瞬态故障。此过程中，安全机制修复了瞬态故障，使相关项回到无故障状态，驾驶员可能从未被通知故障的存在。

例 5.5（可感知双点故障） 如果一个双点故障后果显著地影响功能，如发动机牵引力明显损失，该故障可被驾驶员感知。如果双点故障被驾驶员感知的同时，被安全机制探测到，该故障可归类为可探测双点故障或可感知双点故障。但它不能同时归类为这两种类型，因为一个故障如果既是可探测双点故障，又是可感知双点故障，则潜伏故障度量会错误地计算该故障两次。

例 5.6（潜伏双点故障） 受 ECC 保护的闪存，在读取时，ECC 纠正了单位的永久性故障值，但这不是在闪存中纠正也无信号指示。在此情况中，故障不能导致安全目标的违背，因故障位已得到了纠正。且故障不是可探测的，因对单位故障无信号指示。该故障也不是可感知的，因此对应用的功能无影响。如果在 ECC 逻辑中发生了额外的故障，它可导致失去对单位故障的控制，从而导致潜在违背安全目标的可能。

例 5.7（安全故障） 考虑以下两例安全故障：
- 受 ECC 和循环冗余校验（CRC）保护的闪存：闪存中单位故障受到 ECC 的纠正，但未通过信号指示出来。如果 ECC 逻辑失效，该故障被 CRC 探测到，系统被关闭。只有当闪存中存在单位故障，ECC 逻辑失效且 CRC 校验和监控失效时，才能发生对安全目标的违背。
- 三个电阻串联以克服短路情况下的单点故障问题，因为只有三个独立电阻的短路才会违背安全目标。每个独立电阻的短路可被视为安全故障。

5.3 架构度量

硬件级产品开发涉及整个系统的架构，包括硬件架构和安全架构。

在系统级的开发设计中，已经开始考虑系统故障的分析，但是在系统设计和架构分析的过程中并不要求量化分析，而只是规划相应的指标及其目标值。ISO 26262 第 4 部分中指出，为避免系统故障，要求对可能违背安全目标的故障指标进行量化表示，如指定故障率和诊断覆盖率的目标值。硬件开发过程中的定量安全分析主要是针对电气部分的基于可靠性和故障率的随机硬件故障分析。在定量描述的过程中，需要定义基于故障率的故障模式、安全或控制机制（诊断覆盖率）及其效率等。通过对架构中故障率和安全机制有效性的量化，可能对故障率和安全机制进行比较和评估，并针对架构中的弱点设计适当的安全机制加以控制。

5.3.1 架构度量

ISO 26262 第 5 部分第 8 章对硬件架构度量进行了描述,其目的在于描述故障处理要求,并评估相关项架构应对随机硬件失效的有效性。硬件架构度量和关联的目标值适用于相关项的整体硬件,与对随机硬件失效导致违背安全目标的评估互为补充。度量所针对的随机硬件失效仅限于相关项中某些安全相关的电子和电气硬件元器件,即那些能对安全目标的违背或实现有显著影响的元器件,并限于这些元器件的单点故障、残余故障和潜伏故障。对于机电硬件元器件,仅考虑电气失效模式和失效率。

为满足相关项的安全目标,在设计过程中需要确定硬件架构度量的目标值。对于相关项涉及的每个安全目标,都要满足设计中规定的硬件架构度量的目标值。在硬件架构设计和硬件详细设计过程中,硬件架构度量也会迭代和变更。

ISO 26262 第 5 部分第 8 章就硬件架构度量提出了更为具体的要求。

硬件架构度量的要求

硬件架构度量的设计需要满足以下要求:
- 客观上可评估,度量是可核实的,并且足够精确以区分不同的架构。
- 支持最终设计的评估(基于详细的硬件设计完成精确计算)。
- 为硬件架构提供基于 ASIL 等级的合格 / 不合格准则。
- 通过单点故障度量显示用于防止硬件架构中单点或残余故障风险的安全机制是否具有足够覆盖率。
- 通过潜伏故障度量显示用于防止硬件架构中潜伏故障风险的安全机制是否具有足够覆盖率。
- 处理单点故障,残余故障和潜伏故障。
- 确保硬件架构对于硬件失效不确定性的鲁棒性。
- 仅限于安全相关要素。
- 支持不同要素层面的应用,例如,可以为供应商的硬件要素分配目标值。

在开发过程中,需要确定的硬件架构度量通常包括失效率和诊断覆盖率。在第 5.2 节介绍了失效的分类。在 ISO 26262 第 5 部分的附录 C 中,就各类失效的失效率之间的关系,给出了详细的公式和说明。在附录 D 中,给出了故障诊断率的计算和评估的说明。

失效的分类情况如图 5.3 所示。

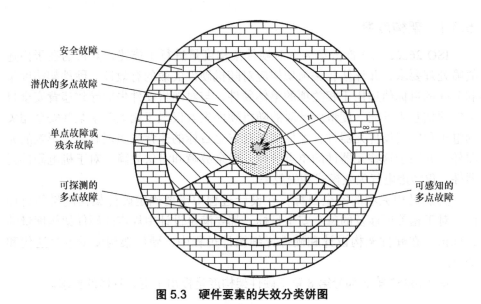

图 5.3 硬件要素的失效分类饼图

故障诊断覆盖率可用于对失效率做出保守估计，例如对残余失效，有

$$\lambda_{RF} \leq \lambda_{RF,est} = \lambda(1-K_{DC,RF})$$

式中，λ 是整体失效率；$\lambda_{RF,est}$ 是残余失效率的估计；$K_{DC,RF}$ 是相关安全机制对残余失效的诊断覆盖率。

硬件元器件预估失效率的确定方法包括：使用业界公认的硬件元器件失效率数据；使用现场反馈或测试的统计数据，要求预估的失效率置信度在 70% 以上；或者使用工程方法形成的专家判断，基于定量分析和定性分析论证。在使用专家判断进行失效率预估时，应事先设定结构化准则，作为专家判断和分析的基础。

使用现场反馈数据、测试数据或历史统计数据时，硬件架构度量是基于要素的可靠性数据（电子元器件的随机硬件故障数据），并将这些要素与相关的安全机制联系起来所得到的。基础数据可以从已知数据中查找，包括可靠性手册等数据手册，或现场数据。对数据使用中，因为数据来源和判断等原因，对数据做出准确的量化并不现实。因此，在 ISO 26262 中对数据评估进行了一致性要求，而不要求量化数据的准确性。

架构度量的分析是明确安全相关的信号链，并在其薄弱环节增加适当的安全机制。根据 Robert Lusser 法则，首先要增强信号链中最弱的部分，通过安全机制提高其可靠性。安全机制能够检测和控制故障，将系统降级为安全状态或切换到不同的冗余功能，并安全运行。因此，安全分析需要识别整个信号链及其要素。量化工作使得对信号链强度的分析结果具有可比性。因此，安全相关功能分析首先要进行的是确保安全相关功能的正确运作，通过适当的安全和控制措施来保障，并形成安全架构。

检测故障或错误的控制水平以诊断覆盖率（DC）的形式被量化。借助诊断覆盖率，对整个安全架构进行量化，以便比较和评估安全相关的程度和有效性。通过安全分析确认了安全架构中的薄弱环节后，需要根据设计的实现来对其进行评估。相应的评估度量称为 PMHF，将在第 5.3.2 节进行介绍。

ISO 26262 的硬件架构度量标准中，并未要求分析错误传播对安全目标的影响。为了支持对电子设计的验证，建议进行归纳定量分析，并考虑错误传播对安全目标的影响。通过定性故障传播的相关故障到可能违反安全目标的最高层级故障，量化可以通过计算或蒙特卡罗模拟进行评估和分类。

5.3.2 随机硬件失效度量（PMHF）

为了评估设计或实现中的故障对安全目标的影响，ISO 26262 推荐以量化随机硬件失效度量（PMHF）和割集分析的方法对随机硬件故障违反特定安全目标的概率进行定量评估。两个方法都可以评估由单点故障、残余故障和可能的双点故障导致违背安全目标的残余风险。如果与安全概念相关，也可考虑多点故障。在分析中，对残余和双点故障，需要考虑安全机制的覆盖率；对双点故障需要考虑故障暴露持续时间。随机硬件失效概率度量（PMHF），通过使用定量分析及将计算结果与目标值相比较的方法，评估是否违背安全目标；另一个方法是独立评估每个残余和单点故障，及每个双点失效是否导致违背安全目标。此分析方法称为割集分析。

根据 ISO 26262，随机硬件失效目标值应按照系统级产品开发的要求确定，目标值可以参考表 5.1，或来自相似设计原则的现场数据和定量分析结果。由于 ISO 26262 在汽车行业应用时间不长，从现场数据或统计计算方法中难以得出较为准确的目标值。实践中通常使用表 5.1 所列的要求。

表 5.1 随机硬件失效参考目标值

ASIL 等级	随机硬件失效参考目标值
D	$< 10^{-8}h^{-1}$
C	$< 10^{-7}h^{-1}$
B	$< 10^{-7}h^{-1}$

注：此表中描述的定量目标值可按照规定进行剪裁以适应相关项的特定使用（例如：若相关项能在比一部乘用车典型使用时间更久的持续时间内才违背安全目标）。

由于硬件功能和性能的实现，如设计的鲁棒性，依赖于各种环境，对随机硬件故障的量化往往是困难的。半导体中的系统误差、电磁免疫（EMI）或其电磁兼容性（EMC）热依赖误差也可能导致违反安全目标，但是其中与随机硬件故障的关系取决于许多因素，而难以量化。只有通过足够的稳健性、保守的设计和专家的判断来提供安全论据，例如类似情况的类比。

5.4 相关失效分析

无论是系统级的安全分析还是硬件或软件级的安全分析，相关失效分析都是一个非常具有挑战性的难点。

根据概率统计中的定义，事件 A 和事件 B 是相互独立的，如果

$$P(AB) = P(A) \times P(B)$$

反之，则称事件 A 和事件 B 是相关的。其中，$P(A)$ 和 $P(B)$ 分别为事件 A 和事件 B 发生的概率；$P(AB)$ 为事件 A 和事件 B 同时发生的概率。

如果失效事件 A 和 B 的概率不是相互独立的，则称它们为相关失效。更具体地分析，ISO 26262 将共因失效和级联失效定义为相关失效。

共因失效（CCF）

共因失效是在两个或多个要素产生失效时，它们的起因可以追溯到同一个事件原因。常见的共因失效的情况可能是由单个故障事件的发生，引起导致了冗余路径中相似的故障行为，即所实现的冗余机制虽然能够工作，但是不是充分独立的（图 5.4）。

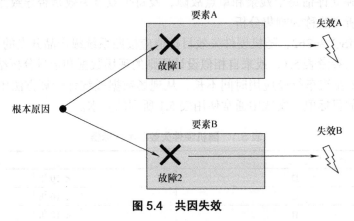

图 5.4 共因失效

级联失效

级联失效是指系统中一个要素的失效，会引起另外一个要素的失效。级联失效不包括共因失效的情况。如果级联失效中要素 A 的故障引起的失效为单点失效，则要素 B 上相关的失效也是单点失效（图 5.5）。

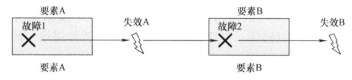

图 5.5 级联失效

相关故障带来的失效可能会严重影响系统的正常运行。由于共因或其他依赖关系造成失效，会通过不同机制产生影响，使得传统的分析方法难以适用于相关失效分析的故障率计算以及故障传播的分析，从而加大了相关失效分析的难度。

相关失效分析旨在识别出可绕开给定要素间所要求的独立性和免于干扰，使独立性或免于干扰无效，从而违背安全要求的单一事件或原因。系统的独立性受到共因失效和级联失效的影响；而系统或组件之间相互免于干扰仅受到级联失效的影响。

相关失效可同时显现，或在足够短的时间间隔内产生同时失效的效果。

相关失效分析需要考虑架构特征，包括相似的和不相似的冗余要素、由相同的软件或硬件要素实现的不同功能、功能及其相关安全机制、功能的分割或软件要素的分隔、硬件要素间的物理距离、有隔离或无隔离、共同的外部资源。

例 5.8 由于设计或使用的原因，高强度电磁场可能引发不同电子设备的同时失效，这种失效即是共因失效。车速信息的偏差传递至其他控制组件从而影响车辆的功能是一种级联失效。

在相关失效分析中，需要检测出对设计和实现具有不利影响的共因失效和级联失效。在安全分析中将组件和系统环境结构化地显示，并确定"充分独立"或"充分免于干扰"的约束和标准。在系统架构中指定架构的分离机制，对相关功能间的依赖性进行安全和充分独立的划分。硬件中存在大量的依赖关系，如电子器件的几何距离、布线以及组件的布局等。软件中也需要计划功能分区。

在硬件设计中，系统或者组件间的独立和免于干扰是由鲁棒性和容错设计来保证的。为了对系统的依赖关系，特别是硬件的信号线进行安全的划分，在硬件设计中，采取具有充分鲁棒性的容错系统设计（参见第 9 章）。根据 ISO 26262 的定量分析要求，需要排除系统中的单点故障和明显的故障组合。采用系统开发方法对于功能间相关关系进行分析，系统地分析功能链，以及在不同的水平抽象级别中各功能的导出和实现。

另外，安全架构的充分划分也可以为架构中的不同要素指定量化目标值，同时定量安全分析的结果，为安全相关的系统设计提供了重要的依据。

相关失效分析需要评估相关项或要素的运行工况、要素的各种运行模式及随机硬件失效、开发错误、生产错误、安装错误、维修错误、环境因素、共同外部资源失效和特定工况下的压力。在此评估中，ISO 26262 推荐基于检查列表进行查询的方法，检查表是根据经验编制的。在实际操作中，因为不同的环境条件，如工作温度和环境噪声等，无法得到确切的评估要求和有效性假设。在这种情况下，深入了解要素的功能依赖关系和安全机制是实现相关失效控制的必要条件。ISO 26262 中提到故障树分析或 FMEA，以及测试和集成过程中模拟故障并观察电子功能对故障的反应等分析方法，都可以用于相关失效分析。

5.5 小结

本章从系统分析方法和定量分析入手，介绍了硬件级开发的系统工程。系统的架构度量和随机硬件失效度量是硬件级开发的安全分析的主要目标。最后介绍了影响架构度量量化描述的故障分类和相关失效分析的内容。

第 6 章

软件级开发

在系统级开发完成后,硬件和软件级产品的开发就可以并行进行了。由于在汽车电子领域有其特殊的开发需求,需要采用适合其开发的方法,如在控制系统的开发中采用基于模型的设计方法(Model Based Design,MBD)以及基于规范的验证方法。软件级开发的需求来自于系统层上得到的产品,包括项目计划、安全计划、技术安全概念、系统设计、相关项集成和测试计划。

软件级的产品开发过程如图 6.1 所示,在设计阶段,有软件安全需求规范、软件架构设计,软件单元设计与实现;在测试阶段,有软件单元测试与验证、软件的集成与验证,以及嵌入式软件的测试。

在软件级的产品开发阶段,软件的开发可以使用各种方法,比如敏捷软件开发方法、测试驱动开发方法和自动生成系统的持续集成方法等。

敏捷开发以用户的需求进化为核心,采用迭代、循序渐进的方法进行软件开发。在敏捷开发中,软件项目在构建初期被切分成多个子项目,各个子项目的成果都经过测试,具备可视、可集成和可运行使用的特征。换言之,就是把一个大项目分为多个相互联系,但也可独立运行的小项目,并分别完成,具备集成可运行的特征,在此过程中软件一直处于可使用状态。

敏捷软件开发方法适用于安全相关的软件开发。在敏捷开发过程中,不能忽略安全方法、功能文档。同时,为了获得功能安全,严格的开发过程和控制与通信的完整性要求是需要达到的。

测试驱动开发方法是敏捷开发的重要组成部分,其倡导测试先行,在开发前,先完成测试代码,然后再开发。在测试驱动开发过程中,重视单元测试,强调开发人员除了编写代码,还应该编写单元测试代码。在开发顺序上,与传统的先开发再测试不同,它采用的是先编写测试的过程,再编写代码来满足测试。该方法使得测试工作不仅是单纯的测试,而成为设计的一部分。

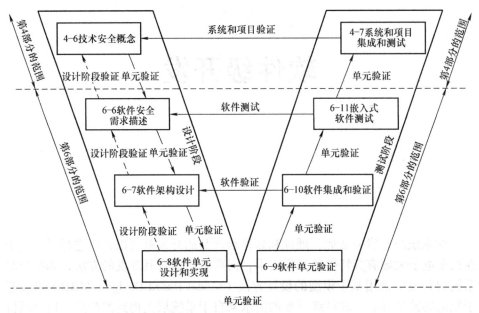

图6.1 软件的V模型

测试驱动的开发方法有助于改善需求的质量和产品的可测性，通过测试来推动整个开发的进度，加速开发过程。

基于自动生成系统的持续集成方法支持子阶段的一致性，简化回归测试。一个典型的自动生成系统的过程包括代码生成、编译连接、静态代码分析、文档生成、测试和打包。

在开发一个具体相关项的嵌入式软件过程中，信息安全是需要考虑的。为了能够开发这样的软件，需要考虑其建模方法、设计手段和程序语言，以及指导方法，通过应用这个指导或者指南，开发人员可获得一个正确的建模和设计方法，以及规范的编程语言。同时，需要有工具支持建模、设计方法和编程语言的应用。例如，软件工具不仅包括软件开发工具，还需要考虑诸如测试等其他工具。

对于一个相关项软件的开发，其软件开发环境及软件开发过程，都应是符合安全相关的嵌入式软件，包括嵌入式软件的开发方法、开发指南、编程语言和使用工具。该相关项的软件开发还应当与整个软件生命周期的子阶段相一致，并与系统和硬件开发阶段相兼容，使得所需的数据可以被正确地转换。

对于一个相关项的软件，软件开发的各个阶段、任务和活动的顺序，包括在开发过程中的重复步骤，都应该与硬件阶段的产品和系统阶段的产品对应，并保持一致性。

对一个相关项软件开发,使用的工具需要有标准的评估报告和质检报告,并提供给相关项的软件开发人员。

对于如何选择一个设计、建模和规范的编程语言,应注意考虑以下几个标准:

1)严谨的、可理解的定义。例如语法与语义的严格定义,开发环境配置的约束。

2)如果在需求工程和工程管理中使用建模方法,应按照 ISO 26262 标准,规范和管理安全需求。

3)对模块化、抽象化和封装的支持。

4)对结构化的支持。

例 6.1 汇编语言被用在不适合采用高级语言开发的软件产品部分,例如与硬件交互的底层软件,中断或时间严格的算法。但对于软件开发的各个阶段,汇编语言的使用一定要适当。

在软件开发中并不讨论建模、开发与编程语言本身,只是讨论相应的指南、开发环境,其指南见表 6.1。

MISRA C 是编程语言 C 的编码指南并包括自动生成代码的指南。

在基于模型开发中,代码可自动生成,指南可以应用在模型级以及代码级,有适当的建模风格指南,例如 MISRA C 系列。同样,商业工具的风格指南也是一种可行的指南。

针对特定相关项,可开发、修改现有编码指南和建模指南,以适应该相关项开发的要求。

表 6.1 建模与编码的指南

	主题	ASIL			
		A	B	C	D
1a	强制低复杂度	++	++	++	++
1b	语言子集的使用	++	++	++	++
1c	强类型执行	++	++	++	++
1d	防御实现技术的使用	+	+	++	++
1e	高可信设计原则的使用	+	+	++	++
1f	无歧义图形表示的使用	+	++	++	++
1g	设计指南的使用	+	++	++	++
1h	约定命名的使用	++	++	++	++
1i	并发方面	+	+	+	+

6.1 软件安全需求规范

在系统架构设计阶段，按照 ISO 26262 标准，技术安全需求被细化并分配给了硬件和软件，软件安全需求规范考虑特定硬件约束对软件的影响。该子阶段包括软件安全需求及支持后续设计阶段的规范。

从技术安全概念和系统架构设计规范中提取，并细化相关需求，以形成软件安全需求。在软件安全需求中，定义软件安全相关的功能和为实现软件而定义的相关性质。

按照 ISO 26262 标准，在软件安全需求规范阶段，细化软硬件接口需求。同时需要验证软件安全需求和软硬件接口需求是否符合软件开发，以及硬件的约束与在此约束下软件的一致性，并且该需求是否与技术安全概念和系统架构设计需求相一致。

软件安全需求包括安全相关的功能和性质，软件安全需求可以是从技术安全需求中直接分配给软件的，也可以是软件相关的功能和性质的需求。它的失效可能会导致一个技术安全需求的违背。

1. 软件安全相关的功能与性质

软件安全相关的功能包括：启动一个标准函数的安全执行功能；使系统达到或维持安全状态或退化状态的功能；与安全相关的硬件元件故障检测、指示和故障缓解的功能；操作系统、基本软件或应用软件中，检测、指示和缓解故障的自检或监控功能；在生产、运营、服务和报废过程中的车载和非车载测试相关的功能；在生产和服务期间允许修改软件的功能；性能或时间攸关的相关操作的功能。

与安全相关的性质包括对错误输入的鲁棒性、不同功能之间干扰的独立性和软件的容错能力。面向安全的分析能够确定另外的软件安全性需求或为它们的获得提供证据。

2. 技术安全概念和系统架构设计的软件安全需求

软件安全需求也来自技术安全概念和系统架构设计，得到的软件安全需求应该符合 ISO 26262 标准，安全要求规范和管理、系统和硬件配置、软硬件接口规范、硬件设计规范的相关需求、额外接口规范、整车、系统和硬件的操作模式转换和每一次操作模式对软件的影响。

例 6.2 在指定系统和硬件配置时，配置参数可以包含增益控制、带通频率和时钟预分频器。

在时间限制中，系统级从所需的反应时间导出的执行或响应时间，例如在额外接口中，通信和用户界面。

在说明操作模式转换对软件的影响时，操作模式包括关闭或休眠、初始化、正常操作、降级以及用于测试或闪存编程的高级模式等模式时，它们之间的转换对于软件的影响。

3. 软硬件接口细化的软件安全需求

软件安全需求需要细化软硬件接口，规范其接口，以及外部接口，例如通信和用户界面。在软件安全需求中细化的硬软件接口规范应由负责系统、硬件和软件开发的人员共同验证。

如果 ASIL 分解应用于软件安全需求，应遵守 ISO 26262 标准，在软件安全需求部分应细化到可以正确控制并能够被硬件使用，还需要描述硬件和软件间安全相关的依赖性。嵌入式软件的安全需求功能及其属性应符合应用的质量管理体系。

4. 一致性要求

软硬件接口规范的软件安全需求和细化需求与 ISO 26262 定义的技术安全概念及系统架构设计规范相一致，并提供一致性证据，包括与技术安全需求、系统设计、软硬件接口相一致，并且该需求规范适合软件的开发。

6.2 软件架构设计

软件架构设计的目标是开发满足软件安全需求及其他软件需求的软件架构设计，验证软件架构设计是否适合满足符合 ASIL 等级要求的软件安全需求，并支持软件的实现和验证。

软件架构设计表示为软件架构元素及在分层结构中的交互。软件架构可以从静态和动态两个方面描述，例如，软件组件之间的接口就是静态方面的描述；而过程序列和时序行为就是动态方面的描述。

软件架构设计能够满足软件安全需求以及其他软件需求。在软件架构设计阶段，需要处理安全相关和非安全相关的软件需求。软件架构设计提供了实现软件需求和具有 ASIL 等级的软件安全需求手段，以及管理软件设计和实现的复杂性。

为了避免软件架构设计和后续开发中的系统故障，软件架构设计的描述应该支持以下特性：可理解性、一致性、简单性、可验证性、模块化、抽象、封装和可维护性。抽象可以通过使用分层结构、分组方案或视图，来支持架构设计的静态、动态或部署等方面的设计。

对于软件架构设计的描述可以用自然语言、非形式化、半形式化和形式化表示，自然语言可以使用符号作为补充，其中，有些更容易用自然语言表达，而有些运用符号更能提供合理的解释。半形式化表示法可以包括伪代码或使用 UML、SYSML、Simulink 或 Stateflow 等建模语言和工具。

在软件架构设计的开发过程中,应考虑架构的设计满足可验证性、可配置性、可行性、可测性和可维护性。可验证性意味着软件架构设计与软件之间的双向可追溯性,可行性是指软件单元的设计与实现是可行的,可测性是指在软件集成测试中软件架构是可测的,可维护性是软件架构设计是可维护的。

为避免系统故障,软件架构设计应具有可理解性、一致性、简单、可验证性、模块化、封装和可维护性。为了满足这些特性,可以通过一些设计方法来实现,例如,软件组成的分层架构、软件组成的规模限制、接口的规模限制、每个软件组成内部高内聚性、软件组成之间的松耦合限制、适当的调度性能、使用中断、软件组件空间的隔离和共享资源的管理等。这些方法可以根据软件架构设计的特点组合使用。

软件体系结构设计应到软件单元,软件架构设计需要描述软件架构元素的静态设计与动态设计方面的内容。其中,静态设计方面应该包括基于层次的软件结构、数据类型及其特点、软件组件的外部接口、嵌入式软件的外部接口、全局变量和包括架构的范围和外部依赖在内的约束条件。软件架构元素的动态设计方面应该包含事件和行为的功能链、数据处理的逻辑顺序、控制流和进程的并发性、通过接口和全局变量的数据流、时态特性。

为了确定动态行为(如任务、时间片和中断),不同的操作状态(如电源开关、正常运行、校准和诊断)应该被考虑,通信关系和系统硬件的分配(如CPU和通信通道)也应该指定。

软件安全需求应分层分配至软件组件、软件单元中。因此,每个软件组件的开发都应符合分配给它的任何软件安全需求的最高 ASIL 等级。

如果使用预先存在的软件架构元素,而它的开发未按照 ISO 26262 系列标准开发,那么该元素应符合 ISO 26262 标准的规定。根据 ISO 26262 系列标准开发的软件元素的重用应在软件架构设计的验证阶段完成。

如果嵌入式软件必须实现不同 ASIL 等级的软件组件,或者安全相关和非安全相关的软件组件,则应对所有嵌入式软件按照最高 ASIL 等级进行处理,除非软件组件符合共存标准与 ISO 26262 标准一致。

如果使用软件分区来实现软件组件之间免受干扰,共享资源应不受软件分区干扰而正常使用。软件分区内的任务不会互相干扰,一个软件分区也不能改变另一个软件分区的代码或数据,也没有改变其他软件分区中非共享资源的命令。同时,一个软件分区从共享资源接收的服务不受另一个软件分区的影响。这包括有关资源性能、使用率、延迟、抖动和计划访问资源的持续时间。软件分区需要由专用硬件(如内存保护单元)或等效方法来支持(这需求适用于 ASIL D),实现软件分区的软件元素是按照最高 ASIL 等级分配至软件分区的所有需求中,通常操作系统提供或支持软件分区。软件分区有效性是在软件集成和验证过程中产生。

安全导向分析应在软件架构层面进行，能够提供证据证明软件是否适合指定安全相关的功能和各自 ASIL 等级要求的属性。与安全相关的功能包括：独立性和无干扰性的需求；能够识别或确认软件的安全相关部分和支持规范并验证安全措施的有效性。安全措施包括来自安全分析的安全机制，以及来自于随机硬件故障和软件故障相关的问题。

采用安全机制进行错误检测和错误处理，为错误检测而采用的安全机制包括：输入和输出数据的范围检查；合理性检查（例如，使用所需行为的参考模型、断言检查或来自不同源的信号比较）；检测数据错误（例如错误检测代码和多数据存储）；通过诸如 ASIC 硬件设计，或其他软件元素的外部元件监视程序执行，以实现看门狗功能，监测可以是逻辑或时间的监测，也可以是两者都使用的监测；程序执行的时间监督；设计中的多样化冗余；在授权或拒绝软硬件访问安全相关的共享资源时，违背控制的实现。

错误处理的安全机制包括：停用以获得和维持一个安全状态；静态恢复机制（例如恢复块、后向恢复、前向恢复和通过重复恢复）；在功能安全中通过降级以最大限度地减少潜在故障的不利影响；设计中的相同设计的冗余，主要侧重于控制瞬态故障和硬件随机故障的影响；设计中的多样化冗余意味着每个并行路径中的不同软件实现，主要是预防或控制软件中的系统故障；更正数据代码；在授权或拒绝软硬件访问安全相关的共享资源时，权限管理的实现。软件安全机制（包括通用鲁棒性机制）在系统级上分析其对系统行为的潜在影响以及软件安全机制与技术安全需求的一致性分析。

对嵌入式软件所需资源进行上限评估，上限评估的元素包括执行时间、存储空间和通信资源。例如，存储空间包括用于堆栈和堆的 RAM，用于程序和非易失性数据的 ROM 等。

软件架构设计应进行验证，软件架构设计验证方法有走读、审查、动态行为的仿真、原型生成、形式化验证、控制流分析、数据流分析和调度分析等。

通过这些方法的验证，以实现软件架构设计满足软件需求的 ASIL 等级，对软件架构设计的审查或调查提供了适用满足软件需求的 ASIL 等级性的证据，以及与目标环境的兼容性。目标环境是执行软件的环境。这可以包括操作系统和基本软件、目标硬件及其资源，以及遵守设计指南。

6.3 软件单元设计与实现

软件单元设计与实现的目标是按照软件架构设计开发软件单元，将设计标准和软件需求分配到软件单元中，并支持按需求实现以及验证，基于软件架构设计，完成软件单元的详细设计。详细设计可以以模型的形式表示。源代码层的实现可以是程序员编写或符合软件开发环境的代码自动生成。为了开发一个软件单元，软件安全需求和非安全性需求都需要实现，因此安全相关和非安全相关需求是在软件单元开发过程中处理的。

软件单元的设计和实现应满足分配给软件单元的具有 ASIL 等级的软件需求、符合软件架构设计规范、与软硬件接口规范一致（如果有应用的话）。例如，与其他软件单元的接口的一致性和完整性，以及输入输出数据的正确性、准确性和及时性。

为了避免系统故障并确保软件单元设计达到一致性、可理解性、可维护性和可验证性，软件单元设计可以使用自然语言、非形式化、半形式化和形式化表示来描述，以符合不同的 ASIL 等级要求。

软件单元的规范应描述功能行为和内部设计到实现所需的必要细节。例如，内部设计可能包括对寄存器使用和数据存储的限制。

源代码级别的软件单元设计和实现的设计原则包括：对子程序和函数，只有一个入口和一个出口；在创建过程中没有动态对象、变量和其他在线测试；变量需要初始化；变量名不要多次使用；尽量避免使用全局变量，若要使用全局变量，需证明其使用是正确的；限制指针的使用；没有隐式类型转换；没有隐藏数据流和控制流；没有无条件跳转；没有递归。

应用这些原则，实现软件单元内部按照软件架构设计，确定子程序和函数执行顺序的正确性、软件单元接口的一致性、软件单元和软件内部数据流和控制流的正确性、简单、可读和可理解性、健壮性，以及软件易于修改和可验证性。在健壮性中包括阻止非法数据、执行错误、除零、数据流和控制流错误等方法。

6.4 软件单元验证

软件单元验证的目标包括：验证软件单元设计满足分配给其的软件需求，并适合其实现；验证从面向安全分析得到的安全单元措施能够按照 ISO 26262 标准正确实现；提供证据证明实现的软件单元与分配给它的软件需求及所具有的 ASIL 等级相符合。提供足够的证据证明，软件单元既不包含不希望的功能，也不包含关于功能安全的不希望的性质。

验证软件单元设计和实现需要通过使用适当的验证方法来完成，如评审、分析和测试。为了验证单个软件单元设计，所有软件安全需求和非安全相关需求都需要考虑。这里的软件需求包括功能和性能两方面的安全需求。

第6章 软件级开发

若软件单元是安全相关元素,则需要验证该软件单元是否符合安全相关需求。所谓安全相关元素,是指软件单元实现了安全需求,或者不能有与其他软件单元共存的一些准则。

基于模型的软件开发,实现模型的相应部分也要有验证计划的目标。依赖于选择软件开发过程,验证目标可以是从模型中得到的代码,也可以是模型本身,或者是两者。若代码的生成保留模型的属性,则可以通过模型层验证替代代码层的验证。

软件单元设计和实现可以应用一些方法或其组合来验证其是否符合安全需求。这些方法包括走读、结对编程、审查、半形式化验证、形式化验证、控制流分析、数据流分析、静态代码分析、基于抽象解释的静态分析、基于需求的测试、接口测试、错误注入测试、资源利用评估和模型与代码之间背对背比较。

通过这些方法,满足不同 ASIL 等级的需求,并保持单元设计与实现的一致性;满足源代码关于其设计需求的一致性;若存在软硬件的接口,则满足软硬件接口规范的一致性;此外,还要确定没有额外的功能和性质,有足够资源来支持功能和性质,从面向安全的分析中得到的安全措施的实现与软件架构设计相符合。

为了启动软件单元测试适当的测试用例规范,可以采用测试用例驱动的方法,以及需求的分析、等价类的生成与分析、边界值的分析和基于知识与经验的错误猜测等设计测试用例规范。

为了评估验证的完整性和提供软件单元对象的测试是足够的,软件单元层的测试覆盖率的要求应确定。结构覆盖率可根据语句覆盖、分支覆盖和 MC/DC 覆盖等方法进行测量。如果结构覆盖不充分,可增加其他测试用例或提供基于其他方法的理由。

例 6.3 当结构覆盖测试中覆盖率没有达到目标值或最低目标值,并没有给出一个合理的理由,则被认为软件单元测试是不充分的。

结构覆盖率的分析揭示基于需求的测试用例中的缺点,如不充分的需求、死代码、停用代码或意外功能等的不足之处。

基于所接受的死代码(如为调试用的代码),或取决于不同的软件配置的代码段,或未涵盖的代码,需要使用补充方法(如审查)进行验证。这些都需要给出合理的解释。

对软件单元测试的结构覆盖度量的方法有语句覆盖、分支覆盖和 MC/DC 的覆盖。

软件单元测试的测试环境应适合于单元测试对象所考虑的目标环境。如果软件单元测试没有在目标环境中执行,则源代码和目标代码的差异、测试环境和目标环境的差异，都应进行分析，以便在后续的测试阶段进行附加测试。

软件单元测试可以在不同的环境中执行，例如，可以是模型在环测试、软件在环测试、处理器在环测试和硬件在环测试。

对于基于模型的开发方法，可以在模型级别执行软件单元测试，通过模型和目标代码之间的背靠背比较测试。背靠背比较测试用于确保模型在测试目标方面的行为与自动生成的代码是等价的。

6.5 软件集成与验证

软件集成与验证的目标包括：定义集成步骤并集成软件元素，直到嵌入式软件被完全集成；验证从软件架构层的设计中得到的软件措施被适当地实现；集成软件单元和软件组件满足从软件架构设计中提取的需求；提供足够的证据证明软件集成既不包含不需要的软件功能，也没有额外的功能安全。

在这个阶段，特定的集成级别和软件元素之间的接口需要根据软件架构设计进行验证。软件元素的集成和验证的步骤与软件的分层结构有关。嵌入式软件应包括安全相关和非安全相关的软件元素。

在软件集成中，应定义其集成方法及集成各个软件单元分层组成软件组件的步骤，直到嵌入式软件完全被集成，还应考虑与验证目标有关的依赖性、与软件集成相关的功能依赖性和软件集成与软硬件集成之间的依赖关系。在集成中，需要考虑与软件架构设计的一致性、与软硬件接口规范的一致性，以及特殊的功能与属性有足够的资源来支持和从面向安全分析中得到的安全措施的有效性。

软件集成验证方法有基于需求的测试、接口测试、错误注入测试、资源使用评估、模型与代码背靠背比较测试、控制流和数据流的验证、代码静态分析和基于抽象解释的静态分析。

为了启动软件集成测试的适当测试用例规范，可以采用测试用例驱动的方法，通过需求的分析、等价类的生成与分析、边界值的分析和基于知识与经验的错误猜测，获得测试用例规范。

为了评估验证的完整性和提供集成测试对象的充分测试，软件集成层的需求覆盖率应是确定的。如果需要，则应增加其他测试用例或提供基于其他方法的理由。在软件架构层上的结构覆盖包括函数覆盖和调用覆盖。

若嵌入式软件作为产品发布的一部分，它包含所有指定的功能和属性以及未指定的功能，这些功能不应该影响其相应的软件安全需求。

软件集成测试的测试环境应考虑目标环境，并适合于集成测试对象的测试。如果软件集成测试没有在目标环境下完成，则源代码和目标代码的差异、测试环境和目标环境的差异都应进行分析，以便在目标环境中完成额外的附加测试。

软件集成测试可以在不同的环境中执行，例如，可以是模型在环测试、软件在环测试、处理器在环测试和硬件在环测试。

6.6 小结

按照 ISO 26262 标准，解读了软件级产品开发的要求，并且根据软件的 V 模型给出了软件安全需求，对于软件架构设计、软件单元设计和实现、软件单元验证、软件集成和验证各个阶段做了解析。

第 7 章

系统集成

在 V 模型（图 2.2）的左侧下降分支中，从整车级概念开始，经过逐层的精化设计和实现，完成了底层的要素。在系统集成阶段，需要将软硬件要素集成为组件。在完成软硬件集成后，进一步将组件、子系统进行集成，完成系统，直到最终完成整车级集成。为了保证集成后产品的功能安全，在系统集成过程中，还需要进行验证和测试活动。通过验证证明所实现的安全措施能够满足产品的功能安全要求，并对安全目标和验证所提供的证据进行有效性确认。

本章将对系统集成中的验证和测试、安全确认以及其他要素集成进行介绍。

7.1 概述

系统集成对应于 V 模型上升分支中的开发阶段。在架构开发（第 4.2 节）中，为了说明架构的水平层级，引入了关于系统集成的一些要求。

相关项集成

相关项集成和测试包含三个阶段：第一个阶段是相关项所包含的每一个要素的软硬件集成；第二个阶段是构成完整系统的相关项的所有要素集成；第三个阶段是相关项与车辆上其他系统的集成以及整车的集成。

相关项集成过程的目标：第一个目标是测试每一条安全要求是否满足规范以及 ASIL 等级的要求；第二个目标是验证涵盖安全要求的"系统设计"在整个相关项上是否得到正确实施。

据此，得出三个层级的集成及其接口：
- 系统 - 整车级接口，将车辆系统（相关项）集成到车辆中。
- 组件 - 系统级接口，将组件集成到已定义的系统中。

- 软硬件-组件级接口，电子硬件和嵌入式软件的集成，形成组件。

在相关项的设计开发阶段，从整车级概念开始，经过逐层的精化设计和实现，完成底层的要素。在系统集成阶段，将软硬件要素集成为组件。具体来讲，硬件集成需要将设计好的电子硬件要素集成放置在印制电路板上，并最终完成外壳、线束等机械硬件的组件；软件集成也是从最小的单元开始，经过编译链接，直至嵌入式软件代码写入微控制器。在完成软硬件集成后，进一步将组件、子系统进行集成完成系统，直到最终完成整车级集成。

7.2 系统集成中的安全分析和测试

安全分析和测试是支持系统集成中验证工作的主要方法。在 ISO 26262 中提出了系统集成阶段需要满足测试目标，以证明系统设计符合功能和技术安全要求。

集成阶段的测试目标内容包括：功能安全要求和技术安全要求的正确实施；安全机制正确的功能表现、准确性和时序；接口实现的一致性与正确性；安全机制的诊断或失效覆盖的有效性以及安全机制的鲁棒性。基于系统设计规范、功能安全概念、技术安全概念、相关项集成和测试计划，制定集成和测试策略，提供充分覆盖测试目标的证据。该策略应覆盖电子电气要素以及在安全概念中的其他技术要素。

针对不同的测试目标，需要应用不同的测试方法。在硬件和软件层面，ISO 26262 分别在第 5 部分和第 6 部分给出了进一步的具体目标和方法。除了要对产品完成的性能、接口、鲁棒性等进行测试以外，在设计开发阶段，还需要对安全要求进行验证，并在此基础上导出测试用例。为了恰当地定义集成测试的测试用例，在集成层面，使用表 7.1 中所列出的恰当方法组合导出测试用例。其中"+"表示推荐；"++"表示强烈推荐。

表 7.1 导出集成测试用例的方法

	方法	ASIL 等级			
		A	B	C	D
1a	需求分析	++	++	++	++
1b	外部和内部接口分析	+	++	++	++
1c	软硬件集成等价类的生成和分析	+	+	++	++
1d	边界值分析	+	+	++	++
1e	基于知识或经验的错误猜测法	+	+	++	++
1f	功能的相关性分析	+	+	++	++
1g	相关失效的共有限制条件、次序及来源分析	+	+	++	++
1h	环境条件和操作用例分析	+	++	++	++
1i	现场经验分析	+	++	++	++

安全分析支持的验证包括以下几项：相关安全目标的完整性，包括功能安全概念、技术安全概念和安全相关的故障；安全机制或其他安全相关功能的完整性；功能分解由高层级要求向低层要求分解的完整性；接口的一致性；可能出现故障的完整性分析，包括没有功能、意外功能、系统性功能或信息错误、间歇性功能或信息错误、未实现的模块、应停止的功能持续运行等安全目标的正确性。

对于不同架构层级要求的验证，需要用到相应的安全分析方法。例如，系统 FMEA 主要用于对架构、功能以及功能安全要求等要素的分配进行验证；设计 FMEA 支持设计验证，以确保设计和要素能够正确实现；过程 FMEA 则用于分析产品的生产过程。

通过安全分析，可以确认导出的安全要求规范的完整性。在确认了安全要求规范的完整性之后，需测试安全要求是否得到了正确的实现，即在 V 模型的上升分支中，系统集成所需要测试验证的对象不再是需求，而是已经实现的产品要素。依据系统架构，测试也分为单元测试、组件测试、模块测试等要素测试和集成测试。要素测试主要测试输入和输出的关系，以及在不同环境和不同配置条件下的要素行为。集成测试需要考虑与所集成要素的交互、操作环境以及应用程序条件等。

通常测试方法包括故障注入、极限测试、压力测试（包括环境测试，如 EMC）等，主要目的是测试产品组件的鲁棒性。通过此类测试，能够测试安全机制的正确运行、错误传播假设的正确性、系统的鲁棒性以及要素在错误配置条件下的正确行为。

7.3　系统集成中的验证要求

进行系统集成时，集成和验证的计划需要在较高层级预先规划。

验证计划在安全生命周期的每个阶段及子阶段制订，并涵盖需验证的工作成果内容、验证方法、验证准则、验证环境、验证工具、当探测出异常时采取的行动和回归策略等方面。

制订验证计划需要考虑验证方法的充分性、工作成果的复杂性、验证目标的前期经验、所使用技术的成熟度和使用相关技术的风险等。

在集成子阶段，对每个功能和技术安全要求应至少进行一次阶段性验证，通常在更高一层的集成层面上对已定义的安全要求进行验证。

验证计划确定后，需要提供规范说明验证的方法。在 ISO 26262 中，推荐了检查列表（评审或分析的检查清单）、场景模拟和测试（测试用例、测试数据和测试目标）等方法。其中最常用的验证方法是测试。ISO 26262 给出了测试的要求,例如按照测试环境、逻辑依赖性和资源要求对测试用例进行分组,但并未给出检查列表和场景模拟的要求。

测试中每个测试用例的定义应包含唯一识别、需验证相关工作成果的版本、前提条件和配置、环境条件、输入数据及其时序和量值,以及期望的结果(包括输出数据、输出量值的可接受范围、时间约束和公差可接受范围)等。按照使用的测试方法,对测试用例分级进行测试。对测试环境、逻辑和时间的依赖性以及资源的测试,可通过补充测试用例完成。

当所有验证工作都按照计划和验证规范执行完成以后,还需要对验证的结果进行评估,以确保验证工作符合规范。对验证结果的评估包含所验证工作成果的唯一识别、验证计划和验证规范的参考、评估中用到的验证环境配置、验证工具及标定数据、验证结果与期望结果的一致性、验证通过或不通过的明确陈述。如果验证不通过,陈述应包含不通过的理由和对所验证工作成果进行修改的建议,以及每个验证步骤未执行的理由。

除了对验证结果的一致性评估,还需要将所有验证环境和验证工具作为验证措施的一部分加以评估。这些评估对于结果的追溯非常重要。

7.4 系统集成中的安全确认

根据 ISO 26262 第 1 部分的定义,安全确认(Safety Validation)是基于检查和测试,确认充分实现了安全目标。安全确认的目标是进行有效性确认,对实现安全目标所执行的安全活动的有效性进行确认。

与第 7.3 节中的验证活动不同,安全确认是在系统集成阶段对车辆功能安全的最终确认,确认所有与车辆安全相关的要求和规范(包括验证活动)的正确性以及正确实现。

ISO 26262 要求对安全生命周期的每个开发阶段进行阶段性验证。因此,验证活动不是仅在系统集成阶段进行,而是贯穿了相关项的整个安全生命周期。验证活动的工作成果为安全确认提供证据。

在 ISO 26262 第 4 部分第 8 章,提出了安全确认的要求以及和验证活动的关系。

安全确认和验证活动的关系

验证活动(如设计验证、安全分析、硬件集成和测试、软件集成和测试、相关项的集成和测试)的目的是提供每项特定活动的结果符合规定要求的证据。

由此可知，安全确认需要确认的验证结果包括安全目标本身的正确性以及安全要求得到正确和充分的实现。

例如在典型车辆上所集成的相关项的安全确认，目的是为预期使用的恰当性提供证据并确认安全措施的充分性，包括提供符合安全目标的证据、功能安全概念适合相关项功能安全的证据，以及安全目标在整车上是正确、完整的并得到完全实现的证据。安全确认基于检查和测试，以确保安全目标是充分的，并且得到实现。

除了 ISO 26262 开发过程中引入的功能安全要求和安全机制，安全确认还需要考虑在整个功能安全框架下的外部措施和其他技术的正确性。在经过安全确认以后，最终获得了完整车辆系统的功能安全证明。

7.5 其他技术要素集成

在系统集成阶段，通过安全验证确保产品的功能和性能。根据 ISO 26262 标准，集成接口在设计开发过程中已经验证，并确认了其功能和安全。然而在整车的生产过程中，还需要集成许多其他技术要素，而这些要素可能并不是完全按照 ISO 26262 标准进行开发的。为了保证这些要素在集成以后的功能安全，ISO 26262 对它们的集成做出了要求。这些要素分为独立于环境的安全要素（SEooC）、需要鉴定的组件和在用证明三类。

7.5.1 独立于环境的安全要素（SEooC）

通常，在车辆集成时所用的要素和部件，如微控制器、软件组件和电子制动系统等，并不是针对特定车辆开发的。幸运的是，这些通用要素和部件的开发，其接口往往都是标准化的，即开发过程中的功能和安全要求，虽然不是依据具体的车辆要求导出的，但是会根据一些通过的标准进行假设，并在此基础上进一步导出需要开发的功能和安全要求（图 7.1）。SEooC 的模块化设计和开发模式，为产品的通用开发和生产提供了便利。

SEooC 与一个子系统开发的不同处在于，其顶层安全要求不是来自于上层安全分析结果，而是来源于一个对于上层安全要求的假设。假设的有效性必须经过验证确认，在此基础上，才能推导出 SEooC 的具体技术安全要求。SEooC 的系统开发或者硬件、软件开发与相关项的开发相同，需要遵循系统工程。SEooC 的系统开发过程如图 7.2 所示。

在对 SEooC 进行集成时，我们将 SEooC 的假设对应到目标的上层安全要求，并对假设进行验证，确保其满足所需要求。如果系统的安全要求与某个 SEooC 的假设不匹配，需要从影响分析开始，展开变更管理活动。变更管理可能的结果包括以下几种情况。

第 7 章 系统集成

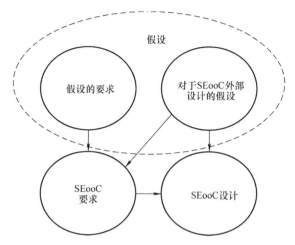

图 7.1 SEooC 开发之间的关系

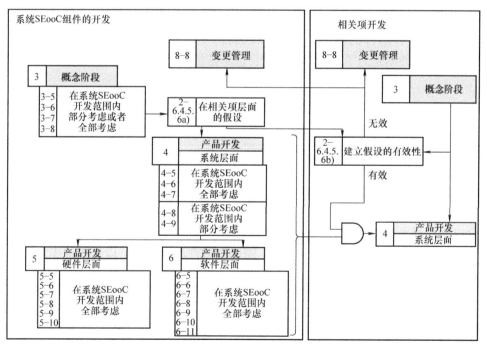

图 7.2 SEooC 系统开发

1）根据安全目标的达成情况，差异是可接受的，不需要做变更。

2）差异影响到了安全目标的完成，需有一个相关项定义或者功能安全概念的必要变更。

3）差异影响到了安全目标的完成，需有一个对于 SEooC 组件的变更（包括组件的一个可能的变更）。

ISO 262626 在指南部分给出了 SEooC 开发的示例，对 SEooC 进行了描述。

SEooC 示例

SEooC 可以是系统、系统阵列、子系统、软件组件、硬件组件或者零部件。SEooC 的例子包括系统控制器、ECU、微控制器、执行通信协议的软件，或者 AUTOSAR 软件组件。

SEooC 不可以是一个相关项，因为相关项总是需要用于批量生产的整车环境。如果 SEooC 是一个系统，该系统不在这个环境中开发，则它就不是一个相关项。

SEooC 与 ISO 26262-8：2018 第 12 章（软件组件的鉴定）和 ISO 26262-8：2018 的第 13 章（硬件组件的鉴定）所描述的经鉴定的组件区别在于：

- SEooC 是依照 ISO 26262 基于假设开发的。若在集成 SEooC 过程中可以证实该 SEooC 假设的有效性，则它可用于多个不同的相关项。

- 软硬件组件的鉴定是按照 ISO 26262 开发的相关项对于已有要素的使用。这些组件不是为了复用性设计的，也不是按照 ISO 26262 开发的。

7.5.2 需要鉴定的组件

在系统集成过程中，我们还会遇到一类组件，它们的开发生产可能遵循了其他安全标准，而不是 ISO 26262。ISO 26262 在第 8 部分中对此类组件的集成提出了鉴定要求。此类需要鉴定的组件与 SEooC 的区别已经在第 7.5.1 节中被提及。我们可以假定这些组件的开发是按照其他标准的要求，保存有一定的安全文档。然而这并不足以保证该组件在车辆系统中的行为（如故障传播），从而满足车辆系统的安全要求。因此，需要对组件进行鉴定，以提供证据证明其功能和安全的有效性。

对于软件组件，考虑到软件集成后运行环境的变化，需要满足的鉴定要求包括配置描述、接口描述等。同时，标准对软件开发过程中运用到的软件工具也提出了置信度的要求，以保证软件工具使用的安全性。对于硬件组件，其组件特性可以物理确认，鉴定也可以一定程度上适用其他的安全标准，见表 7.2。

表 7.2 依据硬件元器件或组件等级开展的鉴定、集成和测试活动

活动	硬件元器件组件			
	安全相关基础硬件元器件 （如电阻、晶体管）	安全相关中等复杂性器件 （如格雷码解码器）	安全相关中等复杂性硬件组件 （如燃料压力传感器）	安全相关复杂硬件组件 （如 ECU）
标准鉴定	适用的	适用的	—	—
按照第 13 章的鉴定	—	适用的	适用的	—
按照 ISO 26262-5 的集成或测试	—	适用的	适用的	适用的
按照 ISO 26262-4 的集成或测试	—	适用的	适用的	适用的

7.5.3 在用证明

在用证明是指在车辆中已经实际使用的要素，只要实际使用中验证了该要素没有安全风险，那么将此要素集成进入新的系统中仍然是安全的。然而这样的观点是不成立的——在我们考虑系统的功能安全时，安全风险和危害场景都需要结合场景具体分析。由于要素在新系统集成环境和接口的改变，其安全是无法由原先的安全证据保障的。

根据 ISO 26262 标准，在用证明是一种"黑盒方法"——在对要素进行复用时，在用证明不需要理解要素的内部结构和行为。然而，标准要求对目标要素的配置和运行环境的变更影响进行分析，并依据其服务期限量化计算得出目标要素是否满足新的集成环境的安全要求。

第 7.6 节将介绍标准中给出的指南用例，以明确在用证明的使用。

7.6 在用证明示例

本节给出的用例说明了在新的开发项目中沿用现有产品时，在用证明的提供和使用情况。

整车制造商想在新车上集成一个新功能，该相关项功能的实现由传感器、一个 ECU（含功能所需的完整软硬件）以及一个执行器组成。功能的异常启动评定为 ASIL C 等级，并由此导出安全目标分配到 ECU 的 ASIL C 等级的功能安全要求。

此时 ECU 的供应商提议沿用一个现有的 ECU。通过分析 ECU 之前使用和它将要在新应用中使用的区别，发现 ECU 需要更改标定数据来修改软件以实施

新的功能，而 ECU 的硬件可以沿用，不做改动。于是供应商可以用 ECU 硬件的在用证明来代替证明 ECU 的硬件产品符合标准要求。该 ECU 的硬件就是在用证明的候选项。

变更分析

供应商对在用证明的候选项开展变更分析，以建立在用证明的可信度。该分析表明：候选项边界在规范限制之内；先前的集成环境需要相同的技术功能；候选项边界的原因及影响在先前和未来的集成环境中是相同的。从 ECU 的量产开始，没有引入对在用证明候选项的安全行为产生影响的变更，而且在用证明候选项的先前应用与预期应用之间的差异没有安全影响。因此，在新的相关项开发中可以适用已有 ECU 硬件的在用证明。但供应商还需证明在用证明的有效性。

在用证明的目标值

供应商在提供了产品和其在用证明后，仍需证实在用证明的有效性。为此，供应商需要估计在用证明候选项已经在现场使用的累计小时数。服务历史期间评估基于：
- 搭载在用证明候选项的量产车辆的数量
- 车辆量产日期
- 车辆典型使用数据（每年驾驶小时数）

另外，供应商还需分析售后期间任何与安全相关事件（已上报的潜在导致或促使违背预期使用中的安全要求事件）的现场数据。服务历史基于搭载在用证明候选项的不同车辆现场返修数据：
- 保修索赔
- 现场缺陷分析
- 从整车制造商处返回的缺陷零件

在相关项硬件开发之初，以上分析的结果显示现场没有发生安全相关的事件，但是预测的总体累计驾驶小时数小于 ASIL C 的确定目标，仅满足临时服务期限。

ECU 硬件的临时在用证明可被相关项开发所采信，但需继续进行现场观察以获取一个确定的在用证明状态。

通过本节在用证明的例子，我们可以了解到车辆在发布生产之后的安全管理，也是车辆整体安全管理的重要组成部分，特别是车辆的运行现场数据为车辆的安全提供了证明和论据。

7.7　小结

验证是系统集成阶段的重要工作，其目的是提供有关正确性、一致性和完整性的证据，从而保证设计开发中的逻辑和技术要求满足功能要求和安全要求。本章对系统集成中的验证和测试、安全确认以及其他要素集成进行了介绍。作为对其他技术要素集成的补充，本章最后引入了标准指南中关于在用证明的示例。

第 8 章

形式化方法

功能安全是汽车电子研发的关键要素之一，在汽车电子的开发过程中，各个组件需要满足不同的 ASIL 等级，在 ASIL 的不同等级中，会有半形式化、形式化的要求。在最高等级 ASIL D 中，常常需要使用形式化方法进行规范的描述、设计和验证。在这一章中将介绍形式化方法的一般概念，以及相应的工具，以便在汽车电子开发过程中得到应用。

形式化方法是应用数学模型表示系统，应用数学方法描述系统的规约或性质，通过数学理论来证明系统的正确性、安全性、可靠性。为了能够描述系统的数学模型，需要定义相关的形式化语言及其语义，通过该语言建立其数学模型。对系统规约或性质的定义需要使用逻辑公式刻画，然后运用形式化验证方法验证数据模型是否满足规约或性质。

8.1 形式化语言

为了建立系统的数学模型，需要通过规范语言来描述。规范语言是为了更直观、更精确地表示程序"做什么"而提出的一种能够抽象描述系统行为的语言。根据数学模型的侧重点不同，形式化语言大致可分为基于模型的、基于进程的和基于网络的形式化语言。

8.1.1 形式化语言的分类

1. 基于模型的方法

用集合、序列、映射或元组等定义数据类型，再用一个全局有效的命题对数据类型进行约束。基于这些类型，系统操作主要是用前置后置条件（pre-post condition）这种隐含的方式来定义，说明在什么状态下该操作能够执行，以及执行前后系统状态的关系。用一种更类似于编程语言的方式来定义，以形式语言为基础的描述与分析方法，它们具有严格的定义，并且可借鉴形式语言中完善的分析技术。例如，可利用标准逻辑的定理证明或化简工具实施系统的形式化验证。这类规范的语言有 VDM、B 方法和 Z 语言等。

2. 基于进程的方法

根据进程间的交互来规范系统，这种方法重点考虑的是系统行为。例如，进程间可能的交互序列，它们的语义大部分是定义在某种状态转换系统上。这类规范语言的例子有 CCS、CSP、λ 演算和 LOTOS 等。通信演算系统（CCS）和通信顺序过程（CSP）方法，是对分布式系统进行形式化建模，能较好地表达系统的并发特性，具有很强的描述能力和一定的分析演算能力。

3. 基于网络的语言

根据网络中的数据流，给出系统的并发模型，包括网络中从一个节点流向另一个节点的条件。这类规范的例子有谓词变换网、Petri 网等。

8.1.2 常见的形式化描述语言

1. Promela 语言

Promela（Process Meta Language）是模型检测工具 SPIN 的唯一输入语言。Promela 是用来对有限状态系统进行建模的形式描述语言，允许动态创建并行的进程，并且可以在进程之间通过消息通道进行同步和异步通信。一个模型由进程、消息通道、变量和全局对象组成，相当于一个有限转换系统，如图 8.1 所示。

Promela 语言主要的内容有数据类型、进程和通道。

1）Promela 的基本数据类型有 bit、bool、byte、short、int。bit 和 bool 表示单比特信息，可以取值为 0 或 1；byte 可以为 0～255 的无符号数；short 和 int 为有符号数值，它们的区别在于所表示的值的范围不同，short 的取值范围为 -2^{15}～（$2^{15}-1$）。int 的取值范围为 -2^{31}～（$2^{31}-1$）。同时它也拥有数组、枚举和结构体等其他类型。

2）Promela 的进程（proctype）是一种执行单元，在 SPIN 中是以进程为单位进行验证的，进程内是按顺序执行，而进程之间可以并发执行，除非给定控制器执行顺序。一个进程的说明以关键词 proctype 开始，主要包括进程名、形式参数列表、局部变量说明、进程体四部分。其中进程体由一系列的语句组成。一个进程说明可以对应多个进程实例，进程实例可以在任何进程中使用 run 语句创建，同时返回该进程的 ID。Promela 有一个初始化进程 init{…}，默认会执行。而其他声明的进程需要加关键字 active 才能执行，或者由其他进程启动 run proName。

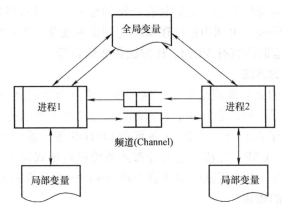

图 8.1 Promela 语言系统模型

3）Promela 通道是进程之间进行信息通信的一种方式。通道有两种动作：发送和接收。进程可以向通道按序或随机方式进行操作，按序方式是指将通道当作一个队列，即在通道的动作是按先进先出的方式进行；而随机方式是指将通道看作一个集合，即发送和接收是可以任意从中拿出或放入。Promela 中使用 "!" 和 "?" 表示按序发送和接收，而用 "!!" 和 "??" 表示随机发送和接收。Promela 语言使用消息通道（chan）来对进程之间的消息传递进行建模。通道按照先进先出的顺序来传递消息，定义通道和定义基本数据类型一样，格式如下：

chan < name >= [< dim >]of{< t1 >, < t2 >, …, < tn >}；

参数 name 是通道的名称，< dim > 是通道能够容纳的消息个数（最多 255 个）< t1 >, < t2 >, …, < tn > 表示通道传递的数据类型。

通道定义之后就可以进行消息的传递，在 Promela 中用 "!" 表示向通道送入数据：

name! < exprl >, < expr2 >, …, < exprn >；

表达式 < expri > 数据类型要和通道声明的数据类型一致，只有通道不满的时候，向通道送入信息的语句才会被执行。

相对应的是，用 "?" 来表示从一个通道中取出信息：

name? < varl >, < var2 >, …, < varn >；

表示将信息从通道头部取出并赋给相对应的变量 < vari >，只有通道不空的时候，从通道接收消息的语句才会被执行。

2. Giotto 语言

Giotto 是由 Berkeley 开发的面向嵌入式硬实时控制系统周期性行为的设计方法和编程语言。Giotto 的一个重要贡献是将嵌入式硬实时控制系统的平台无关功能和时间特性与平台相关的调度和通信问题分开，以便于系统的建模和分析。

Giotto 语言是为具有硬实时约束的嵌入式控制系统提供的抽象程序模型语言。典型的控制应用由周期性的软件任务以及用于启用和禁用任务的模式切换逻辑组成。Giotto 语言可以指定时间触发的传感器读数、任务调用、执行器更新以及与任何实现平台无关的模式切换。Giotto 语言可以带有平台约束，如任务到主机的映射以及任务和通信调度。注释是 Giotto 编译器的指令，但它们不会改变 Giotto 程序的功能和时序。通过将与平台无关和与平台有关的部分分离，Giotto 在选择控制平台方面具有极大的灵活性，并在控制软件的有效性和综合中实现了很大程度的自动化。Giotto 的时间触发特性可实现时序可预测性，这使 Giotto 特别适合于对安全攸关的应用。

Giotto 提供了一个中间级别的抽象，它包括允许软件工程师与控制工程师进行更有效的通信，并且使实现及其属性与控制设计的数学模型更加紧密地保持一致。具体来说，Giotto 定义了实现的软件体系结构，该体系结构指定了其功能和时序。为了确保实现与数学模型一致，功能和时序的考虑是必要的。另一方面，Giotto 摆脱了特定平台上软件体系结构的实现，使软件工程师在与控制工程师进行交流时不必担心诸如硬件性能和调度机制之类的问题。编写 Giotto 程序后，软件工程师仍然需要在给定平台上具体化该程序。在 Giotto 中，对于在具体平台上实现的软件不需要与控制工程师互动，并且可以通过编译器实现自动化。Giotto 编译保证了功能和时序，因此无需进行繁琐且易于出错的代码评估和优化迭代。

3. Lustre 语言

Lustre 是开发同步系统的一个形式化方法和描述语言，是高安全性应用开发环境（SCADE）的建模语言。SCADE 是法国爱斯特尔公司的产品。SCADE Suite 建模具有严格的数学语义，模型具有 5 个性质，即完整性、精确性、可验证性、一致性及无二义性。Lustre 语言是一种同步编程语言，是基于数据流，应用于反应式系统中的语言。Lustre 语言具有以下特点：①它是一种强类型语言；②语言语义明确；③提供数据流运算符、控制结构体和层次化状态机；④程序执行方式为循环式。Lustre 语言中，在编译通过后，程序不会去错误地访问内存或执行其他错误的操作，是一种高安全性的语言。

SCADE 模型的建立是以同步假设为基础的，同步假设是指理论上将程序在某时刻得出的结果看作程序对外部事件的反应。同步程序属于反应式系统的一个程序子集，是一种基于循环的计算模型，程序在同一个循环内，能够根据输入得出输出结果，也叫作"即时响应"。

同步语言的特点有以下几点：①遵循唯一等式原则，在一个周期的执行过程中，输入必须固定，同时内部变量和输出在计算过程中也必须固定；②在一个计算周期内，程序与外部不存在交互，这一点使得同步语言程序比异步程序易于验证，同时保证了有限的计算时间被完全确定的行为；③同步语言的确定性体现在同样的输入将会产生同样的输出，这符合高安全性开发系统的安全要求；④同步语言的不确定性体现在输出与输入序列无关，程序难于定义分析与调试。

SCADE 拥有两套建模机制，分别为适合于连续系统建模的数据流图机制和适合于离散系统建模的安全状态机机制。两套机制通过 SCADE 融合，能对各种混合系统进行安全性建模。

（1）数据流图模型

在 1998 年 Henzinger 提出了数据流的概念，在这个概念中，数据流是指"事先定义好的数据被顺序读取一个序列"。在 SCADE 中，数据流是指针对一种给定类型的值，其无限长序列，比如，类似自然数流，1，2，…，n。SCADE 的数据流图模型适合于连续控制系统，模型与外界的接口为输入输出控件，可由设计者或用户自行定义。在模型的内部，SCADE 可使用各种基本的操作符，包括基本算术操作符、比较运算符、逻辑运算符、时间运算符、选择操作符、结构体/数组操作符。

SCADE 数据流图中除了一些基本的操作符外，还有一些组合式结构化操作，包括 If 块、When 块以及 Signal 信号发送接收的使用。组合式结构化操作的作用是定义在满足某个条件的情况下，才执行相应的模块。对于 SCADE 语言的无二义性要求，模块的每一次循环中每一个数据流都应该具有唯一的定义。对于结构块内的数据流，只有当块被激活执行时，块内的等式或文本才会被执行，如果块内的数据流没有被执行，那么将会有两种结果：①如果执行块之前有一个数据流结果的预定义，那么块内将会被赋予默认值；②如果没有数据流结果的预定义，那么块内将保持上一次结果的值。

（2）安全状态机模型

SCADE 的安全状态机模型适合于离散控制系统，它用于描述简单的逻辑状态直接的状态切换。安全状态机要求系统必须有一个初始状态，满足条件的转移，系统进入下一个状态，同时执行状态机中的相应操作。基于图形化建模方式的安全状态机适合对反应式系统进行建模，通过系统的一系列状态模型的建立，同时用转移与信号控制系统状态的逻辑，能够实现系统安全运行。

在 SCADE 节点中，可以创建状态机，并且一个节点能够创建多个并行的状态机，同时每个状态机可以包含一个或者多个状态，状态机包括状态和迁移，每个状态机与其他的状态机数据流进行分隔。

对于一个状态，可以有多个迁移，但是，当某个状态激活后，同时有多个迁移条件为真的时候，状态机触发优先级最高（1 为最高）的转移，且只有一个迁移被触发。在转移中，迁移条件的优先级保证了系统的转移状态的唯一性与确定性，在 SCADE 编辑中，添加转移时或自动添加默认优先级，优先级可以通过迁移的属性修改。同时，迁移的触发类型具有三种，分别为 Strong 强连接、Weak 弱连接和 Synchro 同步连接。

强连接是指当迁移条件满足时，不执行源状态的操作直接激活目标状态并开始执行目标状态内部算法；弱连接是指在迁移触发周期内，完成对源状态的内部操作，下一周期再完成目标状态的内部操作；同步连接是指当某个状态终止时触发，在下一周期执行目标状态的操作。

基于 Lustre 建立的模型适用于嵌入式实时系统的建模，并可以在 SCADE 平台下进行分析、仿真与验证。

4. UTP

统一程序理论（Unifying Theories of Programming，UTP）由图灵奖获得者 Tony Hoare 教授与华东师范大学何积丰院士于 1998 年创立。统一程序理论是一套典型的形式化方法，它涉及程序的基础理论的诸多领域，为程序语言提供了一个一致的理论基础。统一程序语言着眼于程序风范、抽象层次、表现形式等方面的不一致问题提出了统一的方案，旨在发现一个解释不同程序理论的清晰一致并有说服力的统一方法。

统一程序理论的方法强调以指称语义为主，在建模时确定观察集（Alphabet），给出模型中对象的精确指称语义，并由语义推导出对象的代数性质，进行性质分析和推理。统一程序理论采用精化方法对程序正确性进行分析和验证，支持通过逐步精化的方法实现由规范向实现的转化。

统一程序理论可以看作编程语言原理的一个一致性的基础，涵盖了编程理论方面的许多重要领域。它给出了 Dijkstra 的非确定性顺序编程语言的指称语义。为了处理关系理论和实践之间的不一致性，设计（design）作为关系的一个子集被引入，它包括一个假定（assumption）和承诺（commitment）。UTP 同时也给出了顺序编程语言的一个完备代数演算，它可以将程序转换成一种语法受限的范式形式。许多高级编程特性也被引入，如并发结构和交互式进程。它也包括一些如何将操作语义和代数语义以及指称语义连接起来的理论。UTP 已经成功地用于研究编程语言的语义和代数法则，证明了三类不同语义（指称语义、代数语义和操作语义）的一致性，并提出"Linking Theory"应用于设计概率程序语言的数学模型。

5. Z 语言

Z 语言是 20 世纪 70 年代末至 80 年代初由英国牛津大学程序研究组（Programming Research Group，PRG）的 Jean Raymond Abrial 和 Bernard Sufrin 等人设计的。在它的早期发展阶段，Z 语言就被应用于现实世界中，尤其 IBM 的

Hursley 子公司更是利用 Z 语言来对他们的用户信息控制系统（CICS）进行了规格说明的重写，这对 Z 语言的发展产生了极大的影响。在 20 世纪 80 年代末，人们已经定义出了 Z 语言的标准文本。

Z 语言是基于一阶逻辑和集合论的形式规格说明语言。在利用 Z 语言来描述目标软件系统时，该系统的结构特征和行为特征往往采用一种描述性的形式表示出来，这其中就需要用到一阶逻辑和集合论的知识。Z 语言的一个重要特征是类型化，即 Z 语言是一个类型化的语言。引入类型有几个优点：对规格说明的书写者来讲，最明显的优点是能够使用一个类型检查的程序查出规格说明中关于数据定义方面的错误；另一个优点是类型系统对规格说明施加了结构，并要求规格说明的书写者使用规定的写法来定义规格说明。引入类型的一个理论方面的理由是可以避免关于集合论的一些"悖论"。Z 语言的规格说明中各种表达式的类型是可以自动计算的，目前，已有一些系统实现了 Z 语言的规格说明的类型检查。

基本类型是 Z 语言类型系统的重要组成部分。基本类型有时被称为给定集合或给定类型，是由一对方括号括起来的名称组成的基本类型定义引入的。基本类型定义是一个类型声明，它引入了一个或多个基本类型。整数类型 Z 是 Z 语言的内定义基本类型，对任意类型使用类型构造符，可构造出其他的类型。使用一个规格说明中的任意类型和幂集构造符 P，就可以产生该类型的幂集类型。对于若干个集合，它们都已有类型，则它们的笛卡儿积就是一个新的笛卡儿积类型。

在 Z 语言中，每一个对象（变量或值）都被赋予一个类型，每一个变量的类型是在对象声明时确定的。类型是一种特定的类的集合，它被看成是一个"最大集合"，因为它代表了一个元素可以属于的最大可能集合。为了能定义一个只有几个元素的类型，并对这几个元素给定名称，则可使用枚举类型。量词化扩充表示法和集合表达式扩充表示法可使人们更方便地表示谓词和集合，这是经常使用的表示方法。为了方便地使用各种数学表示，使 Z 语言的使用者易于书写软件规格说明，在 Z 语言中建立了一个基本库，基本库中包括各种数学定义和定律。

Z 语言的构造单元有公理描述、模式和通用式定义。公理描述引入了一个或多个全程变量和关于它们的谓词。模式是 Z 语言最主要的结构。一个模式由一些变量的声明和限制这些变量值的谓词两部分组成。模式有水平的和垂直的两种形式。通用式就是以类型作为参数的重要结构。在 Z 语言中通用式结构有两种，一种是通用式定义，另一种是通用模式。

6. B 方法和 Event-B

B 方法作为软件需求规约方法的一种，是由欧洲科学院院士 J-R Abrial 教授提出的。B方法提供了一套描述规范说明的语言——B语言，它的核心特征是抽象机。B语言是由Z语言发展而来的，其目的是为这种形式化方法增强模块能力和工具支持能力。它继承了Z语言基于人们熟悉且便于理解的数学基础的优点，支持从规格说明到代码生成整个开发周期。它是少数几个具有较强商品化工具支持的形式化方法之一。

B方法的设计目标是作为一种实用的软件形式化方法。作为其先驱的Z、VDM等方法，主要关注软件规范说明的描述和性质证明，没有特别考虑支持基于它们的软件开发过程，也没有考虑最终代码的自动生成等问题，而B方法则希望支持从规范说明到代码生成的整个软件开发周期。B语言方法可以使程序和程序的规格说明出于一个统一的数学框架下，以一种基于集合论的符号表示法来书写。

使用B方法开发软件，提倡从更抽象的描述层次开始进行开发，先用抽象机描述软件系统的抽象结构和抽象功能，而后对其进行逐步精化。B方法并不严格区分软件的抽象规范、设计和实现之间的差异，软件规范及其后续的逐层精化都统一用抽象机描述。B方法支持采用从抽象到具体的逐步构造、逐步验证的分层开发方法进行软件开发。

20世纪90年代，B.Core等公司提供了相应的开发工具。B方法最著名的应用实例是法国GEC-ALSTHOM Transport公司和J-R Abrial教授合作开发的法国高速铁路控制系统，在当时这个应用取得了非常好的效果。后来，应用B方法开发软件系统的实例越来越多，而且越来越多地转向了安全和生命相关的系统开发，例如，信号信息处理系统、无人自动控制系统、危险自动报警系统等的开发。

Event-B是扩展了B方法的形式化方法，用于归约、验证软件系统。Event-B是一种基于事件的方法，在这种方法中定义了几个简单的概念描述离散事件系统和证明义务，然后验证事件系统的属性。Event-B是系统级建模分析的形式化方法，其重要特点就是采用集合理论作为模型标记，用精化的方式描述不同抽象级别的系统，用数学证明验证不同抽象级别的系统间的一致性。Event-B作为B方法的扩展，在Event-B模型中使用的标记如集合、关系和函数与B方法中使用的标记类似，因此使用B方法进行软件系统规约的开发人员会发现很容易适应Event-B方法。

Event-B是由B方法演化而来的，二者都使用广义代换描述系统状态转变，以证明作为验证模型的有效途径，但仍然存在很大差异。首先，这两种方法描述模型的结构不同，在Event-B中静态部分和动态部分是完全分开的。其次，Event-B支撑并发和交互系统，更适合模拟复杂系统，如分布式和并发系统。B方法基于操作是由其他操作调用的，在Event-B中事件不一定由其他事件调用。

最后，与其他形式化方法如 B、Z 和 VDM 相比，在 Event-B 中精化更常见，在精化步骤中引入新的事件是 Event-B 的一个重要特征。

Event-B 是基于事件的方法，模型的动态部分被看作以交互方式不断执行条件成立事件的反应系统，使得事件交互执行时的并行行为和并发进程更容易建模，共享变量或事件作为活动或进程间的交互。Event-B 已成功应用于实际软件系统开发，包括并发和通信系统。支持 Event-B 形式化建模的工具为 Rodin 平台，这个平台基于 Eclipse 的可扩展开发环境，为 Event-B 形式化方法提供可形式化归约、验证等功能的实现。

7. CSP

在计算机科学中，通信顺序进程（Communicating Sequential Processes，CSP）是一种用来描述并发系统中交互作用模式的形式化语言。它是并发数学理论（称为进程代数）中的一种，在 Occam、Limbo、Go 等程序语言的设计中，发挥着重要的作用。在 CSP 语言中，一个并发系统由若干并行运行的顺序进程组成，每个进程不能对其他进程的变量赋值。

CSP 在 1984 年由著名计算机科学家 C.A.R. Hoare、S. Brooks 和 W. Roscoe 提出，是一种解决并发问题的代数演算理论。它是一种专门用来描述并发系统中通过消息交互进行通信行为的抽象语言，其基本组成为事件（event）。

在 CSP 语言中，任何一个并发系统都是由若干个并行运行的顺序进程构成的，由于每个进程不能对其他进程的变量赋值，因此进程之间只能通过通道进行变量的赋值。CSP 中的进程由事件和一组算子（operator）构造而成，用 P、Q 表示进程，a 表示事件，x、y 表示变量，C 表示事件集，c 表示通道。CSP 中的一些典型算子如下：

- 事件前缀："→"为前缀算子，"a → P"表示的是当事件 a 执行完后，进程就按 P 来执行，它是将事件引入进程的方法。
- 递归操作："$\mu X \cdot F(X)$"表示函数 F 的最小不动点，即此算子表示的是递归进程。
- 集合隐藏："\"是隐藏算子，"P \ C"只隐藏进程 P 的内部动作。
- 停止："Stop"即停止，代表该进程绝不执行任何动作，表示进程的中断。
- 跳过："Skip"代表该进程什么都不做，并且成功终止。
- 非确定性选择："P⊓Q"表示非确定性选择，也称为内部选择，表示进程可能按进程 P 执行，也可能按进程 Q 执行，它不受外部用户控制，只由系统内部决定，且该选择是完全不确定的。
- 确定性选择："P □ Q"表示确定性选择，也称为外部选择，表示进程根据外部环境的影响在第一步时选择按进程 P 或按进程 Q 执行。更具体地说，a

→ P □ b → Q 表示的是若前一步发生的是事件 a，则下一步就执行进程 P；若前一步发生的是事件 b，则下一步就执行进程 Q。
- 交错运行："P ||| Q"表示进程 P 与进程 Q 交错运行。
- 并行运算："P || Q"表示进程 P 与进程 Q 并行。
- 顺序组合："P；Q"表示先执行进程 P，等 P 执行完就顺序执行进程 Q。
- 通道输出："c!b"表示由通道（channel）c 输出 b 的值。
- 通道输入："c?a"表示把通道（channel）c 读入的值赋予 a。当进程 P 执行 c!b，同时进程 Q 执行 c?a 时，发生通信，b 的值从 P 进程传送给 Q 进程的变量 a。

Timed CSP（Timed Communicating Sequential Processes）是在 20 世纪 80 年代末由 Reed 和 Roscoe 通过在 C.A.R. Hoare 提出的 CSP 语言上增加一些时间操作符扩展的，并由 Davies 和 Schneider 后来修订的一种形式化语言。它既保留了 CSP 中原有的操作，同时也增加了时间属性，因此对实时的并发系统中的时间约束及系统建模有良好的描述能力。事件和时间是 Timed CSP 中最基础的组成部分，Timed CSP 从以下两个方面对时间进行扩展：

1）扩展延时操作：通过此类操作对系统行为的执行顺序、执行时间进行严格控制，即系统在某个动作 A 运行完即将运行下个动作 B 的时间间隔内，动作 B 不能执行。

2）扩展超时操作：通过给定一个操作时间以及一个超时动作来避免系统无限等待，即在动作 A 给定的操作时间 t 结束后仍未执行，则执行超时动作 B，否则执行动作 A。

Timed CSP 中新引入的操作符如下：
- 前缀操作：$a \xrightarrow{t} P$ 表示当事件 a 在经过 t 个时间单位执行完后，按进程 P 来执行。
- 等待：Wait t；P，表明在 t 个时间单位的延迟后，再执行进程 P，在这 t 个时间单位内不做任何操作。
- 超时：在给定的时间 t 内，P 与 Q 未进行通信即为超时。$P \overset{t}{\triangleright} Q$ 表示的是若超时情况发生，则进程 P 将控制权移交给进程 Q。
- 时间中断：$P \overset{t}{\propto} Q$ 表示经过 t 个时间单位后，不管 P 是否执行完毕都中断来执行 Q。

结合 CSP 的知识，给出 Timed CSP 操作的子集如下：

$$P, Q ::= (a \xrightarrow{t} P) \mid (\mu X \cdot F(X)) \mid (P \backslash C)$$

$$\mid Stop \mid Skip \mid (P \square Q)$$

$$\mid (P \square Q) \mid (P \mid\mid\mid Q) \mid (P \mid\mid Q)$$

$$|(P;Q)|(c!b \rightarrow P)|(c?x \rightarrow P)$$

$$|(\text{Wait } t;P)|(P \overset{t}{\triangleright} Q)|(P \overset{t}{\propto} Q)$$

CSP 是一种用来描述并发系统中交互作用模式的形式化语言。它是并发数学理论（称为进程代数）中的一种，对于后期出现的，如 Occam、Limbo、Go 等程序语言的设计发挥着重要的作用。

8. CCS

通信系统演算，简称 CCS，是由 Robin Milner 在 1980 年左右首次提出的一种进程演算。它可以算是进程代数的一种。进程代数是一种数学化的、严格的框架，可以对并发的交互式系统进行模型化，并通常使用等价和非等价的逻辑推理来分析一个系统。CCS 中最基本的组成部分是动作，它使用动作来描述参与双方之间不可分割的通信行为。而且，CCS 中包括用来描述并发系统的各种算子，用来描述动作之间以及特定范围之内选择的算子等。CCS 的表达式经常被解释为一个标记迁移系统，各种建模之间只有语义等价才意味着两者之间的真正等价。

为了研究方便，一开始 CCS 进程的每次通信都只有一次交互，其中没有数据的传递，这就是纯 CCS。后来，加入了对数据值的处理，使得输入输出都包含数据值，这就是传值 CCS。

（1）纯 CCS

用 ξ 表示进程表达式的集合，其元素用 E，F 表示。进程表达式如下所示：

$$E, F ::= a.E \mid \sum_{i \in I} E_i \mid E_1 \mid E_2 \mid E \setminus L \mid E[f] \mid A$$

进程构造算子的直观意义如下：

1）$a.E$：动作前缀，其中 $a \in Act$。

2）$\sum_{i \in I} E_i$：为非确定选择，其中 I 表示任意的标识集。当 I = 0 时，记 $\sum_{i \in I} E_i$ 为 0，当 I = 1，2 时，记 $\sum_{i \in I} E_i$ 为 $E_1 + E_2$。

3）$E_1 \mid E_2$：为并发合成。

4）$E \setminus L$：为限制，表示 $L \cup \bar{L}$ 中的动作被禁止。

5）$E[f]$：为换名，$E[f]$ 的行为方式与 E 相同，但其中的动作名都经过 f 的替换。

6）每个进程常量 A 均有相应的定义式：$A \Leftarrow P$，其中 P 为进程表达式，可递归定义。

此外，我们可用结构化操作语义方法定义进程表达式的语义。

CCS 之所以能成功地应用于并发系统建模和程序验证，主要得益于基于互模拟概念的行为等价语义理论的建立和完善。由于互模拟关系具有良好的数学性质，为并发系统的分析和验证提供了一种强有力的手段和方法。互模拟的另一个吸引人之处，是对于有穷状态系统存在多项式时间的判定算法。该算法已成为一些进程代数自动验证工具的基础。

CCS 中强互模拟关系具有良好的数学性质，既是等价关系，又是同余关系，并可用泛函的最大不动点来定义，也可用 Hennessy-Milner 逻辑给出其逻辑刻画。对一个外部观察者而言，他并不关心表示进程内部通信事件的动作，而只关注外部可见的行为动作。如果在互模拟的匹配和比较中忽略表示内部通信的动作，就可导致一类最重要的互模拟等价关系——弱互模拟。

（2）传值 CCS

CCS 最初是作为描述"通信"进程的语言而提出的。"通信"是指进程间通过通道传送数据以实现交互和合作。为了数学处理的方便，进程间的数据传送被简化为单纯地通过共享通道同步。传值 CCS 就加入了数据值（value）的概念，每次通信都进行值的传递。我们首先假定所有的值都属于一个集合 V。

完整的传值 CCS 的语法可以表述如下：

$$E, F ::= a.E \mid \sum_{i \in I} E_i \mid E_1 \mid E_2 \mid E \setminus L \mid E[f]$$
$$\mid \text{if } b \text{ then } E \mid A(x_1, \cdots, x_n)$$
$$a ::= a(x) \mid \bar{a}(e) \mid \tau$$

以上操作算子大多与纯 CCS 一致。所不同的是，多了一个表示判断的算子 if b then E，它表示当条件 b 满足时才执行进程 E，条件不满足时，则不执行 E。另外，前缀算子分出了输入前缀、输出前缀和内部动作三类，通过这些前缀算子在传值 CCS 中能够实现值的传递。

依照传统归约语义，传值 CCS 的基归约分为迟、早两种情况，并分布导致迟、早互模拟概念。

早（early）观点认为：进程所执行的输入动作均是形如 $c(v)(v \in V)$ 的基本动作，即在定义归约语义时就对输入前缀 $c(x)$ 进行实例化，按此观点，R_1 与 R_2 是互模拟等价的，故有 $c(x).P \xrightarrow{c(v)} \tau P[v \setminus x]$。按此观点，$R_1$ 与 R_2 是互模拟等价的。

迟（late）观点认为：进程所执行的输入动作是更一般的、抽象的输入动作 $c(x)$，即在定义归约语义时不对输入前缀 $c(x)$ 进行参数实例化，参数的实例化要推迟至真正需要的时候，即只在定义互模拟关系或需要进行数据传送时才进行输入参变量的实例化。按此观点，R_1 与 R_2 不是互模拟等价的。传值 CCS 归约语义与纯 CCS 的归约语义除了对前缀算子的处理有所不同以外，在其他算子上一致的。

CCS 在检测系统是否存在死锁或活锁等方面非常见长。

9. Petri 网

Petri 网具有可视的图形描述及相应的工具帮助分析。它能够借助 Petri 网的代数分析技术来刻画系统的结构，建立状态可达的线性系统关系；借助 Petri 网的图分析技术，展现系统的运行机制，分析系统的动态行为；借助 Petri 网的归纳分析技术，可缩小系统的可达状态空间，降低系统分析的复杂度。

Petri 网首次被提出是在 1962 年，由德国波恩大学的 Carl Adam Petri 博士提出。其开始的目的是作为一种数学模型，研究计算机系统中各个部分之间的异步通信。

Petri 网理论是离散事件系统建模工具的最好选择，Petri 网对控制系统建模有很好的优势，主要表现如下：①可以简单准确地表达系统中的并发、冲突、资源共享、相互抑制以及不确定性等特征；②可以使用自顶向下和自底向上的设计方法，使系统具有不同的抽象层次成为可能；③Petri 网可以直接生成控制代码；④良好定义的语义能够为系统设计提供定性和定量的分析；⑤图形界面可以给出系统的直观视图；⑥Petri 网可以用于系统设计的各个阶段，从系统的建模、分析、仿真、确认、性能评价，到调度、控制和监控的整个过程。

Petri 网是建立在严格的数学基础上的，因此能够精确描述系统中事件的依赖关系和不依赖关系，在这方面已有了许多成熟的分析方法和工具。其次，它兼顾了严格语义与图形表示两方面，具有统一的语言描述系统结构和行为，方便建模仿真，从而起到沟通不同子系统间桥梁的作用。第三，Petri 网是一种基于状态的建模方法，与基于事件的过程建模方法不同，Petri 网系统比其他图形建模工具更适于确定触发方式、描述同步并发系统，且具有很好的扩展性。

一个 Petri 网是一个双枝有向图，它由网结构和初始标识两部分组成。网结构是指库所和变迁，token 是动态对象，可以从一个库所转移到另一个库所。连接具有方向，在库所和变迁之间用图形来表示 Petri 网时，库所用圆圈来表示，变迁用方框或者粗杠来表示，网中的有向弧部分要么由库所指向变迁，要么由变迁指向库所，同一类型的节点之间不能用有向弧来连接。

Petri 网的结构特性是 Petri 网非常重要的性质，结构特性可以通过线性代数方程的形式计算得到，这些特性与初始标识无关，被称为结构不变式，简称为不变式，它可以分为库所不变式和变迁不变式。

Petri 网的建模软件的开发研究也比较早，国外很多 Petri 网研究机构针对 Petri 网模型结构，开发了不同的软件分析包，SPNP Petri 网分析软件 SPNP（Stochastic Petri Net Package）是由美国杜克大学的 Trivedi 教授所领导的研究小组研究和开发的，经过多年的运行和完善，SPNP 已经是一个较成熟的随机 Petri 网软件。

Petri 网建模分析软件 DSPNexpress（Deterministic and Stochastic Petrinets Express）是由德国多特蒙德大学的 Lindeman 教授研究和开发的。它是一种随机 Petri 网的理论分析软件，可以分析计算随机 Petri 网马尔科夫链的转移概率以及固定时间变迁与标识相关的实时延时。

意大利 Chola 等开发的 GreatSPN（GSPN）软件主要对颜色 Petri 网进行建模、验证和性能评估。该软件实现了高效分析算法，使之能够用于复杂的应用。

8.2 形式化规范

对系统具有的性质可以通过某种逻辑进行描述。目前常用的逻辑有命题逻辑、一阶逻辑、高阶逻辑、模态逻辑、Hoare 逻辑，还有模态逻辑和 Hoare 逻辑相结合形成的动态逻辑，以及分离逻辑。在模态逻辑的基础上，又发展出了时态逻辑，时态逻辑又分线性逻辑和分叉逻辑。

8.2.1 一阶逻辑和高阶逻辑

1. 命题逻辑

命题逻辑是其余所有逻辑的基础，它通过连接词析取、合取、否定等形成逻辑公式，描述系统的静态性质。对于该性质的验证可以完全自动化。

命题演算还具有推理（inference）规则。这些规则允许我们从给定的一组假定为真的公式中推导出其他为真的公式。

另外一些规则使用假言（hypothetical）推理，这意味着在规则的前提中我们可以临时假定一个（未证明的）假设（hypothesis）作为推导出的公式集合的一部分，来查看我们是否能推导出一个特定的其他公式。所有这些规则的关键特性是它们是可靠的和完备的、非形式的，这意味着规则是正确的并且不再需要其他规则。

2. 一阶逻辑

一阶逻辑是在命题逻辑的基础上，增加了描述个体变元的量词。一阶谓词演算或一阶逻辑（FOL）允许量化陈述的公式，比如"存在着 x·"或"对于任何 x…"，这里的 x 是论域的成员。

一阶逻辑是区别于高阶逻辑的数理逻辑，它不允许量化性质。性质是一个物体的特性；所以一个红色物体被表述为有红色的特性。性质可以被当作物体只凭自身的一种构成（form），它可以拥有其他性质。性质被认为有别于拥有它的物体。所以一阶逻辑不能表达下列陈述，"对于所有的性质 P…"或"存在着性质 P…"。

3. 高阶逻辑

高阶逻辑是一阶逻辑的推广。在一阶逻辑中，量词只能用于个体变元，即只有个体约束变元。这样就限制了一阶逻辑的语言表达能力。如果去掉一阶逻辑中的上述限制，命题变元和谓词变元也能作约束变元，即受量词约束，以此构造起来的逻辑系统就是高阶逻辑。它包括二阶逻辑、三阶逻辑……以至无穷阶逻辑。用一阶逻辑陈述许多相当简单的定义和证明显得十分复杂，而通过高阶逻辑陈述这些定义和证明则要简单得多。高阶逻辑的表达力和易推导性比一阶逻辑强有力得多。

8.2.2 Hoare 逻辑

霍尔（Hoare）逻辑又被称为弗洛伊德 - 霍尔逻辑，是由图灵奖获得者，英国著名的计算机科学家和逻辑学家霍尔在 1969 年提出的，是一个用于严格描述和推理计算机程序行为的形式化逻辑系统。霍尔逻辑使用逻辑描述程序的行为，它与具体执行程序的机器无关，因此霍尔逻辑的研究为公理语义学提供了理论基础。而在逻辑系统中又可以分析和论证程序的性质，因此霍尔逻辑又是程序验证的理论基础。

霍尔逻辑的核心概念是霍尔三元组，霍尔三元组精确描述了一个代码片段的执行是如何改变计算状态的。霍尔三元组可以描述为 PCQ，其中 P 和 Q 为有关程序变元的逻辑表达式；P 称为 C 的前置条件；Q 称为 C 的后置条件。此公式表示：如果程序 C 执行前程序变量的值满足前置条件 P，且程序 C 终止，则程序 C 执行终止后，程序变量的值满足后置条件 Q。如果进一步建立一套关于这类公式的推理规则，就能得到一个描述程序行为的逻辑系统，可以在此系统中研究程序的性质，这就是程序逻辑。

霍尔三元组不能表示程序 C 的终止特性，因此霍尔逻辑讨论的是程序部分正确性的逻辑。如果在霍尔逻辑系统中可以证明 PCQ，同时又能证明对满足前置条件的所有输入变量程序 C 都终止，则称程序具有完全正确性。程序的完全正确性规范可以用三元组 [P]C[Q] 描述，此公式表示：如果程序 C 执行前程序变量的值满足前置条件 P，则程序 C 一定终止并且执行终止时程序变量值满足后置条件 Q。

简单的程序语言通过以下的 Backus Naur 范式给出：

$$C ::= skip \mid x := E \mid C_1 ; C_2 \mid$$
$$\mid if\ B\ then\ C_1\ else\ C_2 \mid$$
$$\mid while\ B\ do\ C\ done$$

相应的 Hoare 规则如下：

第8章 形式化方法

1）空语句公理：

$$\overline{\{P\}\text{skip}\{P\}}$$

空语句公理规则断言语句不会改变程序状态，这样在程序执行前成立的公式肯定也在程序执行后成立。

2）赋值公理：

$$\overline{\{P[E/x]\}x := E\{P\}}$$

赋值公理断言在赋值后任何有关变量的成立谓词必然在执行前对赋值有关的表达式成立。其中定义了谓词里的所有 x 的自由出现被表达式所替换。

3）组合规则：

$$\frac{\{P\}S\{Q\},\{Q\}T\{R\}}{\{P\}S;T\{R\}}$$

霍尔的组合规则应用于串行执行的程序和。

4）条件规则：

$$\frac{\{B \wedge P\}S\{Q\},\{\neg B \wedge P\}T\{Q\}}{\{P\}\text{if } B \text{ then } S \text{ else } T \text{ endif}\{Q\}}$$

霍尔的条件规则应用于条件组合语句。

5）推论规则：

$$\frac{P' \to P, \{P\}S\{Q\}, Q \to Q'}{\{P'\}S\{Q'\}}$$

霍尔的推论规则表明，加强前条件不会改变三元组的真值，对应的后条件也可以减弱。

6）循环规则：

$$\frac{\{B \wedge P\}S\{P\}}{\{P\}\text{while } B \text{ do } S \text{ done}\{\neg B \wedge Q\}}$$

霍尔的循环规则应用于循环语句，叫作循环不变式。

7）完全正确性的循环规则：

$$\frac{\text{is well}-\text{founded},[B \wedge P \wedge t = z]S[P \wedge t \wedge z]}{\{P\}\text{while } S \text{ done}[\neg B \wedge Q]}$$

完全正确性的循环规则利用循环变式保证程序的终止性，从而可用于推理完全正确性。

8.2.3 时态逻辑

时态逻辑描述随时间变化的性质，时态逻辑分为线性逻辑、分叉逻辑。其中线性时态逻辑描述一个无限状态序列随时间变化的性质，分叉时态逻辑描述一个无限状态树序列随时间变化的性质。对于线性时态逻辑，每个状态只有一个直接后继；在分叉时态逻辑中，每个状态有多个直接后继。

时态逻辑是非经典逻辑的分支学科，其研究对象是，把含有时态动词的语句形式化，并且把含有这种语句的推理系统化。它的基本思想是，在一个模型中，公式的真与假不是静态的，而在命题逻辑或谓词逻辑中的确如此。取而代之，时态逻辑的模型包含若干状态，而一个公式可以在某些状态下为真，在其他状态下为假。时态逻辑主要分为两种：线性时态逻辑（Linear Temporal Logic，LTL）和分支时间逻辑，即计算树逻辑（Computation Tree Logic，CTL）。前者把时间看成是路径的集合，此处的路径是时间瞬时的一个序列。后者把时间表示成树，以当前时间为根向未来分叉。分支时间使未来的不确定性变得更加明确。在验证硬件和通信协议中，这些逻辑已经被证明是非常富有成果的。

在形式化验证中。时态逻辑是最常用的性质描述语言，这里做一个简单介绍。

1. 线性时态逻辑

线性时态逻辑（LTL）带有允许指示未来的连接词。它将时间建模成状态的序列，无限延伸到未来。这种状态序列称为计算路径。LTL 的语法用以下的巴克斯范式（BNF）给出：

$$\phi ::= \bot \mid p \mid (\neg \phi) \mid (\phi \wedge \phi) \mid (\phi \vee \phi) \mid (\phi \rightarrow \phi)$$
$$\mid (X\phi) \mid (F\phi) \mid (G\phi) \mid (\phi U \phi) \mid (\phi W \phi) \mid (\phi R \phi)$$

其中 p 是取自某原子集 AP 中的任意原子命题。连接词 X，F，G，U，R 和 W 称为时态连接词。X 意为"下一个状态"（neXt），F 意为"某未来状态"（Future），G 意为"所有未来状态"（Globally），U，R 和 W 分别称为"直到"（Until），"释放"（Release）和"弱 - 直到"（Weak-until）。图 8.2 所示为四个主要的线性时态算子。

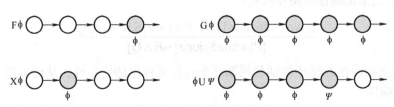

图 8.2 线性时态算子的解释

第8章 形式化方法

图8.3所示为其相应的语法分析树，以下是LTL公式的一个例子：

$$(F(p \rightarrow (Gr)) \lor ((\neg q) Up))$$

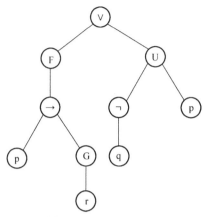

图8.3 线性时态逻辑公式的语法分析树

用 LTL 进行验证的系统可以用迁移系统来建模。迁移系统通过状态（静态结构）和迁移（动态结构）来建模迁移系统。一个迁移系统 $M=(S, \rightarrow, L)$，包含一个状态集合 S，迁移关系 $\rightarrow$（S 上的二元关系），使得每个 $s \in S$，都存在一个状态 $s' \in S$，满足 $s \rightarrow s'$，以及一个标记函数 $L:S \rightarrow P(AP)$。具体的 LTL 语义如下：

$M, S_0 \models p$	当且仅当	$\forall p, p \in L(s_0)$
$M, S_0 \models p \land q$	当且仅当	$M, x \models p$ and $M, x \models p$
$M, S_0 \models \neg p$	当且仅当不满足	$M, S_0 \models p$
$M, S_0 \models pUq$	当且仅当	$\exists j.(x_j \models q$ and $\forall k < j(x_k \models p))$
$M, S_0 \models Xp$	当且仅当	$x_1 \models p$
$M, S_0 \models Fp$	当且仅当	$\exists j.(x_j \models p)$
$M, S_0 \models Gp$	当且仅当	$\forall j.(x_j \models p)$

其中从状态 s_i 开始的路径 π 的后缀是：$\pi_i = s_i, s_{i+1}, \cdots$。有向图可以用来表示一个迁移系统 M 的所有信息，图的结点（称为状态）包含了所有在该状态下为真的所有原子命题。例如，一个系统只有三个状态 s_0，s_1 和 s_2，状态之间仅有的可能迁移是 $s_0 \rightarrow s_1, s_0 \rightarrow s_2, s_1 \rightarrow s_0, s_1 \rightarrow s_2, s_2 \rightarrow s_2$，若 $L(s_0) = \{p, q\}$，$L(s_1) = \{q, r\}$，$L(s_2) = \{r\}$，图8.4所示为该迁移系统。

以上定义了路径和 LTL 公式之间的一个满足关系，为了验证系统，需要将满足 LTL 公式的模型作为一个整体看待，即若模型的每一条可能的执行路径都满足该公式，则该 LTL 公式为成立。形式化描述为：设 $M=(S, \rightarrow, L)$ 是一

个模型，s ∈ S，且 φ 是一个 LTL 公式。如果对 M 的每一条始于 s 的路径 π，都有 π |= φ，记为（M，s）|= φ。

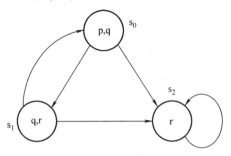

图 8.4　迁移系统 M

2. 分叉时态逻辑

计算树逻辑（或简称 CTL）是一种分支时态逻辑，即它的时间模型是一个树状结构，其中未来是不确定的。未来有不同的路径，其中的任何一个都可能是现实的"实际"路径。CTL 的语法的巴克斯范式（BNF）如下：

$$\phi ::= \bot \mid p \mid (\neg \phi) \mid (\phi \wedge \phi) \mid (\phi \vee \phi) \mid (\phi \rightarrow \phi)$$
$$\mid (AX\phi) \mid (EX\phi) \mid (AF\phi) \mid (EF\phi) \mid (AG\phi)$$
$$\mid (EG\phi) \mid A(\phi U \phi) \mid E(\phi U \phi)$$

其中 p 为原子公式。在 CTL 中，每个时态算子都是一对符号，其中的第一个是 A 或 E，是路径量词。A 表示"所有的路径"，E 的含义是"至少（存在）一条路径"，一对符合中的第二个符号是时态算子，含义同 LTL。图 8.5 所示为下列 CTL 公式相应的语法分析树。

$$A((AX \neg p) U (E(EX(p \wedge q) U \neg p)))$$

CTL 公式在迁移系统上进行解释。设 M =（S，→，L）是一个模型，s ∈ S，且 φ 是一个 CTL 公式，（M，s_0）|= φ，定义如下：

M,S_0 |= p	当且仅当	$\forall p, p \in L(s_0)$
M,S_0 |= ¬f	当且仅当	(M,s_0) ≠ f
M,S_0 |= f ∧ g	当且仅当	(M,s_0) = f and (M,s_0) = g
M,S_0 |= AXf	当且仅当	$\forall$ states t,(S_0,t) ∈ R,(M,t) |= f
M,S_0 |= EXf	当且仅当	$\exists$ states t,(S_0,t) ∈ R,(M,t) |= f
M,S_0 |= A(fUg)	当且仅当	$\forall x = S_0, S_1, S_2, \cdots, \exists k \geq 0, (M, s_k) \|= g$ and $\forall i, 0 \leq i < k, (M, s_i) \|= f$
M,S_0 |= E(fUg)	当且仅当	$\exists x = S_0, S_1, S_2, \cdots, \exists k \geq 0, (M, s_k) \|= g$ and $\forall i, 0 \leq i < k, (M, s_i) \|= f$

图 8.6 所示为初始状态分别满足 EFφ 和 AGφ 的系统。

3. 分离逻辑

分离逻辑是推理命令式程序的一个逻辑系统。分离逻辑是 Hoare 逻辑的拓展，首先由卡内基梅隆大学的 John C.Reynolds 提出。分离逻辑最初用于自动推理使用可变数据结构（如链表，树，图）的程序。在分离逻辑中，我们允许使用无限制的地址算术、动态分配数组、递归程序调用和采用共享变量并发等。

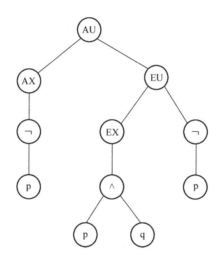

图 8.5 CTL 公式的语法树

分离逻辑在推理中特别有利于操纵指针，包括信息隐藏、考察所有权的转移、并发模块的虚拟分离。

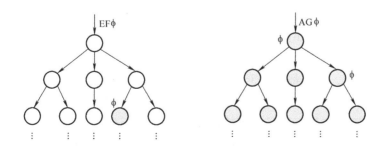

图 8.6 初始状态分别满足 EFφ 和 AGφ 的系统

8.3　形式化验证

8.3.1　形式化验证概述

形式化验证包括基于形式化规约的验证和一般的形式化验证，另外还有一类是对编译器的验证。其中一般的形式化验证是形式化规约的基础，形式化归约是指基于组件的验证方法。

形式验证一般被称为形式化验证方法，是相对于传统的验证（模拟、仿真和测试）而言的。形式化验证方法的主要思路就是使用数学的公式、定理和系统来验证一个系统的正确性。目前的形式化验证方法可以用于验证硬件系统、软件系统和其他系统，形式化验证的技术目前已经发展到不但可以验证系统的功能正确性（有没有错误），而且可以验证系统的性能指标（功耗、散热、延迟等）。

定理证明的基本原理是选定一个数学逻辑体系，并用其中的公式来描述（软、硬件）系统和系统性质刻画，然后在一定的数学逻辑（如 Hoare 逻辑）体系中依据此体系的公理、定理、推导规则和系统描述公式，看看能不能推导出系统的性质刻画公式，如果可以的话则验证成功。

模型检测的原理比较简单但是非常实用，它将（软、硬件）系统建模成有限状态系统（一般成为 keripke 结构），系统的性质刻画用时态逻辑公式表示（CTL，LTL 等），而后在此模型上来验证性质刻画的正确性。模型检测与定理证明相比是有很大优势的，它可以全自动地验证，不需要人工干预，而定理证明则在一些关键推导路径中需要数学家控制。

还有一种是等价性验证，等价性验证其实是一种半形式化的技术，同前两种验证正确性的技术不同，它验证的是设计的一致性，即不同设计阶段的设计是否功能相同。这种技术一般采用符号的方法和增量的方法，而且由于这种方法和硬件电路紧密结合，所以电路验证的一些传统方法也大量应用于此方法。如 Synopsys 的 Formality 本质上就是一个等价性验证器。

形式化验证是非常有用的，在大的 EDA 工具厂商，如 Synopsys 和 Cadence 两家公司，它们都有基于形式化技术的验证工具，并应用到 IC 的开发中。形式化验证就是基于已建立的形式化规格，对规格系统的相关特性进行分析和验证，以评判系统是否满足期望的特性。形式化验证并不能完全确保系统的功能正确无误，但是可以最大限度地理解和分析系统，并尽可能地发现其中的不一致性、模糊性、不完备性等错误。

1. 形式化规约

系统组件是模块化级别的，可以重复使用系统实体且独立存在，其负担系统的主要计算工作。组件之间按照一定的模式进行组合，组件之间还有 glue 连接，说明组件之间如何发生交互作用，对于组件内部的形式化验证可以用一般的形式化验证方法。

2. 一般的形式化验证

一般的形式化验证包括可达性分析和演绎方法。等价性验证、模型检验等都属于可达性分析。等价性验证主要应用在硬件不同的设计阶段之间的等价性，例如，RTL 模型和经过修改或优化后的 RTL 模型是否等价。等价性检验是目前在实际的芯片设计中应用最为广泛的形式化验证技术。等价性验证的工具主要有 Candence 的 Affirma、Verplex 的 Logic Equivalence Checher、Synopsys 的 Formality，以及 Mentor Graphics 的 FormalPro 等。

3. 验证编译器

验证编译器是形式化方法的一个重要分支，它通过伴随代码的类型、断言、规范和其他插入在程序中的额外标注信息来描述程序的正确性，并在编译时借助数学推理和逻辑推理来检查编译生成的目标代码的正确性。目前，验证编译器的研究分为两大方向：经过证明的编译器和出具证明编译器。

经过证明的编译器是指编译器本身携带一个形式化的证明，用于证明编译器本身能生成正确的代码。一个最新的成果是 Compcert，该编译器支持一种名为 Clight 的 C 语言子集，其绝大部分代码是使用辅助证明工具 Coq 编写的，其正确性在 Coq 中得到了完整的证明。

出具证明编译器结合了现代编译技术和程序验证方法，源代码被附加上描述程序性质的规范，通过验证条件生成器的演算，转化成验证条件，交由自动定理证明器去求解并生成机器可检查的证明项，最后将证明项与编译器生成的可执行文件打包形成程序包。Necula 提出的携带证明的代码（Proof-Carrying-Code，PCC）就是这样的一种验证方法。

8.3.2 模型检验

1. 概述

模型检验是一种基于有限模型并检验该模型的期望特性的一种技术。粗略地讲，检验就是状态空间的完全搜索，模型的有限性确保了搜索可以终止。模型检验有两种主要方法。其一是时态模型检验，该方法中性质以时态逻辑形式表述，系统模型为有限状态迁移系统。有效的搜索过程用来检验给定的有限状态迁移系统是否是满足性质。另一种方法中，性质转化为自动机方式，系统模型也为一个自动机。系统的自动机模型和性质自动机比较，以确定其行为是否与性质的自动机模型一致。一致性概念已进行了广泛的研究，包括语言包含、细化有序、观测等价等。不同于定理证明，模型检验是完全自动且高效的。

模型检验的主要局限性在于状态组合爆炸问题。有序布尔决策图（OBDD）是表述状态迁移系统的高效率方法，使得较大规模系统的验证成为可能。其他可能改善状态组合复杂性的途径有利用偏序信息、局部简化、语义最小、消除不必要状态等方法。模型检验通过采用适当的抽象技术就可以处理本质上无限状态的系统。模型检验的技术挑战在于设计可以处理大型搜索空间的算法和数据结构。

2. 应用

模型检验已在硬件电路、协议的验证、软件系统规格与分析中得到成功的应用。

（1）硬件电路

贝尔实验室对其高级数据链路控制器在 FormalCheck 下进行了功能验证，6 个性质进行了描述，其中 5 个验证无误，另外一个失败，从而进一步发现了一个影响信道流量的 Bug。LOTOS 用于 PowerPC 中的微处理器，对其中 4 个基本功能特性进行了验证。基于 CCS 语言对楼宇抗震分布式主动结构控制系统设计进行了验证，发现了影响主动控制效果的计时器设置错误。

（2）协议的验证

基于 SMV 输入语言建立了 IEEE Futurebus+896.1：1991 标准下 cache 一致协议的精确模型，通过 SMV 验证了迁移系统模型满足 cache 一致性规格，从中发现了先前并未找到和潜在的协议设计中的错误。这项工作是第一次从 IEEE 标准中发现错误。Murphi 有限状态验证系统对 IEEE 标准 1596：1992 下 cache 一致协议进行了验证，发现了变量、逻辑等方面的错误；Philips 公司音响设备的控制协议通过 HyTech 得到了完全自动验证，这是一个具有离散和连续特征的混杂系统验证问题。

（3）软件系统规格与分析

形式化模拟和验证用于 AT&T 公司的通信软件开发，总共对 7500 条 SDL 源代码进行了验证，从中发现 112 个错误，约 55% 的初始设计需求在逻辑上不一致。

3. 模型检验器

模型检验的工业应用离不开模型检验器的支持。工业应用部门可以选取现有的，也可以根据自身应用特点自行开发。目前，学术和工业界已开发出了大量的模型检验器，根据所检验规格的特点可分为时态逻辑模型检验器、行为一致检验器和复合检验器。

（1）时态逻辑模型检验器

时态逻辑模型检验器中，EMC 和 CESAR 是最早的两个；SMV 中使用了 OBDD；Spin 中采用偏序关系简化来改善状态组合复杂性；Murphi 和 UV 基于 Unity 编程语言；Concurrency Workbench 验证由 λ 演算公式表述特性的 CCS；SVE、FORMAT 和 CV 侧重于硬件验证；HyTech 用于混杂系统；Kronos 用于实时系统。

（2）行为一致检验器

行为一致检验器中，Cospan/Formal Check 基于自动机的语言包含；FDR 检验 CSP 程序的细化；Concurrency Workbench 检验 CSP 程序细化。

（3）复合检验器

复合检验器的特点如下：HSIS 复合模型检验和语言包含；Step 复合模型检验和演绎方法；VIS 复合模型检验和逻辑综合；PVS 定理证明器中有用于模态演算的模型检验器；METAFrame 是支持整个软件开发过程模型检验的环境。

8.3.3 定理证明

1. 概述

定理证明是系统及其特性均以某种数学逻辑公式表示的技术。逻辑由一具有公理和推理规则的形式化系统给出。定理证明实质上是从系统公理中寻找性质证明的过程。证明采用公理或者规则，且可能推演出定义和引理。不同于模型检验，定理证明可以处理无限状态空间问题。定理证明系统可粗略地分为自动的和交互的两种类型。自动定理证明系统是通用搜索过程，在解决各种组合问题中比较成功；交互式定理证明系统则更适合于系统的形式化开发和机械形式化。同样，定理证明的实施也是需要定理证明器的支持。

现有的定理证明器包括用户导引自动推演工具、证明检验器和复合证明器。用户导引自动推演工具有 ACL2、Eves、LP、Nqthm、Reve 和 RRL，这些工具由引理或者定义序列导引，每一个定理采用已建立的推演、引理驱动重写和简化启发式来自动证明；证明检验器有 Coq、HOL、Isabelle、LEGO、LCF 和 Nuprl；复合证明器 Analytica 中将定理证明和符号代数系统 Mathematica 复合，PVS 和 Step 将决策过程模型检验和交互式证明复合在一体。

2. 应用

定理证明在硬件和软件设计的安全特性验证中得到了应用。基于符号代数运算的自动定理证明用于证明 Pentium 中 SRT 算法的正确性，检查出了一个由故障商数字选择表引起的错误；PowerPC 和 System/390 中寄存器传输级、门级、晶体管级的硬件设计模拟为布尔状态迁移函数，基于 OBDD 的算法用来检验不同设计级上状态迁移函数的等价性；Nqthm 用于 Motorola 68020 微处理器的验证，证明不同来源的二进制机器码的正确性。

ACL2 用于 AMD5K86 的浮点除微代码的规格和机械证明，ACL2 还用来检验浮点方根的正确性，发现了其中的 Bug，并对修改后的微代码进行了正确性机械证明；ACL2 用于 Motorola 复数算术处理器 CSP 的完全验证，同时对 CSP 的几个算法进行了验证；PVS 用于航空电子微处理器 AAMP5 的验证，对 209 条 AAMP5 指令中的 108 条进行了证明，验证了 11 个有代表性的微代码。

8.4 形式化验证的常见工具

在本节将介绍形式化验证的一些验证工具，通过对工具的介绍，了解形式化方法在工程实践中是如何应用的。

模型检验应用 Kripke 结构或有限自动机表示所要验证的有限系统，而系统所要满足的性质通过各种逻辑表示，验证的过程就是对有穷状态做穷尽搜索的过程。若所要验证的规范是正确的，它可以给出一个正例来进一步说明其正确性。若是错误的，则会给出一个反例，说明在该路径上性质不满足。模型检验最大的特点是能够完全自动化，对验证工程师的背景知识要求不高。目前常见的工具有 VCC、NuSMV、CBMC、BLAST 和 SPIN 等。下面将对常见的验证工具做一简单的介绍。

8.4.1 VCC

VCC 是一个专注于并发 C 程序的验证工具。VCC 在 C 程序中通过注释加入函数规范、数据约束、循环约束，以及转换代码，然后证明这些注解是否正确。如果证明成功，VCC 就认定你的程序满足了规范。简单说来，VCC 通过标注的 C 程序，生成逻辑语言（Boogie PL）程序，然后生成某些定理证明器的标准输入，进行验证。

8.4.2 NuSMV

符号模型检测系统（Symbolic Model Verifier，SMV）是由卡耐基梅隆大学（Carnegie Mellon University）开发的，用于分析有限状态系统的一种工具。具体应用中我们使用 NuSMV（New Symbolic Model Verifier）模型检测系统。NuSMV 是重写 SMV，该工具非常活跃，有一个可观的用户团体。NuSMV 模型验证器是在系统有限状态模型的基础上，检测系统属性、断言或规约的工具。

系统模型用 SMV 语言描述，一个 SMV 程序由两部分组成：一个有限状态转换系统和一组 CTL（Computation Tree Logic）或 LTL（Linear Temporal Logic）公式。SMV 把初始状态和转换关系表示成二叉决策图 BDDS（Binary Decision Diagrams），属性也就是 CTL 或 LTL 公式，也表示成 BDDs，通过模型检测算法搜索系统状态空间，给出结果：一个声明的属性是正确的，或者是不正确的并给出一个反例（也就是从初始状态开始的一系列状态）不满足这个属性。一个 CTL 或 LTL 公式是否满足通过遍历状态图的方式确定，这种遍历的时间复杂性与状态空间的大小、公式的长度成线性关系。

8.4.3 CBMC

CBMC 是一个针对 ANSI-C 和 C++ 的有界模型检查工具。它可以验证数组越界、指针安全、异常、用户自定义的断言。并且这个工具结合其他语言诸如 Verilog 可以检查 ANSI-C、C++ 的一致性的问题。验证方法是通过将程序中循环进行降解，转化为决策树。CBMC 模型检查的输入对象是 ANSI-C 和 C++，主要用来验证数组越界、指针安全、异常、用户自定义的断言。

使用 CBMC 进行模型检查的主要流程如下：①分析，构建 CFG（Control Flow Graph）；②降解 CFG 形成公式；③用 SAT 求解公式。

8.4.4 BLAST

BLAST（Berkeley Lazy Abstraction Software Verification Tool）是由 Berkeley 大学采用 Object Caml 开发的 C 语言程序自动验证系统。BLAST 基于 Lazy predicate abstraction 和 Predicate discovery 技术，采用 CIL 架构作为前端来解析 C 语言并在系统内部将 C 语言转化为 CFA（Control Flow Automata），程序的状态集合用 Region 数据结构表示为布尔公式，然后用模型检测算法检测布尔公式是否满足。如果模型检查的结果表明性质满足，则系统会给出证明；如果性质不满足，则系统给一个 counterexample（反例）。

该工具支持 C 语言的大部分特性，包括指针、结构体、函数调用等，但是尚不完善，比如目前 BLAST 还不支持函数指针、递归函数调用等。

8.4.5 SPIN

SPIN（Simple PROMELA Interpreter）是适合于并行系统，尤其是协议一致性的辅助分析检测工具。SPIN 验证主要关心的问题不是进程内部的具体计算，而是进程之间的信息能否正确交互。SPIN 是在大型复杂的软件系统当中，应用先进的理论验证方法，是一个基于计算机科学的"形式化方法"。如今 SPIN 在学术界和工业界被广泛的应用。其特点如下：

1）Promela 语言为 SPIN 的输入语言——检验网络协议设计中的规格的逻

辑一致性，报告系统中出现的无效的循环、死锁、未定义的接收和标记不完全等情况。

2）SPIN 使用 on-the-fly 技术——无需构建一个 Kripke 结构或者全局的状态图，可以根据需要生成系统自动机的部分状态。

3）作为一个完整的 LTL（Linear Temporal Logic）模型检验系统来使用——所有可用的线性时态逻辑表示的正确性验证都支持。在有效的 on-the-fly 检验系统中，也可以用来检验协议的安全特征。

4）同步通信和异步通信——通过使用无缓冲区通道来进行同步通信，通过使用缓冲通道进行异步通信。

5）对使用 Promela 描述的协议系统的正确性进行有效的验证——SPIN 可以对该协议系统执行随意的模拟，也可以生成一个 C 代码程序。

8.4.6 UPPAAL

UPPAAL 是一个集成工具环境，能够针对实时系统进行建模、仿真和验证。它适用于那些带有有限控制结构和时钟，并且通过通道或者共享变量通信的非确定性进程。典型的应用领域是实时控制器和通信协议，或者是时间方面至关重要的系统。

它具有允许图形化描述的编辑器，应用 on-the-fly 技术，具有图形化的仿真器；能够描述系统可能的动态行为（即系统状态的序列），也可以用于生成可视化的路径。它具有模型验证器，能够通过对符号状态空间的可达性分析，自动验证安全性和边界活性。如果对特殊实时系统验证失败，它会生成一个反例，这个路径可能会采用模拟器图形可视化自动加载。

8.4.7 PVS

PVS 是原型验证系统（Prototype Verification System）的缩写，斯坦福研究机构在过去 20 年中开发了一系列验证系统，开发 PVS 的目的是把它作为一个重量级验证系统（EHDM）的轻量级原型，以探索实现 EHDM 所需的相关技术，PVS 这一名字正是由此而来。

PVS 为在计算机科学中严格、高效地应用形式化方法提供自动化的机器支持，它易于安装、使用和维护，是一个良好的集成环境。该系统主要包括规约语言和定理证明器两部分，并且还集成了解释器、类型检查器及预定义的规约库和各种方便的浏览、编辑工具。

PVS 提供的规约语言基于高阶逻辑，具有丰富的类型系统，是一般适用的语言，表达能力很强，大多数数学概念、计算概念均可用该语言自然直接地表示出来。PVS 的定理证明器以交互方式工作，同时又具备高度的自动化水准。它的命令能力很强，琐碎的证明细节为证明器的内部推理机制掩盖，使得用户仅在关键决策点上控制证明过程。

PVS 为在计算机科学中应用形式化方法提供机器支持，然而形式化方法可以以不同的方式、风格、不同程度的严格性，应用于不同的目标。例如，最早的形式化方法用于对程序进行正确性证明：即运行一段以实现级的程序设计语言书写的程序满足已知为正确的详细规约。PVS 并不适合这种程序正确性验证工作，它的设计目标是辅助形式化方法在计算机系统开发的早期阶段的应用。

8.4.8　HOL

HOL 定理证明器（HOL Theorem Prover）是由剑桥大学研发的高阶逻辑定理证明系统。HOL 通过元语言 ML（Meta-Language）与用户交互，由用户选择推理规则，HOL 应用这些规则推理。HOL 内置 5 个定理和 8 条最基本的推理规则。每一步的证明步骤都是由用户选择推理规则。凭借 ML 内置的对策（tactics）和策略（tacticals），HOL 能够实现各种反向推理。基于这些优点并凭借高阶逻辑强大的逻辑表达能力，HOL 成为验证复杂系统的有力工具。目前 HOL 已有庞大的研究团体和用户群。

8.4.9　Isabelle

Isabelle 是一种著名的交互式定理证明器，它使得数学公式可以用形式化语言表示并提供了通过逻辑演算来证明这些公式的工具。目前它已被应用于数学形式化、逻辑研究、计算机软硬件以及安全协议的验证等多个领域。

相对于其他工具，Isabelle 工具具有很强的灵活性，它可以支持多种形式化演算，而不仅仅是其他工具支持的 HOL（Higher-Order Logic）。目前最广泛使用的 Isabelle 实例是 Isabelle/HOL，提供了 HOL 的定理证明环境。

8.4.10　Coq

Coq 是目前国际上交互式定理证明领域的主流工具，它基于归纳构造演算，有着强大的数学模型基础和很好的扩展性，并有完整的工具集。Coq 是一个用于验证定理的证明是否正确的计算机工具。学生、研究人员和工程人员可以使用它来表达规范说明，开发满足规范说明的程序。Coq 非常适合于开发那些在电信、能源和银行等领域需要绝对可信的程序，这些领域中的程序需要严格符合规范说明，需要对这些程序进行形式化验证。

Coq 系统不仅可以用来开发安全程序，还可以被数学家用来开发证明。Coq 系统采用高阶逻辑，证明可以交互的方式进行，并尽可能地借助自动搜索工具的帮助。Coq 的应用领域也很广泛，例如，在逻辑、自动机理论、计算语言学和算法学中都有涉及。

8.5 小结

本章从系统描述语言、性质描述语言、形式化验证技术及常用的形式化验证几个方面简单地介绍了形式化方法以及如何将其应用到实际的开发中。

第 II 部分

应用指南

第二部分

边用指南

第 9 章

故障容错系统开发

在开发汽车电子电气系统时，需要考虑系统的故障容错能力。因为一旦汽车系统产生故障，直到送去修理之前，车辆仍需继续运行，此时出于安全的考虑，要求汽车系统的安全功能持续或者在限制条件下部分运行。这就对系统的故障容错能力提出了要求。

对于大多数电子电气系统，功能的损失并不一定会造成危害，如车载娱乐系统故障或网络通信故障等。此时，该系统的可用性与安全无关，即使系统功能无法提供，也不会违背安全目标。那么关闭安全无关的故障系统就能减轻系统故障，避免故障可能带来的潜在危害，使车辆进入安全状态。

但是在另外一种情况下，系统特定功能的损失会导致危害的发生，那么系统功能的可用性就是安全相关的。系统功能的可用性是否安全相关需要通过危害分析和风险评估来决定。当安全目标要求系统功能在产生故障时继续维持时，不能简单地通过关闭组件来达成安全目标。

本章将以案例形式说明如何实现故障容错的安全目标。

9.1 概念阶段

在故障容错系统开发的概念阶段，要确认相关项的哪些功能和故障是安全相关的，并对此做好容错设计。

在设计故障容错时，并非所有的故障都能容忍其持续存在，为此需要明确可以容忍的故障范围。

例 9.1　单 bit 位的数据错误故障在有纠错代码时是可以容忍的，该纠错代码要求可以纠正单 bit 位并且探测双 bit 位的数据错误。

相关项的运行模式决定了系统功能可用性是否安全相关。为控制故障发生后产生的危害，在概念阶段的故障容错设计还需要考虑故障发生后要求保持的功能及其性能、容错系统的安全状态、实现进入安全状态的紧急措施和完成故障反应机制的时间等。实现相关项的可用性要求依赖于相关项与其他相关项的相互关系、系统架构（包含其他技术，如机械备份）和安全分析的结果。

容错系统开发的概念阶段包括相关项的可用性、故障反应后需要保持的功能和性能、安全状态和紧急措施等因素。

确保系统功能可用性的方法有很多种，包括故障容错、故障避免和故障预报。其中，故障容错是系统在一个或多个故障出现的情况下提供所需功能；故障避免是避免或减少故障发生的方法；故障预报是在失效发生前预测到系统故障或系统降级的能力。

根据 ISO 26262 第 1 部分的定义，可用性（availability）指在特定时间或给定的期间内，假设所需的外部资源是可用的，在给定条件下，产品处于执行所需功能的状态的能力。ASIL 能力（ASIL capability）指要素满足假定的已分配给定 ASIL 等级的安全要求的能力。

相关项的可用性与运行状态的关系

车辆相关项的可用性是否安全相关与车辆的运行状态密切相关——例如车辆的高速运行、低速运行或静止状态，或者车辆是否处于自动驾驶模式等不同的运行场景。通过危害分析和风险评估，确定在相应运行状态下功能的可用性是否安全相关。对于安全无关的功能，相关项产生故障时，只需关闭系统即可使车辆进入安全状态。反之，安全相关的系统功能，在故障产生时要求功能继续保持，则对此故障的容错设计是必要的。

例 9.2 一个相关项的功能依赖于目标轨迹信息，所需的目标轨迹信息通过车辆网络从另一个相关项传递而来。在此场景下进行网络通信功能丢失的分析。如果车辆处于自动运行模式，那么网络通信功能的丢失引起目标轨迹信息丢失，自动驾驶系统因此无法实现安全操作，从而引发危害事件。因此，在自动运行模式下，车辆的通信功能是安全相关的，需满足可用性要求。如果车辆处于动力辅助模式，驾驶员具有对车辆的控制权，相关项仅用于辅助驾驶，那么车辆网络通信功能的丢失而引起目标轨迹信息丢失不会直接导致危害事件。此时网络通信功能的可用性不是安全相关的。

例 9.3 一个未配备机械备份的电子电气系统 X，在低速行驶状态下，系统 X 的功能突然丢失可以通过另一个独立的系统 Y 替代。系统 Y 在车辆低速行驶时能够将系统的可控性维持在 C0 等级，此时系统 X 的可用性是安全无关的。反之，在高速行驶时，系统 X 的功能丢失在缺少机械备份的情况下难以得到有效控制，此时系统 X 的可用性是安全相关的。

相关项故障反应后需要保持的功能和性能

系统在故障容错状态下，尽管系统还在继续运行，但是并不能保证提供正常状态下的功能和性能。为确保在故障发生时，系统能够顺利转换进入安全状态、在安全状态之间转换或保持在安全状态，需要指定系统在故障发生后维持的功能和性能。

例 9.4 一个相关项由两个系统组成，每个系统为相关项提供 50% 的输出。HARA 分析的结果表明相关项在提供其正常输出的 50% 时，不会导致危害事件。因此，当相关项的两个子系统中的一个发生故障时，可以关闭该故障系统以防止危害发生，而另一个系统则保持安全要求的最低输出水平，即正常状态的 50%。

安全状态

相关项在故障产生后，根据相关项功能所需维持的性能要求，通过安全机制实现车辆在限制条件下运行，进入安全状态。通常情况下，在安全状态相关项的功能较正常运行时有所降级，此时的运行模式也称为降级模式。根据相关项的故障是否安全相关，其安全状态分为以下两种：

1）特定功能的损失不造成危害，通过关闭系统达到安全状态，系统功能到修理完毕为止不再提供。系统进入这种安全状态时，没有进一步的安全要求。

2）因功能损失而造成的风险可通过安全措施减轻，相关项发生故障后在限制条件下进入新的运行模式，持续提供所需功能。相关项在受限运行模式下仍可以视作一个提供相关功能的独立系统。为确保安全，此时可能产生的危害事件的 ASIL 等级应当低于或等于相关项此时的 ASIL 能力。由于系统降级可能带来系统 ASIL 能力的降低，为满足安全要求，相关项的运行时间应有时间限制要求，并且在此时间限制前应尽快完成修理。如果系统降级对安全没有影响，相关项可以在降级模式运行，不受时间限制。相关项在修理完成后，恢复到正常的运行模式。

在故障发生以后，如果车辆的运行状态并没有改变，那么原有的 ASIL 等级评估结果可以沿用到故障容错的运行状态。但通常限制系统性能进入安全状态会对危害事件的 ASIL 等级评估产生影响，此时就需要对受限条件下运行状态进行危害分析和风险评估，以确定相应的 ASIL 等级。这些 ASIL 等级扩展了故障发生后在运行模式下的功能安全概念，并且限制了 ASIL 等级分解的条件（详见第 9.2 节）。

例 9.5（相关项的安全目标） 故障发生后，安全机制通过线控系统将车辆运行限制在低速状态。在低速状态下，驾驶员可以通过其他控制系统防止车辆碰撞，降低车辆的可控性要求。同时车辆在低速状态下碰撞危害的严重性降低，根据危害事件 ASIL 等级的计算方法，相应的危害事件的 ASIL 等级也会降低。

在某一相关项发生故障时，限制车辆运行状态的安全机制有时需要与其他相关项（如冗余组件）合作来共同实现，或者进入安全状态需要其他相关项的功能支持，则相应的安全要求也会分配到其他相关项上。

紧急措施

在故障发生以后，故障容错系统会启动安全机制以确保系统进入安全状态。故障反应机制是在整车级响应的，但是在转入安全状态的过程中，系统 ASIL 能力降低，导致在此过程中一旦发生潜在危害则难以控制。为降低风险，紧急措施的响应和实施时间需在安全概念中定义。

9.2 故障容错相关项的 ASIL 等级分解

ASIL 等级分解的方法是要针对系统性失效，应用冗余设计实现安全目标。其中，冗余的安全要求和相应分解的 ASIL 等级应分配到充分独立的要素来实现。当设计故障容错相关项对其冗余组件做 ASIL 等级分解时，不仅需要满足通用 ASIL 等级分解条件，还需考虑若冗余组件功能丢失，相关项在降级状态下运行时，危害分析和风险评估的结果。

例 9.6 若一个相关项的安全目标为避免功能损失而导致相关项输出低于标定正常状态的 40%（ASIL D 等级）。该相关项由两个独立组件组成，每个组件可提供 50% 的输出。相关项的输出由两个组件合力完成。在一个组件发生故障时，车辆进行降级操作，关闭故障组件，由剩余组件继续提供输出。为确保输出不低于 40%，剩余组件的输出转由另一个独立的相关项控制。由降级模式下的危害分析和风险评估可知，通过另一相关项控制剩余组件的故障可能造成的危害有所减轻，此时对剩余组件的安全要求为 ASIL B 等级。

根据 ASIL 等级分解标准，相关项的安全目标（ASIL D 等级）分解到两个组件可能的 ASIL 等级为：① ASIL C（D）和 ASIL A（D）；② ASIL B（D）和 ASIL B（D）；③ ASIL D（D）和 QM（D）。

结合相关项的故障容错要求，每个组件在降级模式下需要满足 ASIL B 等级的能力，则安全目标最合适的分解为 ASIL B（D）和 ASIL B（D）。如要使用其他的 ASIL 等级分解，则组件的安全等级应提升到 ASIL B 等级，即 ASIL 等级被分解为更高的 ASIL C（D）和 ASIL B（D），或 ASIL D（D）和 ASIL B（D）。

9.3 转换要求时间

本节的案例与故障容错时间间隔等概念相关，首先对这些概念进行介绍。

1）故障容错时间间隔（FTTI）：在没有安全机制的情况下，系统中一个或多个故障在危害事件发生前可存在的时间间隔。

2）故障响应时间（FRT）：从故障被探测到进入紧急运行状态的时间间隔。

3）故障探测时间间隔：故障发生到探测到故障的时间间隔。

4）紧急运行容错时间间隔（EOTTI）：系统允许维持于紧急运行状态的时间。

5）安全状态：没有不合理风险（安全）的相关项的运行模式，此模式不是相关项的预期运行模式。

图 9.1 所示为故障响应时间和容错时间间隔。

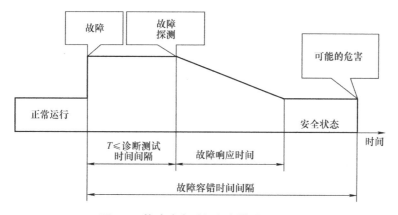

图 9.1 故障响应时间和容错时间间隔

例 9.7 相关项在故障发生时，根据不同的设计策略，车辆控制和车速状态会有不同的变化。

危害分析和风险评估的结果显示，相关项功能的损失在长达 x 时间后可能引起危害事件的发生。此时间 x 即为该故障的故障容错时间间隔（FTTI）。危害事件的 ASIL 等级与故障发生时车辆的速度 $v_{vehicle}$ 相关。在车速受限于不同区间时，危害的安全等级不同，具体设置如下：

① 当车速低于 v_0 时，不会产生危害事件。

② 当车速高于 v_0、低于 v_1 时，危害事件的等级为 QM。
③ 当车速高于 v_1、低于 v_2 时，危害事件的等级为 ASIL A 等级。
④ 当车速高于 v_2、低于 v_3 时，危害事件的等级为 ASIL B 等级。
⑤ 当车速高于 v_3、低于 v_4 时，危害事件的等级为 ASIL C 等级。
⑥ 当车速不受限时，危害事件的等级为 ASIL D 等级。

由于危害事件的发生概率 E 与车速无关，危害的 ASIL 等级定为上述要求中最高的 ASIL D 等级。相应的安全目标为避免相关项功能损失时间超过 x（ASIL D 等级）。

为实现上述安全目标，设计相关项具有两个通道：通道 a 和通道 b。其中通道 a 提供标称功能；通道 b 作为备用系统，提供的性能高于最低性能要求。若通道 a 失效，导致相关项功能严重丧失，则故障响应机制在故障被探测或感知的时刻启动，使得通道 b 在 x 时间内被激活，提供车辆运行所需的因为通道 a 失效而损失的功能。

系统在探测到故障后会启动故障响应机制，以维持系统运行所需的功能。从故障被探测或感知的时刻到故障完成（此例中通道 b 被激活）的时间被称为故障响应时间。为确保系统的安全，故障响应时间应小于等于 FTTI。故障响应完成后，在新的运行模式下，若系统的 ASIL 能力高于危害的 ASIL 等级，则系统进入安全状态；否则，系统进入紧急运行状态。在紧急运行状态下，由于随机硬件失效概率高于正常状态，可能导致风险的累积而引起危害事件。因此，为避免危害事件的发生，应对系统允许维持于紧急运行状态的时间进行限制。此时间限制称为紧急运行容错时间间隔（EOTTI）。在紧急运行状态下，安全机制需提供适当的警告或降级功能，以确保系统进入安全状态。硬件失效概率随时间累积而增长，在紧急运行状态下可能采取两种不同的策略以避免危害：通过安全措施降低风险概率或者充分缩短 EOTTI 的时限以尽快转入安全状态。在紧急运行阶段，安全机制采取不同策略，对紧急备用系统的 ASIL 能力会有不同的要求。

对通道 a 和通道 b 的 ASIL 能力分析结果如下：对于系统故障，单一的通道 a 或通道 b 都各自满足 ASIL D 等级的安全要求；对于随机硬件故障，通道 a 和通道 b 的组合可以满足 ASIL D 等级的安全要求；通道 a 发生故障时，单一的通道 b 运行无法满足 ASIL D 等级的安全要求。

在通道 b 启动以后，系统进入紧急状态，安全机制仍需要提供警告或降级策略。警告策略通知驾驶员功能故障，并要求在 EOTTI 时间内完成修理，在 EOTTI 允许的时间内，车辆运行条件不受限制；降级策略通过另一相关项限制车辆速度，在 EOTTI 时间内将车速限制到安全范围内。

警告策略

采取警告策略时,故障发生前后的车辆速度状态变化如图9.2所示,图中时间点表述如下:

t_1:故障在 t_1 时刻发生,通道 a 的功能损失。故障发生时车速 $v > v_4$,因此可能引发 ASIL D 等级的危害。

t_2:故障在 t_2 时刻被安全机制探测,故障响应机制启动。

t_3:相关项在 t_3 时刻完成运行模式转换,通道 b 功能启动,提供车辆运行所需的功能,由此进入紧急运行模式。为避免系统长时间处于紧急运行模式而产生危害事件,系统将故障通知驾驶员,提醒及时修理。

t_4:$t_4 = t_{1+x}$,区间 $[t_1, t_4]$ 即为 FTTI。若 $t_3 < t_4$,系统在 FTTI 之前完成运行模式转换,暂时防止通道 a 的功能损失可能造成的危害。

t_5:故障在 t_5 时刻被修复。区间 $[t_3, t_5]$ 称为紧急运行时间间隔。由于这段时间内安全机制仅提供警告功能,而未对随机硬件失效进行有效的控制,车速在此时间段内因随机硬件失效而显示出一定的波动。

t_6:系统允许维持于紧急运行状态的最大时刻,区间 $[t_3, t_6]$ 即为紧急运行容错时间间隔(EOTTI)。若系统无法在 EOTTI 时间内得到及时修理(即 $t_5 > t_6$),则可能导致风险的累积而引起危害事件。此情况下 EOTTI 为预期的相关项被修复的时间。

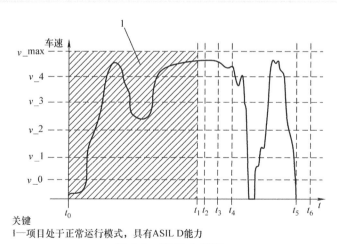

关键
1—项目处于正常运行模式,具有ASIL D能力

图9.2 FTTI 实例图

降级策略

采取降级策略时,故障发生前后的车辆速度状态变化如图9.3所示,其中 t_1、t_2 和 t_4 这三个时间点与采取警告策略时相同。其他时间点表述如下:

t_3：相关项在 t_3 时刻完成运行模式转换，通道 b 功能启动，提供车辆运行所需的功能，并进入紧急运行模式。为避免系统长时间处于紧急运行模式而产生危害事件，系统此时会通过另一相关项 c 限制车速。通道 b 结合此相关项的功能，采取故障避免的措施减少随机硬件故障的发生，满足 ASIL A 等级的安全要求。对于车速受限时的危害分析可以沿用之前的结果，从而得出为将危害等级控制在 ASIL A 等级，相关项需要将车速限制至 v_2 以下。

t_5：车辆在 t_5 时刻减速至 v_2 以下，基于前述的分析，系统此时进入安全状态。

t_6：与警告策略时相同，区间 $[t_3, t_6]$ 是相关项的紧急运行容错时间间隔（EOTTI）。时刻 t_6 是系统允许维持紧急运行状态的最大时刻，在采取降级策略时，也是最迟进入安全状态的时间点，即需要将车速降至低于 v_2。车辆限速功能由相关项 c 来完成，其安全要求为在 $y = t_6 - t_3$ 时间内将车速限制至 v_2 以下（ASIL D 等级）。

若相关项的故障是与安全无关的，则系统在 t_4 = FTTI 后自动进入安全状态。

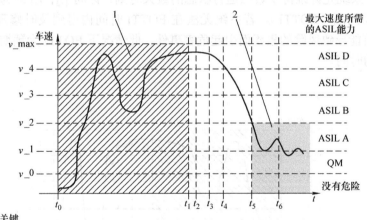

关键
1—项目处于正常运行模式，具有ASIL D能力
2—项目处于故障模式，具有ASIL A能力

图 9.3　FTTI 实例图

9.4　小结

本章从概念阶段、故障容错相关项的 ASIL 等级分解和转换要求时间三个方面给出了故障容错系统开发的案例，以便读者了解故障容错系统开发的要求和方法。

第 10 章

ASIL 等级分解

本章引入标准中关于 ASIL 等级分解的指南用例，以便读者了解 ASIL 等级及相关内容。

本章中描述的相关项及其示例、安全目标、ASIL 等级和后续要求，仅为了说明 ASIL 等级分解过程而设计。

10.1 ASIL 等级分解概述

ASIL 等级分解的目的是针对系统性失效，应用冗余以满足安全目标。ASIL 等级分解可得出冗余的要求及相应分解后的 ASIL 等级，这些要求及其 ASIL 等级由充分独立的要素来实现。

ASIL 等级分解是指将冗余的安全要求分配到充分独立的相关项要素上，ISO 26262 冗余不一定是传统的模块化冗余，也可以通过多样性（Diversity）或软件冗余等来实现。

例 10.1 ECU 的主处理器可被一个冗余的监控处理器所监控，监控处理器不能实现分配到 ECU 的功能要求，但主处理器和监控处理器均能独立启动已定义的安全状态。

ASIL 等级分解仅对系统性失效有意义，是降低系统性失效可能的方法和途径。ASIL 等级分解不会改变硬件架构度量的评估要求，也不会改变随机硬件失效导致违背安全目标的评估要求。

例 10.2 对 ASIL B（D）等级分解的案例，在硬件架构度量评估中，不能简单地将 ASIL D 等级的目标分解成对于每个硬件要素的 ASIL B 等级的安全目标。根据 ISO 26262 的要求，需要基于相关项的安全分析将目标值逐项分配到硬件要素。安全目标的目标度量是应用到相关项的。

在这样一个分解后的架构中，只有当两个要素同时违背了分解后的安全要求，才会违背相关的安全目标。

10.2 ASIL 等级分解示例

相关项定义

系统的执行器在车速为零时提供舒适功能，驾驶员通过使用仪表板上的开关来触发此执行器，但是在车速超过 15km/h 的时候，激活执行器会导致危害。相关项的初始架构如下：

- 由一个专门的 ECU（AC ECU）读取仪表板开关的输入，AC ECU 通过一个专门的电源线为执行器供电。
- 搭载本相关项的车辆同时有提供车速的 ECU（VS ECU）。VS ECU 能按照 ASIL C 等级的要求提供车速超过 15km/h 的信息。

危害分析和风险评估

在该例中，危害事件是在车速超过 15km/h 时，无论是否存在驾驶员请求，激活执行器。此危害事件的风险评估 ASIL 等级。

根据上述危害分析和风险评估的结果，确定如下的安全目标：

安全目标 1 是避免在车速超过 15km/h 时激活执行器：ASIL C 等级。

初步架构和安全概念

根据前述的安全目标，设计相关项的初步架构，如图 10.1 所示。

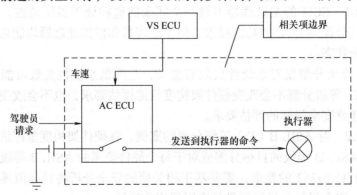

图 10.1 相关项边界

第 10 章 ASIL 等级分解

其中各要素的目的为:
- 动态 VS ECU 为 AC ECU 提供车速。
- AC ECU 监控驾驶员请求,检测车速是否小于或等于 15km/h。若是,则发送命令到执行器。
- 执行器通电后就被激活。

对应于以上的架构,考虑如下功能安全要求:

要求 A1:VS ECU 发出准确的车速信息给 AC ECU=>ASIL C 等级;

要求 A2:当车速超过 15km/h 时,AC ECU 不能给执行器供电 =>ASIL C 等级;

要求 A3:执行器只有在得到 AC ECU 的供电之后才能被激活 =>ASIL C 等级。

该例仅说明 ASIL 等级分解,并不完整,未包括全部的功能安全要求。

演化后的架构和安全概念

为了实现前述的 ASIL 安全等级要求,选择引入一个安全开关作为冗余要素。通过引入新的冗余要素,得到演化后的架构如图 10.2 所示。在此基础上,AC ECU 可根据 ASIL 等级分解的结果,以等同于或者低于 ASIL C 的等级来进行开发。

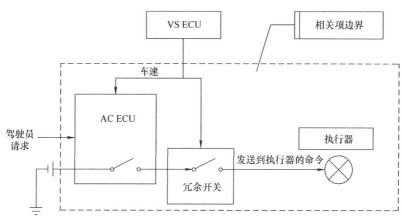

图 10.2 相关项设计的第二次迭代

在演化后的架构中,各要素的目的为:
- VS ECU 控制单元提供车速给 AC ECU。
- AC ECU 监控驾驶员请求,检测车速是否小于或等于 15km/h。若是,则发送命令到执行器。

- 冗余开关位于 AC ECU 和执行器之间的供电线路上。当车速小于或者等于 15km/h 时，开关闭合；当车速大于 15km/h 时，开关打开。开关本身的供电是独立的，因此上述操作与供电线的状态无关。
- 执行器通电后才可被激活。

对此将原有的功能安全要求进行 ASIL 等级分解，并得到如下冗余要求：

要求 B1：VS ECU 发出准确的车速信息给 AC ECU，即避免错误地传输车速低于或者等于 15km/h 的信息 =>ASIL C 等级；

要求 B2：当车速超过 15km/h 时，AC ECU 不能给执行器供电 =>ASIL X（C）等级；

要求 B3：VS ECU 发送准确的车速信息给冗余开关 =>ASIL C 等级；

要求 B4：在车速大于 15km/h 时，冗余开关处于打开状态 =>ASIL Y（C）等级；

要求 B5：执行器只有当 AC ECU 给出供电并且冗余开关闭合时才工作 =>ASIL C 等级；

要求 B6：说明 AC ECU 和冗余开关之间的充分独立性 =>ASIL C 等级。

从上述要求中可以看到，起初的要求 A2 被冗余要求 B2 和 B4 所替代，后两者都遵从最开始确定的安全目标，因此可以应用 ASIL 等级分解。为了允许对要求 A2 的 ASIL 等级分解增加了独立性要求 B6。对于原先要求 A2（ASIL C 等级）可能的 ASIL 等级分解见表 10.1。

表 10.1 可能的 ASIL 等级分解

	要求 B2：ASIL X（C）	要求 B4：ASIL Y（C）
可能 1	ASIL C（C）要求	QM（C）要求
可能 2	ASIL B（C）要求	ASIL A（C）要求
可能 3	ASIL A（C）要求	ASIL B（C）要求
可能 4	QM（C）要求	ASIL C（C）要求

10.3 小结

本章引入了标准中关于 ASIL 等级分解案例，以便读者了解 ASIL 等级及相关内容。ASIL 等级分解给出了从危害分析和风险评估确定相应的安全目标，并设计初步架构和安全概念，以及对安全要求进行 ASIL 等级分解的迭代设计和架构演化过程。

第 11 章

汽车油量估测与显示系统（FLEDS）功能安全的开发与分析

本章针对汽车电子产品中的汽车油量估测与显示系统，介绍如何按照 ISO 26262 标准对该系统进行概念阶段的分析与开发。在概念阶段，ISO 26262 定义了相关项，进行了危害分析和风险评估，并导出安全目标，最后得到功能安全概念。

本章首先分析了汽车油量估测与显示系统的需求，给出概念阶段的整体架构，并在此基础上定义了各个相关项，对每个相关项进行了危害分析和风险评估，并从中导出安全目标，根据安全目标得到功能安全概念，并研究其各个安全目标的 ASIL 等级。

11.1 FLEDS 的需求分析

汽车油量估测与显示系统（FLEDS）是一个根据燃油速率、油箱油量探测值和车辆是否起动等信息实时估测并显示油箱油量的汽车电子应用系统。它有以下主要的功能：油箱中油量水平的估测、显示以及低油量时警告提醒。该系统的整体结构如图 11.1 所示。

FLEDS 主要由 3 个 ECU 组成，还需要一些外部的油箱、探测器、汽车起动开关、蓄电池和显示器、警告灯等器件来支撑系统的运行。在油箱中放置一个油量探测器，通过这个探测器将油箱中当前油量水平探测值传输给协调器电子控制单元；停车制动开关将车辆是否起动信息传输给协调器电子控制单元；发动机管理系统电子控制单元将燃油速率也传输给协调器电子控制单元；协调器电子控制单元综合接收到的数据计算出当前油箱中油量的估测值，并将估测值和低油量水平指标值传输给仪表板电子控制单元。仪表板电子控制单元将接收到的油量估测值显示在仪表板上，并判断油量估测值是否达到低油量水平指标值，如果达到则亮起警告灯提醒驾驶员；蓄电池的作用是给这 3 个电子控制单元供电，保障各个电子控制单元的正常运行。

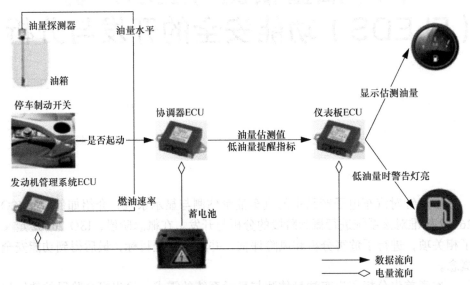

图 11.1　油量估测与显示系统结构图

这 3 个电子控制单元分别是发动机管理系统（Engine Management System，EMS）、协调器（Coordinator，COO）和仪表板（Instrument Cluster，ICL），这 3 个电子控制单元为 FLEDS 的 3 个子系统。在下面基于 ISO 26262 的开发过程中，这 3 个子系统就是 3 个相关项（item），对于子系统、相关项、item 在本章将不加区别。

发动机管理子系统（EMS）：汽车发动机的作用就是为汽车提供动力，使汽车能够行驶。而发动机管理子系统既需要为汽车提供动力，还需要监控管理发动机的运行状态并获取和计算出一些与汽车行驶相关的数据，例如车速和燃油速率。

协调器子系统（COO）：起协调作用，它对从油箱探测器、速度探测器和 EMS 等传输过来的数据进行综合判断和计算，并将计算的结果传输给仪表板子系统。

仪表板子系统（ICL）：将从协调器子系统传输过来的数据显示在仪表板上，并对该数据进行判断，如果估测油量较低时，通常低于油箱总油量的 10%，需

第 11 章 汽车油量估测与显示系统（FLEDS）功能安全的开发与分析

要启动警报器和警告灯来提示驾驶员当前油箱油量较低，需要加油。

这 3 个子系统共同组成了 FLEDS，协作完成了油量的估测、显示和低油量警告功能。只有当这 3 个子系统都正常安全运行时，FLEDS 才能够安全运行。

汽车在行驶过程中，驾驶员需要知道油箱中剩余的油量，因此 FLEDS 需要估测油箱中剩余油量并显示在仪表板上。有时候驾驶员并不会频繁地查看显示的估测值，如果油量值很低而且驾驶员没有及时查看油量值时，很有可能会造成车辆不能及时加油而熄火，因此 FLEDS 必须在油量较低时点亮警告灯，提醒驾驶员当前油箱中油量较低。

11.2 ISO 26262 概念阶段的整体架构

概念阶段的主要目的是为开发者、生产者和评估者明确他们将要开发、生产和评估什么样的产品，这个产品存在哪些潜在危害以及在开发和生产这个产品时需要达到什么样的安全要求才能减少、避免和预防这些危害的发生。

概念阶段的工作主要包括以下四个部分：相关项定义、危害分析和风险评估、安全目标以及功能安全概念。概念阶段的整体框架如图 11.2 所示。

在概念阶段首先要进行相关项的定义，对将要研发或待评估的汽车电子产品中所有相关项进行定义说明，介绍各个相关项的功能、目的和边界要求等信息。概念阶段的目标是让产品的设计者、开发者、生产者以及评估者对产品有更加清晰、全面和透彻的认识。

定义了相关项后，需要对各个相关项进行危害分析和风险评估，识别各个相关项中潜在的所有危害以及对所识别的危害进行分类评估。

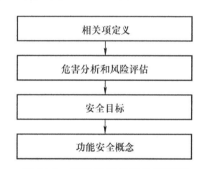

图 11.2 概念阶段的整体框架图

根据相关项的危害分析和风险评估结果产生相关项的安全目标，规定各个相关项需要达到的安全要求。

最后根据安全目标推导出功能安全概念，功能安全概念就是为了满足和实现安全目标而对相关项进行功能上的要求。

概念阶段的工作就是定义汽车电子产品，并且对其进行危害分析和风险评估，进而产生使产品能正常安全工作的安全目标，最后规定在产品功能上需要达到的安全需求。

11.3 FLEDS 中相关项的确定与定义

概念阶段的第一步工作就是相关项定义，在相关项定义之前，需要确定汽车电子产品中包含了哪些相关项，然后才能对各个相关项进行定义。

1. FLEDS 的相关项与环境的划分

相关项就是实现一定功能的系统或子系统。把不是系统功能的部分和支撑系统运行的所有外部器件（例如蓄电池、油箱和停车制动系统等）统称为环境。

FLEDS 主要由 3 个子系统组成，系统的功能是这 3 个子系统协作实现。FLEDS 本身也是实现一定功能的系统，称为总系统。所以在 FLEDS 中，共有 4 个相关项，分别是 FLEDS、发动机管理子系统、协调器子系统和仪表板子系统。除了相关项外，例如油箱、停车制动开关和蓄电池等都被都看成环境。图 11.3 是对 FLEDS 进行相关项与环境划分后的系统结构图。

FLEDS 中相关项与环境的划分，呈现出 FLEDS 工作时所需的数据、数据的类型以及数据传输的方向。

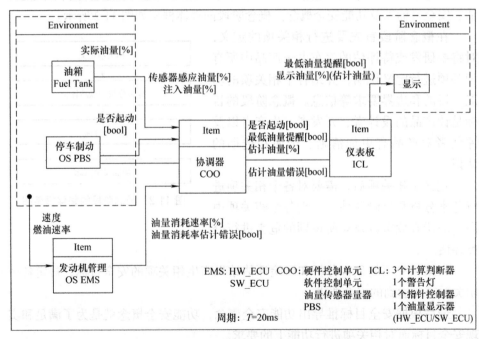

图 11.3 相关项与环境划分后的系统结构图

环境提供车辆是否起动的信号（逻辑信号,bool）和油箱中油量水平（用 % 表示，即目前油量是满油量的百分比）给协调器子系统；提供车辆的速度（m/s）给发动机管理子系统。仪表板子系统提供要显示的估计油量值（%）和低油量

第 11 章 汽车油量估测与显示系统（FLEDS）功能安全的开发与分析

提醒信号（逻辑信号，bool）给环境。

在系统内部发动机管理子系统将计算得到的燃油速率（每秒燃烧的油量百分比，%/s）和燃油速率估测失误结果（逻辑信号，bool）传输给协调器子系统。协调器子系统综合接收到的数据，计算出油量估测值（%），并将计算出的结果、低油量提醒指标（%）和油量估测失误或无法估测（逻辑信号，bool）信息传输给仪表板子系统。

2. FLEDS 的相关项定义

在相关项定义阶段，为了全面而详细地对相关项进行定义描述，需要从多个角度对相关项进行描述，具体包括相关项的功能和非功能的描述、相关项预期行为的假设、相关项的所有元素列表、边界描述以及相关项相互间的影响等。确定了以上这些相关项的基本信息之后，就可以对相关项进行一个清晰明确的定义。在 FLEDS 中共有 4 个相关项，包括 1 个总相关项和 3 个子相关项，对每个相关项的定义方式是以表格的形式给出的，在此给出 FLEDS 这个相关项的定义，见表 11.1。

表 11.1 FLEDS 相关项定义

条目	描述
相关项名称	油量估测与显示系统（Fuel Level Estimation and Display System，FLEDS）
相关项 ID	FLEDS001
相关项目的	开发油量估测与显示系统，使该系统能准确地估测出汽车油箱中的油量水平并将估测值显示在仪表板上，使得驾驶员能够随时在仪表板上看到油箱中的油量水平，来进行汽车行驶情况的预估。在估测的油量水平低于预定的指标值时，亮起警告灯提醒驾驶员
功能描述	1. 汽车油箱中油量水平的估测 2. 在仪表板上相应位置显示估测的油量水平 3. 如果估测值低于预定值，系统必须对驾驶者提出警告
非功能描述	1. 准确性：油量估计会综合油量的探测值、燃油速率等值计算出正确的结果，并将正确的结果显示在仪表板上 2. 可靠性：在软件、硬件故障或失效的情况下，能够发出低油量警报 3. 易操作性：驾驶者能够很容易的从仪表板的显示中得出油量的估计值，低油量警告的形式能够让驾驶者易于得到提醒 4. 实时性：仪表板能够实时显示当前的油量水平
法律要求	1. ISO 26262 主要用于安装在最大毛重不超过 3.5t 的乘用车上的一个或多个 E/E 系统的安全相关系统 2. 为残疾人设计的特殊用途的车辆上的电子/电气系统不适用 ISO 26262 3. 车辆上的电子/电气系统研发早于 ISO 26262 出版日期的，也不在该标准的要求之内

（续）

条目	描述
预期行为的假设	1. 仪表板能实时正确地显示油箱中的油量水平 2. 假设油箱中的油量值低于预设值，低油量警告功能马上被触发，驾驶者得到警告
已知的失败及危害	1. 驾驶者没有得到低油量警告（警告功能失败），汽车可能会因燃油用尽而突然停下，如果在交通繁忙情况下，会威胁到车辆人员的生命安全 2. 系统的估测值高于油箱中油量的实际值，可能造成等燃油都用尽时，都没有发出低油量提醒警告 3. 系统的估测值低于油箱中油量的实际值，可能会造成警告灯频繁地发出警告，使得驾驶员不再相信警告 4. 系统不能估测出油量水平
所有的元素列表	发动机管理系统（EMS）、仪表板（ICL）、协调器（COO）
边界描述	1. ECU-HW：传感器和执行器 2. environment：发动机、制动系统和油箱等
受该相关项影响的其他相关项或元素	ICL、仪表板、警告灯
能影响该相关项的其他相关项或元素	EMS、COO、ICL、environment（环境）

在表 11.1 中只给出了 FLEDS 相关项定义的部分内容。对于其他 3 个相关项的定义跟 FLEDS 相关项定义类似，就不再赘述了。

表 11.1 中定义了一个名称为 FLEDS 的相关项，它具有 3 个功能，主要的目的是估测油箱中的油量水平、显示估测值和当油量估测值较低时亮起警告灯，提醒驾驶员。除此之外，在表 11.1 中还从法律要求、相关项的预期行为、已知的危害、其包含的元素、边界的描述和相关项间的相互影响等方面对该相关项进行了描述。

FLEDS 相关项定义中列出了其包含的 3 个元素，"元素"是指该相关项的主要组成部分或器件。表 11.2 是对这 3 个元素进行更详细的说明。

表 11.2 FLEDS 相关项定义

元素名称	元素 ID	功能描述
发动机管理系统	FLEDS_E001	管理发动机的工作，为 COO 提供燃油消耗速率
仪表板系统	FLEDS_E002	显示从 COO 传输过来的油量估测值；当估测值较低时亮起警告灯，提醒驾驶员
协调器系统	FLEDS_E003	综合油量探测值、燃油速率和汽车是否起动等信息计算出当前油量的估测值

第 11 章 汽车油量估测与显示系统（FLEDS）功能安全的开发与分析

在表 11.2 中对 FLEDS 相关项所包含的元素进行了描述，说明了这 3 个元素各自的功能，并各自赋予一个固定的 ID。赋予一个固定的 ID 有很多好处，例如方便存储、方便查询和方便记录等，而不管是相关项本身，还是相关项包含的元素，在按照 ISO 26262 标准进行项目评估时都会被经常用到。所以，最好给每个相关项定义表和元素说明表中所描述的对象都赋予一个固定的 ID。但是，每个人或者每套系统都有自己的命名规则，所以命名相关项 ID 和元素 ID 时，需要给出命名规则，本章的命名规则如下：

1）相关项 ID 的命名规则：每个相关项英文名称单词的字母大写 + 项目编号。例如，EMS001 代表 001 号项目的 EMS 系统。项目编号从 001 开始，一直到 002、003 等。但是，如果在一个项目中项目编号是可以省略的。

2）元素 ID 的命名规则：跟相关项 ID 命名规则类似，每个元素对应的相关项的英文名称单词首字母大写 + '_' + E + 编号。例如：FLEDS_E001 代表 FLEDS 系统的第一个元素。E 代表 element，编号从 001 开始，一直到 002、003 等。

通过对 FLEDS 中相关项与环境的划分确定了 FLEDS 中的 4 个相关项，然后分别从相关项的功能和非功能的描述、相关项的元素和相关项目的等方面对 FLEDS 相关项进行了定义。

3. FLEDS 的危害分析和风险评估

FLEDS 的各个相关项定义后，需要识别出每个相关项中的潜在危害，对每种潜在危害进行风险评估，并确定危害的 ASIL 等级，最后对危害进行分类。

危害分析和风险评估有两部分工作：识别出相关项中所有的潜在危害和对识别出来的危害进行分类。

识别危害的方式有很多种，可以利用一些危害分析识别技术，如 HAZOP、FTA 和 FMEA 等，也可以根据汽车电子系统的功能表现、历史统计资料、新闻以及模拟仿真的结果等来识别相关项中的危害。但是在基于 ISO 26262 对汽车电子进行危害识别时还有一些需要注意的地方，如果在危害识别中识别出的危害超出了 ISO 26262 的要求范围，则需给出合适的相应措施，但超出要求范围的危害不必分类。完成了危害的识别，接着对识别的危害进行分类。

在识别出相关项中的所有潜在危害之后，需要对其进行分类。可以从危害的三个指标出发——危害的严重性（Severity）、操作情况暴露于危害中的概率（Probability of Exposure）和危害的可控性（Controllability），对各个潜在危害分析并确定危害程度，计算其 ASIL 等级。危害分析的这三个指标都是根据产品功能行为的表现而评定，因此在做危害分析和风险评估时，并不需要提前知道产品的设计和实现细节。

危害的严重性是指危害事件发生时，危害事件会对驾驶员、乘客或者行人等涉险人员的伤害程度（无大碍、轻伤、致残、致死）。严重性分为 4 个等级，见表 11.3。

表 11.3　危害的严重性级别

类别	S0	S1	S2	S3
描述	没有伤害	轻微和一般伤害	严重和危及生命的伤害（可能挽救）	危及生命（不确定可挽救）、致命伤害

操作情况暴露于危害中的概率是指汽车危害事件发生时，某一汽车的操作情况（工作状况）发生的概率，即危害事件情景发生的概率。这种概率分为 5 个等级：不可能的、非常低的概率、低的概率、中等概率和高概率，见表 11.4。

表 11.4　操作情况暴露于危害中的概率

类别	E0	E1	E2	E3	E4
描述	不可能的	非常低的概率	低的概率	中等概率	高概率

危害的可控性是指驾驶员或其他涉险人员能够避免事故或伤害的可能性，也是驾驶员通过观察系统警告信息或快速反应来采取一定的措施对紧急情况进行控制，以避免危害事件发生的难易程度。所以可控性就是驾驶员对紧急情况进行控制来避免危害事件发生的难易程度的一种度量（注意，不是系统主动避免危害事件，而是驾驶员对紧急情况进行控制来避免危害事件）。可控性被分为 4 个等级：一般可控、简单可控、通常可控和困难可控或不可控，见表 11.5。

表 11.5　危害可控性的级别

类别	C0	C1	C2	C3
描述	一般可控	简单可控	通常可控	困难可控或不可控

要对 FLEDS 进行危害分析和风险评估，首先需要对 FLEDS 的每个相关项进行分析，识别所有可能的危害，然后再根据每个危害的 3 个指标值对其进行 ASIL 等级计算，产生危害分析和风险评估。

在进行 FLEDS 中危害的识别时，不仅采用了 HAZOP 和 FTA 危害分析识别技术，还根据 FLEDS 的功能表现、相关的书籍、论文和新闻报道，全面地分析 FLEDS 可能会发生的危害，总共识别出了 16 种危害。对 FLEDS 进行危害分析和风险评估产生的结果见表 11.6。

第11章 汽车油量估测与显示系统（FLEDS）功能安全的开发与分析

表11.6 FLEDS的危害分析和风险评估

类别	危害描述	所属相关项	操作情况	影响	对FLEDS的影响	S	E	C	ASIL
001001	警告灯失效	ICL	一般公路	低油量时不能提醒驾驶员，会导致燃油用尽，汽车熄火	FLEDS无法在低油量时提醒	S1	E3	C3	A
			高速公路			S2	E3	C3	B
001002	油量指针失效	ICL	一般公路	无法知道当前汽车油量导致无法及时加油	FLEDS无法表现油量估测值	S1	E1	C3	QM
			高速公路			S3	E1	C3	A
001003	显示器失效	ICL	一般公路	不知道当前汽车油量及车速	FLEDS无法表现油量估测值	S2	E2	C3	A
			高速公路			S3	E2	C3	B
001004	低油量时没有提醒	ICL	一般公路	燃油会直接用尽，汽车熄火	FLEDS无法在低油量时提醒	S1	E3	C3	A
			高速公路			S2	E3	C3	B
001005	估测油量比实际油量低	COO	一般公路	驾驶员不会再相信FLEDS提供的油量估测值了	警告灯可能会频繁地亮起	S2	E2	C3	A
			高速公路			S3	E2	C3	B
001006	估测油量比实际油量高	COO	一般公路	燃油可能会直接用尽，汽车熄火，而不会提醒驾驶员	估测值可能永远达不到低油量值的界限	S2	E2	C3	A
			高速公路			S3	E2	C3	B
001007	计算单元失灵	ICL/COO/EMS	一般公路	得到错误的油量信息	FLEDS无法计算油量值	S2	E1	C3	QM
			高速公路			S3	E1	C3	A
001008	CAN失效	ICL/COO/EMS	一般公路	不知道当前汽车油量及车速	FLEDS无法计算油量值	S2	E1	C3	QM
			高速公路			S3	E1	C3	A
001009	无法估测油量值	COO	一般公路	得到错误的油量信息	FLEDS无法工作	S2	E4	C3	C
			高速公路			S3	E3	C3	C
001010	A/D转换器失效	COO/EMS	一般公路	导致COO和EMS无法正常工作	FLEDS无法计算油量值	S2	E2	C3	A
			高速公路			S3	E2	C3	B

（续）

类别	危害描述	所属相关项	操作情况	影响	对FLEDS的影响	S	E	C	ASIL
001011	油耗电控单元失效	EMS/EMS	一般公路	无法知道当前汽车的油耗	FLEDS估测的油量估测值超过误差范围	S1	E3	C2	QM
			高速公路			S2	E3	C2	A
001012	油位传感器失效	外部环境	一般公路	COO无法获取探测器探测出的实际油量	FLEDS无法计算油量值	S2	E2	C2	QM
			高速公路			S3	E2	C2	A
001013	车速传感器失效	外部环境	一般公路	仪表板上无法显示车速	增加FLEDS油量估测值的误差	S2	E2	C2	QM
			高速公路			S3	E2	C2	A
001014	停车制动系统失效	外部环境	非斜坡	驻车制动失效	对FLEDS无影响。FLEDS正常工作	S1	E3	C3	A
			斜坡	驻车制动失效，会发生溜坡		S3	E3	C3	C
001015	蓄电池没电	外部环境	一般公路	COO/EMS/ICL均无法正常工作	FLEDS无法工作	S1	E4	C2	A
			高速公路			S2	E4	C2	B
001016	滑动变阻器触头接触不良	外部环境	一般公路	探测器无法正确地探测油箱的油量	FLEDS估测的油量估测值超过误差范围	S2	E2	C2	QM
			高速公路			S3	E2	C2	A

通过表11.6可知，FLEDS共识别出了16种危害，其中S指的是危害的严重性等级，E指的是工况的暴露概率，C指的是危害的可控性等级，ASIL就是指汽车安全完整性等级了。

在FLEDS危害分析和风险评估结果表中，不仅对每个危害本身进行了描述，而且还对危害造成的影响进行了描述，同时指出了不同操作情况下的危害及计算出的ASIL等级，同时对于每个危害指定了其所属的相关项并赋予了一个固定的危害ID。

危害ID的命名规则是：项目编号+危害编号，危害编号跟项目编号一样都是从001开始，然后是002、003等。但是在本章中，由于只对FLEDS进行了研究，所以项目编号是固定的。

在FLEDS危害分析和风险评估结果表中，分别呈现了每个危害的描述、所属的相关项、影响和对FLEDS的影响。针对每个危害进行不同操作的研究分析，指出危害在不同操作情况下的 S、E、C 和 ASIL 等级，其中 S 指的是危害的严重性等级，E 指的是工况的暴露率，C 指的是危害的可控性等级，ASIL 是指汽车安全完整性等级。

危害的 ASIL 等级是根据对应的三个指标值查表计算出来的，具体确定方法如图 11.4 所示。

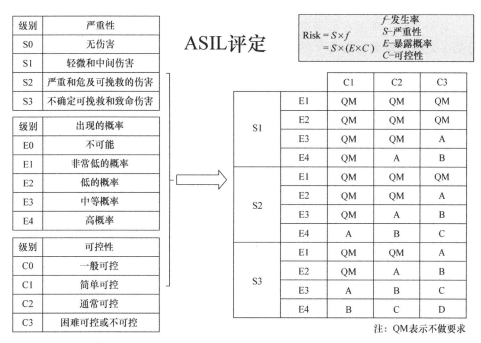

图 11.4　ASIL 评定表

分析 FLEDS 中在不同操作情况下的每个危害，评估出危害在某种特定操作情况下的 S、E 和 C 的具体值，再根据图 11.4 所示的 ASIL 评定规则，就可以得出 FLEDS 中每个危害在特定操作情况下的 ASIL 等级。例如 ID 为 001006 的危害在高速公路操作情况下，分别分析若该危害发生对涉险人员伤害的严重性、这种危害发生在高速公路操作情况下的概率以及危害发生时驾驶员对危害可控的程度，分别得出高速公路工况下 001006 危害的 S、E 和 C 值分别为 S3、E3 和 C3，根据图 11.4 所示 ASIL 评定方法就可以得到这个危害在高速公路工况下的 ASIL 等级为 C 等级。

ASIL 分为 A、B、C、D 四个等级，ASIL A 是最低的安全等级，ASIL D 是最高的安全等级，不同等级对应的特定工况下的危害产生不同结果，不同结果采取不同的措施对这个等级的危害进行处理。除了这四个等级之外，等级 QM 表示与安全无关，该等级对应的特定工况下的危害可以不用处理。

FLEDS 进行了危害分析和风险评估，通过多种途径识别出与 FLEDS 有关的 16 种危害，并针对不同的操作情况分析给出了每个危害的严重性等级、暴露概率和可控性等级的值，算出每个危害在特定操作情况下的 ASIL 等级。

11.4　FLEDS 的安全目标

对每个相关项潜在危害进行危害分析和风险评估（即进行了危害的识别和分类）之后，就需要对每个危害定义安全目标。安全目标就是减少、防止和避免危害发生的要求，让系统在一定条件下能正常安全地运行的要求。在制定安全目标的时候，必须要保证每个危害事件在所有特定的操作情况下确定的 ASIL 等级都不高于其安全目标的 ASIL 等级。

一个安全目标应该定义在危害分析和风险评估过程中对每个危害进行评估时，相似的安全目标可以合并为一个安全目标，合并之后的安全目标的 ASIL 等级应该是合并之前那些安全目标当中的最高的 ASIL 等级。所以，可以对每个危害进行评估制定一个安全目标，也可以在对所有危害进行评估之后，定义一些安全目标和一个总目标。在 FLEDS 中，共有 4 个相关项：FLEDS、发动机管理系统、协调器系统和仪表板系统。每个相关项都应该定义安全目标。每个相关项都是具有一定功能的系统或子系统，而安全目标是针对系统而言的，所以，每个相关项都应该具有一定的安全目标。从危害分析和风险评估中可以发现，每个相关项都具有危害事件，为了减少、防止和避免危害的发生，所以，每个相关项都应该具有一定的安全目标。

确定了 FLEDS 中 4 个相关项，根据表 11.6 可知，每个相关项都具有一些危害事件，所以每个相关项都需要确定安全目标。

协调器子系统（COO）的安全目标见表 11.7。

表 11.7　COO 相关项安全目标

安全目标 ID	安全目标的描述	安全目标 ASIL 等级	关联的危害 ID
COO_SG001001	COO 能正确地计算油量信息	C	001007,001008 001009,001010
COO_SG001002	COO 估测的油量值在误差范围内	B	001005,001006

在表 11.7 中给出了协调器子系统的两个安全目标，并分别为这两个安全目标赋予了一个 ASIL 等级。在表 11.6 中给出了与协调器子系统相关的危害有 6 个，分别是估测油量比实际油量低（001005）、估测油量比实际油量高（001006）、计算单元失灵（001007）、CAN 失效（001008）、无法估测油量值

第 11 章 汽车油量估测与显示系统（FLEDS）功能安全的开发与分析

（001009）和 A/D 转换器失效（001010）。

为了处理危害 ID 为 001007~001010 这 4 个危害的发生，提出了第一个安全目标——协调器能正确地计算油量信息，只要能够保证这个安全目标的实现，这 4 个危害必然得到相应的处理。同样的方式得到第二个安全目标，只要这两个安全目标能够得到实现满足，协调器子系统就能正常安全地运行。

在表 11.7 中给出了每个安全目标的 ASIL 等级。从危害分析与风险评估结果确定安全目标的过程中，多个危害的 ASIL 等级被综合为一个安全目标的 ASIL 等级，综合的规则就是危害的 ASIL 等级不能高于其对应的安全目标的 ASIL 等级。获得的安全目标的 ASIL 等级不低于其涉及的所有危害的 ASIL 等级，例如 ID 为 COO_SG001002 的安全目标所属的 ASIL 等级为 B 等级，而其对应的危害 001005 和 001006 的最高等级均为 B。

发动机管理子系统和仪表板子系统的安全目标见表 11.8 和表 11.9，FLEDS 的安全目标见表 11.10。

表 11.8　EMS 相关项安全目标

安全目标 ID	安全目标的描述	安全目标 ASIL 等级	关联的危害 ID
EMS_SG001001	EMS 能正确地计算出油量消耗速率	B	001007,001008 001010,001012

表 11.9　ICL 相关项安全目标

安全目标 ID	安全目标的描述	安全目标 ASIL 等级	关联的危害 ID
ICL_SG001001	ICL 能正确地显示油量估测值	B	001002,001003 001008
ICL_SG001002	当估测油量达到总油量的 10% 时，警告灯自动亮起	B	001001,001004 001007,001008

表 11.10　FLEDS 相关项安全目标

安全目标 ID	安全目标的描述	安全目标 ASIL 等级
FLEDS_SG001001	ICL 是可接受安全的	B
FLEDS_SG001002	COO 是可接受安全的	C
FLEDS_SG001003	EMS 是可接受安全的	B

通过表 11.7~ 表 11.10 可知，对于每个安全目标都赋予了一个固定的 ID，安全目标的 ID 命名规则如下：

1）如果是项目（一般指整个总系统）的安全目标，则其安全目标的 ID 号就是 Safety Goal 首字母缩写 SG+ 项目编号 + 安全目标编号，安全目标编号都是从 001 开始，然后是 002、003 等。

2）如果是相关项的安全目标，则其安全目标的 ID 就是对应相关项的缩写

（例如 COO 和 EMS）+ "_" + SG+ 项目编号 + 安全目标编号。

需要注意的是，表 11.10 呈现的 FLEDS 的安全目标结果与其他 3 个相关项的安全目标是有些不一样的。FLEDS 包含的各个元素是一个子系统，即其他 3 个相关项，所以 FLEDS 不直接跟危害相关，而是跟每个子系统相关，只要每个子系统是可接受安全的，能够正常运行，FLEDS 就是可接受安全的，就能够正常运行。所以 FLEDS 的安全目标中不包含"关联的危害"这一列。

对于一个项目，它的安全目标是保证总系统能够安全正常地运行，FLEDS 项目的安全目标见表 11.11。

表 11.11 FLEDS 项目安全目标

安全目标 ID 号	安全目标的描述	安全目标 ASIL 等级
SG001001	FLEDS 是可接受安全的	D

在表 11.11 中指出了 FLEDS 项目的安全目标——FLEDS 是可接受安全的。结合其他表格可知，只有通过实现 FLEDS 的安全目标才能实现 FLEDS 项目的安全目标，而若要实现 FLEDS 的安全目标，则必须实现仪表板子系统、协调器子系统和发动机管理子系统的安全目标才可以。

通过对 FLEDS 的危害分析和风险评估的结果进行分析，得出安全目标，满足这些安全目标能够保证 FLEDS 系统正常安全地运行。

11.5 FLEDS 的功能安全概念

这个阶段的主要工作是根据前面每个相关项的安全目标来确定具体的功能安全需求，并将它们分配到各个相关项的系统设计架构基础元素或者外部减少危害的措施当中，以确保满足相关的功能安全需求。

功能安全需求就是实现安全目标的功能性描述，因此每个安全目标都至少要有一个功能安全需求与之对应，但是它并没有描述如何在软件和硬件当中实现这些功能。每个功能安全需求都需要被分配到系统基础架构元素当中，并且从与之相关的安全目标那里按照一定规则继承 ASIL 等级。目的是指定系统架构的基础元素（一般为相关项的基本元素）必须要实现的功能以及这些功能必须要达到的 ASIL 等级。如果多个功能安全需求被分配到同一个架构基础元素中，则这个架构基础元素应以这些功能安全需求的最高 ASIL 等级进行研发。安全目标和功能安全要求的层次结构如图 11.5 所示。

图 11.5 说明了可以从危害分析与风险评估结果中确定多个安全目标，而每个安全目标可以推导出多个功能安全需求。图 11.5 所表示从上到下的这一推导过程，也是 ASIL 等级被综合和分解的过程。最终每个功能安全需求都会被赋予

第11章　汽车油量估测与显示系统（FLEDS）功能安全的开发与分析

一定的 ASIL 等级和被分配到相关项基础架构元素中。

从危害分析与风险评估结果中确定多个安全目标，多个危害的 ASIL 等级会被综合为一个安全目标的 ASIL 等级，综合的规则就是危害的 ASIL 等级不能高于其对应的安全目标的 ASIL 等级。在安全目标推导出多个功能安全需求的过程中，ASIL 等级也会被分解，分解的规则如下：

ASIL D → ASIL C（D）+ ASIL A（D）
ASIL D → ASIL B（D）+ ASIL B（D）
ASIL D → ASIL D + QM（D）
ASIL C → ASIL B（C）+ ASIL A（C）
ASIL C → ASIL C（C）+ QM（C）
ASIL B → ASIL A（B）+ ASIL A（B）
ASIL B → ASIL B（B）+ QM（B）
ASIL A → ASIL A + QM（A）

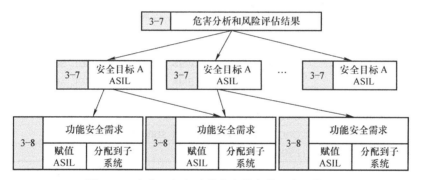

图 11.5　安全目标和功能安全需求的层次结构图

功能安全概念阶段工作就是根据相关项的安全目标推导出一些功能安全需求，同时对这些功能安全需求赋予一定的 ASIL 等级，并且将这些功能安全需求分配到具体的系统架构基础元素中，这整个过程就叫作功能安全概念。

产品的安全需求会在危害分析和风险评估之后产生，会分解到硬件安全需求和软件安全需求。经过产品的危害分析和风险评估之后，会得到确保产品能正常安全运行的安全目标，然后为了满足和实现产品的安全目标，需要将安全目标进行细分，分解到系统的基础架构元素上，使系统的基础架构元素必须要满足一定的功能安全要求。

根据上面的 ASIL 等级分解规则可知，C 等级有两种分解情况，一种是分解为 B 等级和 A 等级，另一种是分解为 C 等级和 QM 等级。例如，一个 C 等级的安全目标如果对应着两个功能安全需求，则这两个功能安全需求的 ASIL 等级就有两种情况：一种是一个为 B 等级另一个为 A 等级，还有一种是一个为

C 等级另一个为 QM 等级。

从相关项的安全目标推导出功能安全需求，同时对这些功能安全需求按照 ASIL 等级分解规则，赋予一定的 ASIL 等级，并将其分配到具体的系统架构基础元素中。因此，这一工作可分为两个步骤：第一步，通过相关项的安全目标推导出功能安全需求并对所推导出的功能安全需求进行分配；第二步，为每个功能安全需求赋予相应的 ASIL 等级。

表 11.12~ 表 11.14 分别呈现了推导出来的功能安全需求、功能安全需求分配的结果和 ASIL 等级的分配过程。

表 11.12 从危害到安全目标 ASIL 等级分配表

危害 ID 及其 ASIL 等级	安全目标 ID 及其 ASIL 等级
001001（B）	ICL_SG001002（B）
001002（A）	ICL_SG001001（B）
001003（B）	ICL_SG001001（B）
001004（B）	ICL_SG001002（B）
001005（B）	COO_SG001002（B）
001006（B）	COO_SG001002（B）
001007（A）	COO_SG001001（C），EMS_SG001001（B），ICL_SG001002（B）
001008（A）	COO_SG001001（C），EMS_SG001001（B），ICL_SG001001（B），ICL_SG001002（B）
001009（C）	COO_SG001001（C）
001010（B）	COO_SG001001（C），EMS_SG001001（B）
001012（A）	EMS_SG001001（B）

表 11.12 和表 11.13 呈现了从危害的 ASIL 等级到安全目标的 ASIL 等级和从安全目标的 ASIL 等级到功能安全需求的 ASIL 等级的分配情况。在表 11.12 中，每个危害的 ASIL 等级都不会高于其对应的安全目标的 ASIL 等级；在表 11.13 中，每个安全目标的 ASIL 等级按照 ASIL 等级分解的规则进行分配的，使得每个功能安全需求具有一定的 ASIL 等级。表 11.14 就是通过 ASIL 等级分配之后得到的 FLEDS 的功能安全需求表。

表 11.13 从安全目标到功能安全需求 ASIL 等级分配表

安全目十 ID 及其 ASIL 等级	功能安全需求 ID 及其 ASIL 等级
COO_SG001001（C）	FSR001004（A），FSR001006（B），FSR001007（QM）
COO_SG001002（B）	FSR001003（B）
EMS_SG001001（B）	FSR001004（QM），FSR001007（A），FSR001008（A）
ICL_SG001001（B）	FSR001002（B）
ICL_SG001002（B）	FSR001001（B），FSR001004（QM）
SG001001（D）	FSR001005（D）

第 11 章 汽车油量估测与显示系统（FLEDS）功能安全的开发与分析

表 11.14　FLEDS 功能安全需求

ID	功能安全需求的描述	ASIL	安全目标 ID 号	分配到的元素 ID 号
FSR001001	当估测油量低于警戒值时，警告灯自动亮起，提示驾驶员	B	ICL_SG001002	FLEDS_E002
FSR001002	估测的油量信息能够被正确地显示	B	ICL_SG001001	FLEDS_E002
FSR001003	油量的估测值与油箱中油量的实际值相差不能超过 5%	B	COO_SG001002	FLEDS_E003
FSR001004	当汽车驾驶时，各个相关项计算单元能够正确地工作	A	COO_SG001001 EMS_SG001001 ICL_SG001002	FLEDS_E001 FLEDS_E002 FLEDS_E003
FSR001005	CAN 总线能够正确地传输信息	D	SG001001	FLEDS_E001 FLEDS_E002 FLEDS_E003
FSR001006	油量信息能够被正确地估测	B	COO_SG001001	FLEDS_E003
FSR001007	A/D 转换器必须正确地将模拟信号转换成数字信号	A	COO_SG001001 EMS_SG001001	FLEDS_E001 FLEDS_E003
FSR001008	油耗电控单元需要正确地提供燃油速率等油量消耗信息	A	EMS_SG001001	FLEDS_E001

通过表 11.14 可以知道，从安全目标中推导出了 8 个功能安全需求，并将每个功能安全需求分配到系统基础架构元素中，其中 FLEDS_E001 代表 EMS 子系统、FLEDS_E002 代表 ICL 子系统、FLEDS_E003 代表 COO 子系统，还为每个功能安全需求赋予一个固定的 ID，功能安全需求 ID 命名规则：Functional Safety Requirements 首字母缩写 + 项目编号 + 功能安全需求编号。

11.6　小结

本章从相关项的定义、危害分析和风险评估、安全目标到功能安全需求，并将每个功能安全需求分配到系统基础架构元素中，其中 FLEDS_E001 代表发动机管理子系统、FLEDS_E002 代表仪表板子系统、FLEDS_E003 代表协调器子系统，而且为每个功能安全需求赋予一定的 ASIL 安全等级。如果这些功能安全需求得到了满足，则 FLEDS 就是可接受安全的，也是符合 ISO 26262 标准的。

第 12 章

ISO 26262 功能安全认证案例

在这一章,我们提供软件工具 SmartRocket Unit 的 ISO 26262 认证案例。SmartRocket Unit 是一款工业嵌入式系统单元测试工具,利用自动推理与符号执行技术、自动分析程序路径,自动产生满足覆盖率的测试用例,并在后台自动执行测试用例。SmartRocket Unit 生成的测试用例可以对接第三方单元测试工具 Testbed、Tessy 等。

12.1 SmartRocket Unit 相关标准要求

SmartRocket Unit 的产品开发是依据 ISO 26262-6 所提供的 V 模型架构(图 12.1)进行系统开发的。图 12.2 展示了 SmartRocket Unit 的文档结构,包括项目计划、项目需求、项目设计、测试文档、管理文档、项目实施、培训文档和评审。

SmartRocket Unit 通过了 ISO 26262 流程认证,上述的 SmartRocket Unit 的安全文档为此提供了充分的证据,证明 SmartRocket Unit 的产品开发满足功能安全标准要求。与此相关的功能安全标准如下:

• IEC 61508-3:2010 Functional safety of electrical/electronic/programmable electronic safety-related systems Part 3: Softwarerequirements

• IEC 61508-4:2010 Functional safety of electrical/electronic/programmable electronic safety-related systems Part 4: Definitions andabbreviations

• EN 50128:2011 Railway applications - Communication,signalling and pro- cessing systems - Software for railway control and protectionsystems

• ISO 26262-6:2011 Road vehicles - Functional safety - Part 6: Product development: softwarelevel

- ISO 26262-8:2011 Road vehicles - Functional safety - Part 8: Supporting processes

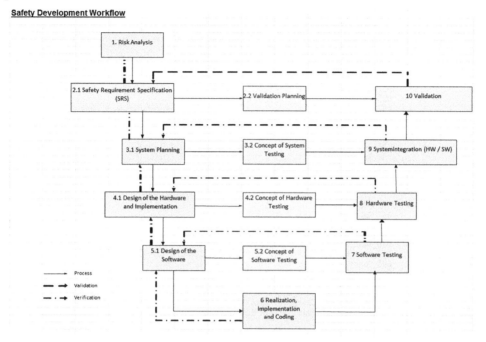

图 12.1 SmartRocket Unit 产品开发流程图

其中 IEC 61508 是功能安全标准，ISO 26262 和 EN 50128 分别是 IEC 61508 在汽车行业和轨交行业的安全衍生标准。为了对 SmartRocket Unit 产品应用在汽车生产软件开发测试中的安全性进行确认，认证需要确认 SmartRocket Unit 满足 ISO 26262 的要求。由于 SmartRocket Unit 是一款软件测试工具，因此需要满足 ISO 26262-8 支持过程中关于软件工具的要求。同时，作为一款软件，SmartRocket Unit 本身还需要满足 ISO 26262-6 关于软件开发的要求。由于 SmartRocket Unit 产品在经过验证时，ISO 26262：2018 尚未发布，因此认证是依据 ISO 26262：2011 展开的。除了在汽车行业，SmartRocket Unit 还被应用于轨交行业的软件开发测试，因此满足 EN 50128 的相关安全要求，并可以在 ISO 26262 相关的安全认证中加以参考。此外，需要注意在管理文档中，除了与功能安全相关的文档，认证还要求软件开发过程满足质量管理（QM）的要求，并提供相关的 ISO 9001 文档。

作为一款软件工具，SmartRocket Unit 需要满足 ISO 26262 中关于软件工作置信度的要求。参考相关的标准内容，为了通过 ISO 26262 认证，SmartRocket Unit 满足 TCL3 等级的置信度要求，对应于 TI2 和 TD3（图 12.3）。

```
─01_项目计划
    011_SmartRocket Unit_projectplan_V1.0.2.xlsx
    011_SmartRocket Unit_项目计划_V1.0.2.xlsx
─02_项目需求
    021_SmartRocket Unit_requriements_V1.2.7_en.docx
    021_SmartRocket Unit_需求文档_V1.2.7.docx
    022_SmartRocket Unit_需求规格说明书评审_评审意见_V1.0.2.docx
    023_SmartRocket Unit_需求编码规范_V1.0.2.xlsx
    024_SmartRocket Unit_软件评审-需求_V1.0.2.doc
─03_项目设计
    031_SmartRocket Unit_编程规范_1.0.3.docx
    032_SmartRocket Unit_底层技术架构V1.0.1.docx
    033_SmartRocket Unit_underlying module interface definition_V1.0.4.docx
    033_SmartRocket Unit_底层模块接口定义_V1.0.4.docx
    034_SmartRocket Unit_General design spec._V1.0.3.docx
    034_SmartRocket Unit_概要设计说明书_V1.0.3.docx
    035_SmartRocket Unit_概要设计评审_评审意见_V1.0.2.docx
    036_SmartRocket Unit_db_1.0.0.svg
    037_SmartRocket Unit_Sprint backlog_1.0.0.xlsx
    038_SmartRocket Unit_源代码版本分支管理规范_V1.0.1.docx
    039_SmartRocket Unit_软件评审-概要设计_V1.0.2.doc
─04_测试文档
    041_SmartRocket Unit_测试跟踪表__1.0.0.xlsx
    042_SmartRocket Unit_product test plan_1.1.4.docx
    042_SmartRocket Unit_产品测试计划_1.1.4.docx
    043_SmartRocket Unit-caselist_V1.0.3.xlsx
    044_SmartRocket Unit_测试计划_评审意见_V1.0.2.docx
    045_SmartRocket Unit_测试用例_评审意见_V1.0.2.docx
    046_SmartRocket Unit-Buglist_V1.0.2.xlsx
    047_SmartRocket Unit_system test report_V1.0.3.docx
    047_SmartRocket Unit_系统测试报告_V1.0.3.docx
    048_SmartRocket Unit_评审-测试计划_V1.0.3.doc
    049_SmartRocket Unit评审测试用例_V1.0.4.doc
─05_管理文档
    051_SmartRocket Unit_配置管理_V1.0.6.docx
    051_SmartRocket Unit_ConfigurationManagement_V1.0.6_en.docx
    052_SmartRocket Unit_QualityManagement_V1.0.7.docx
    052_SmartRocket Unit_QualityManagement_V1.0.7_EN.docx
    053_SmartRocket Unit_安全手册_V1.1.5.docx
    054_SmartRocket Unit_change management_V1.0.5.docx
    054_SmartRocket Unit_变更管理_V1.0.5.docx
    055_SmartRocket Unit_Tool HAZOP_V1.0.3.xlsx
    ─ISO9001文档_
        0510_公司管理制度_V1.0.0.doc
        0511_研发中心各部门各岗位职责_V1.0.0.docx
        0512_支持中心岗位职责_V1.0.0.doc
        0513_销售服务质量检查规范_V1.0.0.doc
        0514_销售服务规范_V1.0.0.doc
        0515_程序文件汇编_V1.0.0.doc
        0516_人员能力确认表_V1.0.0.xls
        056_采购检验规范_V1.0.0.doc
        057_质量手册_V1.0.0.doc
        058_网络维护作业指导书_V1.0.0.doc
        059_计算机安装作业指导书_V1.0.0.doc
─06_项目实施
    061_SmartRocket Unit_安装手册V1.0.2.docx
─07_培训文档
    071_SmartRocket Unit_ 使用手册_ V1.0.4.docx
─08_评审
    080401代码评审报告(TICPSH-ZDHDYCS_VER_Report)V1.0.2.xlsx
    080402代码评审检查表(TICPSH-ZDHDYCS_VER_RevChkList_4)V1.0.2.xlsx
```

图 12.2 SmartRocket Unit 认证文档

ISO 26262 在第 8 部分,提出了关于软件工具置信度的要求。

软件工具置信度

应分析和评估软件工具的预期使用,以确定特定软件工具功能异常可引入或不能探测开发中安全相关项或要素中错误的可能性。这是通过工具影响(TI)等级表示的,具体描述如下:

- 当有论据表明没有这样的可能性时,应选择 TI1。
- 在所有其他情况下应选择 TI2。

它可用于防止软件工具功能异常并产生相应错误输出的措施的置信度,或用于探测软件工具存在功能异常并已产生相应错误输出的措施的置信度。这是通过工具错误探测(TD)等级表示的,具体描述如下:

- 当对防止或探测出功能异常及其相应错误输出具有高置信度时,应选择 TD1。
- 当对防止或探测出功能异常及其相应错误输出具有中等置信度时,应选择 TD2。
- 在所有其他情况下应选择 TD3。

工具错误探测		TD1	TD2	TD3
工具影响	TI1	TCL1	TCL1	TCL1
	TI2	TCL1	TCL2	TCL3

图 12.3 工具置信度水平(TCL)的确定

12.2 SmartRocket Unit 规范文档示例

本节为读者提供 SmartRocket Unit 规范文档示例。这些文档对产品需求、编程接口、配置管理要求等进行规范定义和设计说明。在文档中,相关的安全要求规范可以用流程图、图表和自然语言、形式化语言等进行描述。如图 12.4 所示为 SmartRocket Unit 的底层技术架构。

规范文档结构示例

需求文档、编程规范、接口定义、概要设计和配置管理等以自然语言进行描述。SmartRocket Unit 产品需求文档包括产品的版本历史、产品介绍和功能说明。其中功能说明包括以下相关内容的要求:

1)单元测试:项目列表、项目主页、历史提交、任务监控、消息。

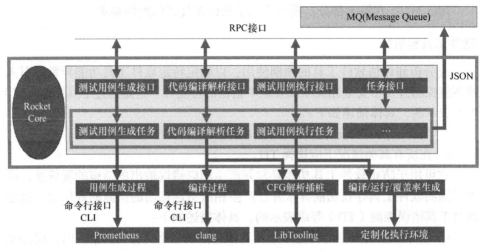

图 12.4 SmartRocket Unit 底层技术架构

2）项目管理：项目列表、项目主页、分配工作项、工作项审核、消息。

3）系统管理：用户管理、许可证管理、用户数据、服务器资源用户登录、用户登录、退出登录、修改个人信息。

对此进一步展开，项目管理中的项目主页包含了项目浏览器、源代码编辑、用例管理、覆盖率分析和测试报告的要求。其中用例管理又分为用例列表、用例执行和用例管理，覆盖率分析分为代码覆盖和 CFG 覆盖。

与之类似，在底层模块接口定义中，以语言形式对 SmartRocket Unit 核心功能接口进行了定义，包括以下内容：

1）接口形式概述：需要使用或依赖的其他环境。

2）接口参数及类型：主要数据及类型、异常类型。

3）核心功能接口：获取机器码、许可证注册、许可证查询、函数列表、源代码解析、生成测试用例、执行测试用例任务调度接口、查询当前任务、暂停任务、继续任务、取消任务。

4）系统监控接口消息队列接口：任务状态消息、编译器诊断信息、其他错误消息。

评审文档示例

在内部评审中，评审项目设计说明书评审检查表（图 12.5）以检查列表的形式，对评审内容和标准进行了规范性说明。

第 12 章 ISO 26262 功能安全认证案例

在依据评审检查表和 031_Rocket_ 编程规范 _1.0.0，经过评审检查以后，得出评审结论（图 12.6），代码审核通过，但是留有以下问题：部分定义的程序无意义；接口不太清晰；没有全部添加注释。

在对代码进行了修改后，这些遗留问题在第二次评审中接受评审（图 12.7）。

SmartRocket Unit 测试追踪表（图 12.8）以图表形式展现了产品测试进程。除了图中所展示的事件列表、计划开始日期和计划结束日期外，图表中还记录负责人、相关成员、备注、计划天数、实际开始日期、实际结束日期、实际天数和完成百分比等相关信息。为了更清晰地展示测试进度，测试追踪表中还提供了测试进度甘特图（图 12.9）。

项目设计说明书评审检查表——01

编号	检查项	是/否/不适用	说明	缺陷数	备注
1	版面				
1.1	代码的编写格式是否一致？	是			
1.2	注释风格是否一致？	是			
1.3	程序块、函数或过程的开始、结构的定义、循环和判断语句下的情况处理语句等是否都采用缩进风格编写，缩进的空格数为4个？	否			
1.4	对齐是否只使用空格键，不使用TAB键？	是			
1.5	相对独立的程序块之间、变量说明之后是否加空行？	是			
1.6	程序块的分界符是否各独占一行并且位于同一列，同时与引用它们的语句左对齐？	是			
1.7	其它。				
2	命名				
2.1	定义的程序名是否有意义？	否	部分定义的程序无意义	1	1.0.1版本已调整
2.2	标识符的命名是否清晰、明了，有明确含义，同时使用完整的单词或大家基本可以理解的缩写，避免使人产生误解？	是			
2.3	命名中若使用特殊约定或缩写，是否有注释说明？	是			
2.4	命名规范是否与所使用的系统风格保持一致，并在同一项目中统一？	是			
2.5	其它。				
3	代码				
3.1	代码是否简单清晰，保持一致性？	是			
3.2	代码编译后是否未产生Warning？	是			
3.3	程序接口清晰明确吗？	是	接口不太清晰	1	1.0.1版本已调整
3.4	数据类型和数据声明是合理正确的吗？	是			
3.5	所有参数都定义了，或者计算了，或者从外部来源获得了吗？	是			
3.6	所有定义的数据都使用了吗？	是			
3.7	所有引用的子程序都定义了吗？	是			
3.8	所有定义的子程序都使用了吗？	是			
3.9	是否注意运算符的优先级，并用括号明确表达式的操作顺序，避免使用默认优先级？	是			
3.10	是否只引用属于自己的存贮空间？	是			
3.11	是否防止引用已经释放的内存空间？	是			
3.12	如果是构造函数，过程/函数中分配的内存，在过程/函数退出之前是否释放？	是			
3.13	对于退出过程/函数后仍然需要存在的内存，是否确保该内存使用完毕后及时释放该内存？	是			
3.14	过程/函数中申请的（为打开文件而使用的）文件句柄，在过程/函数退出之前是否关闭？	是			
3.15	是否防止内存操作越界？	是			
3.16	系统运行之初，是否初始化有关变量及运行环境，防止未经初始化的变量被引用？	是			
3.17	在产品软件（项目组）中，是否统一编译开关选项？	是			
3.18	其它。				
4	注释				
4.1	注释是否解释了代码的目的，或总结了代码所要完成的工作？	是			
4.2	注释是否是最新的？	是			
4.3	注释是否清晰正确？	是			
4.4	是否对代码含义进行了注释？	否	没有全部添加注释	1	1.0.1版本已加上
4.5	声明全局变量时，是否给了注释？	是			
4.6	是否说明了每个子程序的目的？	是			
4.7	注释是否与代码保持一致性，不存在没用的注释？	是			
4.8	其它。				

图 12.5 SmartRocket Unit 评审项目设计说明书评审检查表

评审报告			
			编号：TICPSH-ZDHDYCS
1项目信息	1.项目名称	自动化单元测试工具研发项目V1.0.0	
	2.评审依据	《代码评审检查表》v1.0.0 031_Rocket_编程规范_1.0.0	
2评审信息	1.评审时间	2019年2月28日	
	2.评审地点	公司会议室	
	3.评审人员	AAA BBB CCC DDD	
3评审内容	代码		
4评审结论	代码审核通过 遗留问题：部分定义的程序无意义 　　　　　接口不太清晰 　　　　　没有全部添加注释		
5是否需要二次评审	不需要		
	评审组组长：DDD　日期：2019-2-28　　批准者：AAA　　日期：2019-2-28		
	评审人员签字：AAA BBB CCC DDD		

图 12.6　SmartRocket Unit 代码评审检查表 v1.0.0

评审报告			
			编号：TICPSH-ZDHDYCS
1项目信息	1.项目名称	自动化单元测试工具研发项目V1.0.1	
	2.评审依据	《代码评审检查表》v1.0.1 031_Rocket_编程规范_1.0.1	
2评审信息	1.评审时间	2019年7月6日	
	2.评审地点	公司会议室	
	3.评审人员	AAA BBB CCC	
3评审内容	1.代码 2.V1.0.0遗留问题修改内容评审：部分定义的程序无意义 　　　　　接口不太清晰 　　　　　没有全部添加注释		
4评审结论	需要修改通过		
5是否需要二次评审	不需要		
	评审组组长：AAA　日期：2019-7-6　　批准者：AAA　　日期：2019-7-6		
	评审人员签字：AAA BBB CCC		

图 12.7　SmartRocket Unit 代码评审检查表 v1.0.1

第 12 章　ISO 26262 功能安全认证案例

事件列表				计划开始日期	计划结束日期
1.应用层系统相关文档熟悉				2018-10-08	2018-10-12
2.1 核心模块接口用例编写				2018-10-15	2018-10-17
2.2 应用层系统测试用例编写	2.2.1【单元测试】模块用例			2018-10-18	2018-10-19
	2.2.2【项目管理】模块用例			2018-10-22	2018-10-23
	2.2.3【系统管理】模块用例			2018-10-24	2018-10-25
	2.2.4【用户登录】模块用例			2018-10-26	2018-10-26
	2.2.5【web页面】通用用例			2018-10-26	2018-10-26
	2.2.6 性能测试用例			2018-10-29	2018-10-29
3.应用层系统测试环境准备				2018-10-15	2018-10-19
4.接口测试环境准备				2018-10-22	2018-10-26
5.核心模块接口测试脚本编写				2018-10-29	2018-11-03
6.核心模块接口测试				2018-11-03	2018-11-09
7.应用层系统-集成测试				2018-11-01	2018-11-30
	7.1 单元测试	7.1.1 项目列表	7.1.1.1 分配的项目	7.1.1.1.1 工作项列表	
				7.1.1.1.2.1 编辑配置信息	
			7.1.1.1.2 业务功能	7.1.1.1.2.2 提交工作项	
			7.1.1.1.3 基础功能		
			7.1.1.2.1 项目列表	7.1.1.2.1.1 编辑配置信息	
		7.1.1.2 我的项目		7.1.1.2.2.1 上传源码	
				7.1.1.2.2.2 创建项目	
			7.1.1.2.2 业务功能	7.1.1.2.2.3 创建新版本	
				7.1.1.2.2.4 标记为已完成/继续测试	
				7.1.1.2.2.5 删除项目(版本)	
			7.1.1.2.3 基础功能		
	7.1.2 项目主页	7.1.2.1 项目浏览器			
		7.1.2.2 源代码			
		7.1.2.3 用例管理	7.1.2.3.1 用例表格	7.1.2.3.1.1 添加用例	
				7.1.2.3.1.2 编辑用例	
				7.1.2.3.1.3 删除用例	
				7.1.2.3.1.4 导入导出用例	
			7.1.2.3.2 业务功能	7.1.2.3.2.1 生成用例	

图 12.8　SmartRocket Unit 测试追踪表

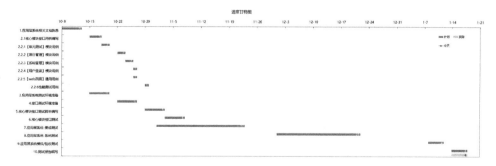

图 12.9　SmartRocket Unit 测试进度甘特图

12.3　小结

在这一章，我们提供了软件工具 SmartRocket Unit 的 ISO 26262 认证案例，包括 SmartRocket Unit 相关标准要求和规范文档示例。

第 13 章

形式化方法在发动机管理系统建模中的应用

形式化方法采用数学化的方法、工具、技术对软硬件系统进行研究，建立精确的数学模型来规格化地描述系统，并通过严格证明的方法验证其是否满足特定性质。形式化方法对提高软硬件系统（尤其是安全性攸关的系统）的可靠性和安全性有举足轻重的作用。

在 ISO 26262 标准中，对于 ASIL C、D 等级常常需要使用形式化方法，不论是形式化描述还是形式化验证。那么如何在汽车电子功能安全开发中采用形式化方法呢？本章将从对发动机管理系统（EMS）建模的角度，给出一个示例，介绍在规范、建模及验证等方面是如何应用形式化方法的。

汽车电子是实时计算机系统应用的一个富有挑战性的领域，现代汽车快速发展的显著标志是智能化、电子化和网络化，汽车的功能和性能也变得更为强大。2003 年 9 月，德国的汽车制造商和汽车电子产品供应商基于 OSEK/VDX 组织成立了汽车开放系统结构标准组织 AUTOSAR，其宗旨是规范汽车电子产品、软件和元器件的互通性，包括车身电子、动力集成、安全系统、多媒体、远程通信系统等。AUTOSAR 的成立推动了建立汽车基础软件架构的开放式标准。

本章将介绍基于 AUTOSAR 操作系统（OS）形式化方法的发动机管理系统建模与分析。

第 13 章 形式化方法在发动机管理系统建模中的应用

13.1 AUTOSAR OS 和汽车发动机管理系统简介

13.1.1 AUTOSAR OS 简介

AUTOSAR OS 是基于 OSEK / VDX OS 规范提出的汽车电子操作系统规范。它继承了 OSEK / VDX OS 中关于任务管理、资源管理和事件设置的核心机制，包括对实时操作系统（Real-time OS）、网络管理（NM）、实现语言（OIL）和通信协议（COM）等方面较为全面的描述与规定。同时新增了一系列用于加强操作系统安全性、可靠性以及各功能模块间的复用性和可移植性的机制。如图 13.1 所示，这些新的机制包括调度表（Schedule Table）、OS 应用（OS Application）、堆栈检测（Stack Monitor）、内存保护机制（Memory Protection）和时间保护机制（Time Protection）等。

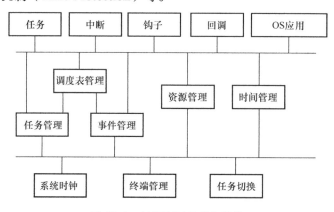

图 13.1 AUTOSAR OS 架构

OS 的对象包含任务（Task）、中断服务例程（ISR）、调度表（Schedule Table）、事件（Event）、资源（Resource）、计数器（Counter）和应用特定的钩子（Application-specificHook）等。如图 13.1 所示，AUTOSAR OS 中还涉及调度表管理、任务管理、事件管理、资源管理和时间管理。其中，任务管理和事件管理也可封装在调度表管理中。

对于 AUTOSAR OS 而言，任务是一个极为重要的概念。AUTOSAR 中的任务继承了 OSEK / VDX 的任务机制，每个任务只能是基本任务或扩展任务。在 AUTOSAR OS 中，任务优先级是静态定义的，任务的优先级可以通过操作系统采用天花板优先级协议来动态改变，但不能被应用程序改变。也就是说，任务的优先级只能在任务被操作系统调度时改变。操作系统的调度中，任务的调度是举足轻重的，通过配置，AUTOSAR 中任务可采用任务间非抢占、全抢占或混合抢占三种方式切换。

13.1.2 发动机管理系统简介

EMS 应用在汽车电子行业是最重要的应用之一，为保证合理运转，它有严格的时间要求。EMS 包括控制和执行两部分。

发动机管理系统是保证电子控制汽车的动力、经济、排放指标、驾驶的关键部件，是由汽车发动机燃油喷射电子控制系统、传感器和执行器组成，集成燃油喷射、点火和排放控制为一体。

汽车发动机有单缸发动机和多缸发动机之分。现代汽车通常配备四缸、六缸或八缸的发动机。

图 13.2 描述了 EMS 的基本流程：首先是对系统进行初始化，然后采集相关参数并对喷油点火的基本量进行计算，最后内燃机开始工作。这个过程中会定期收集受驱动器影响的环境参数并调节控制汽车喷油点火过程，以实现所需的气缸驱动速度。环境参数包括发动机转速、进气温度、进气压力和冷却液的温度等。

应用程序利用这些参数计算出所需燃料，然后使这些燃料产生所需的驱动转矩。内燃机在每个周期内对外做功一次，通过不断的循环，连续地将热能转化为机械能。以四冲程内燃机为例，其燃烧过程包括四个行程，即进气（Intake）、压缩（Compression）、做功（Power）和排气（Exhaust）。图 13.3 示出燃烧过程中单一气缸遵照固定次序做功的四个行程。在进气行程中，燃料通过喷射器被喷射到进气歧管，然后从歧管入口与空气混合。在压缩行程期间，燃烧室中的空气/燃料混合物被压缩，直到活塞到达指定位置。在做功行程中，空气/燃料混合物燃烧，在此过程中空气/燃料混合物的化学能被转换成热能和机械能。最后是排气行程，排气门打开，废气从燃烧室中放出来。发动机周期性地重复这四个步骤，从而驱动汽车的行驶。

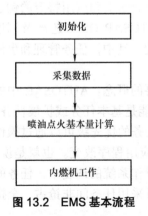

图 13.2 EMS 基本流程

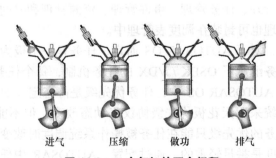

图 13.3 一个气缸的四个行程

13.2 形式化建模的整体框架

对 AUTOSAR OS 和发动机管理系统的形式化建模如图 13.4 所示,它包括三个阶段,左半部分描述的是形式化建模过程,右半部分描述的是形式化验证部分。

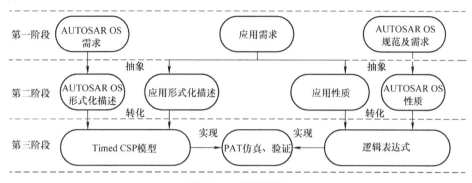

图 13.4 总体架构

下面将详细对这三个阶段的工作进行阐述。

- **第一阶段** 分析与准备阶段

此阶段主要做两大类工作:分别对 AUTOSAR OS 的需求以及对应用的需求进行分析。在 AUTOSAR OS 的建模分析阶段,重点关注与任务、资源、事件和调度表相关的部分,对 OS 提供的 11 种 API 进行分析,并给出 OS 任务和调度表的定义,以及 OS 对 API 调用响应的定义。在应用的建模分析阶段,由于汽车发动机管理系统都是基于 AUTOSAR OS 的,必须结合具体需求和系统的实时特性,划分出各个任务,根据具体情况分析确定是否需要建立调度表,并分析应用的哪些行为是应用本身的,哪些行为需要调用 AUTOSAR OS 提供的 API。对 AUTOSAR OS 以及应用的验证部分,此阶段重点分析并抽取出 AUTOSAR OS 需求以及应用需求中关于任务、调度表、调度算法或系统本身的安全性、可靠性的重要描述。

- **第二阶段** 建模与性质抽取阶段

第一阶段中分别为系统的建模与系统的验证做了粗略的准备工作。该阶段分别对 AUTOSAR OS 中任务的属性(即扩展类型、优先级、状态、调度策略等)及操作(对资源的分配和对事件的控制) 以及调度表的属性(即周期类型、初始偏移量、状态、调度策略等)及操作(激活任务和设置事件)建立全局性的形式化模型;操作系统调度器(OS Scheduler)对任务和调度表的请求响应行为进行分析,建立相应模型。根据第一阶段的分析结果,对汽车发动机管理系统的任务、调度表给出具体的形式化模型。在对发动机管理系统建模研究时，着重研究控制部分和执行部分，在控制部分，每个任务涉及具体的时间限制，且是周期性的，因此根据该时间关系建立相应的调度表，用以周期性地激活任务和设置事件。

同时，图 13.4 右边部分展示的从 AUTOSAR OS 规范和汽车发动机管理系统应用需求中抽取性质的过程。AUTOSAR OS 规范作为一个用于汽车行业的标准，不仅提供了具体实施的描述，同时也列出实施应满足的要求。本章抽取 AUTOSAR OS 规范中的任务、资源和调度表有关的属性，例如，防止优先级反转，资源调度无死锁，任务的互斥性、调度表的互斥性和天花板优先级协议等性质。EMS 应用的性质，如多个气缸必须按照固定的顺序起动、一个气缸重复四个行程（四个行程按严格的顺序往复）等性质。

- 第三阶段　性质验证阶段

在这一阶段，采用 Timed CSP 实现第二阶段中建模的形式化模型。Timed CSP 提供了一种实时特性的形式化模型，它假定系统进程内记录的所有事件与全局时钟关联。AUTOSAR OS 和汽车发动机管理系统正好需要 Timed CSP 的该特点，性质采用线性时态逻辑（LTL）或断言（Assertion）描述，模型检测工具 PAT 支持 Timed CSP 建模，并可以完成对 LTL 公式进行验证。因此系统将会应用该工具完成 AUTOSAR OS 和汽车发动机管理系统的验证工作。

13.3　AUTOSAR OS 建模

通信顺序进程 CSP（Communication Sequential Processes）是在 1984 年由著名计算机科学家 C.A.R. Hoare、S.Brooks 和 W.Roscoe 为解决并发问题而提出的代数演算理论。Timed CSP（Timed Communication Sequential Processes）是在 20 世纪 80 年代末由 Reed 和 Roscoe 通过在 C.A.R. Hoare 提出的 CSP 语言基础上增加一些时间操作符扩展的，并由 Davies 和 Schneider 后来修订的一种可以刻画时间特性的形式化语言。

针对 AUTOSAR OS 规范建模，其模型分为任务的建模、调度表的建模以及 OS 调度的建模。对任务建模部分，从任务调用的各类 API 出发，关注如何将任务表示为 Timed CSP 进程。对调度表建模部分，从调度表的每个 EP 点出发，考虑其时间偏移量及具体动作，给出调度表的 Timed CSP 定义。在 OS 调度建模部分，描述 OS 对任务请求和调度表请求的响应。

13.3.1　OS 模型架构

AUTOSAR OS 被建模为由多任务多调度表并发的实时系统，由任务、调度表和 OS 调度这三个模块构成。图 13.5 展示了 AUTOSAR OS 的整个建模体

第 13 章 形式化方法在发动机管理系统建模中的应用

系结构,以及任务、调度表和操作系统调度器之间的通信关系。任务和调度表可以通过相应的通道向操作系统调度器发送调度请求。当 OS 调度器接收到请求,它将立刻处理这些请求,并把反馈结果通过不同的通道发送给要求调度的任务或调度表,在处理请求时 OS 需要维护跟任务和调度表相关的一些记录,这些记录涉及任务(task)、资源(resource)和调度表(schedule table),记录的更新在 OS 调度器中完成。

AUTOSAR OS 建模为由多个任务、多个调度表和 OS 调度程序并发组成的系统,其具体建模如下:

$$\text{System} =_{df} (\,|||_{i \in 0.(n-1)} \text{Task}_i\,) \parallel (\,|||_{j \in 0.(m-1)} \text{SchTab}_j\,) \parallel \text{OSschedule}$$

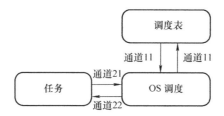

图 13.5 AUTOSAR OS 的建模架构

任务只能为基本任务或扩展任务中的一种,总任务数为 n,任务 ID 号为 0 至 n-1 中的一个;调度表的总个数为 m,调度表 ID 号为 0 至 m-1 中的一个。采用进程 Task_i、SchTab_j 和 OSschedule 来分别表示任务、调度表和 OS 调度程序,这三者间具体的通信将在下面的子部分来阐释。一方面,各个任务之间交错运行(interleaving),各个调度表之间也是交错运行的;另一方面,各个任务、各个调度表与 OS 调度器之间并发执行,使进程间通信实现 API 请求与响应操作。

13.3.2 任务的建模

用 Timed CSP 语言描述任一个 AUTOSAR 任务,当任务调用 OS 服务 Activate Task 时,被要求激活的任务就进入就绪状态。最高优先级的任务从就绪状态转换为运行状态开始运行,当任务调用 TerminateTask 时,该任务就从运行状态变为挂起状态,或者由于调用 Schedule 服务导致当前运行任务被抢占,回到就绪状态。当 ChainTask 服务完成时,调度程序 Schedule 运行下一个待运行的任务,并进入运行状态,该服务类似于完成一个 ActivateTask 和 TerminateTask 的复合功能。SetEvent、WaitEvent 和 Clear Event 为扩展任务特有的 API。扩展任务在调用 WaitEvent 进入等待状态,只有当它等待的事件被设置时,即调用 SetEvent 时,才返回到就绪状态,等待被调度运行。扩展任务调用 ClearEvent 不会引起任务状态的改变。

Task$_i$ 的定义如下：

Task$_i =_{df}$ ($\Box_{tid \in 0..(tasknum-1)}$ AT !i.tid → (response?i.OK → Skip
  □ response?i.Pause → response?i.OK → Skip); Task$_i$)

□ ($\Box_{tid \in 0..(tasknum-1)}$ TT !i.tid → response?i.OK → Skip
  □ response?i.Pause → response?i.OK → Skip); Task$_i$)

□ ($\Box_{tid \in 0..(tasknum-1)}$ CT !i.tid → (response?i.OK → Skip
  □ response?i.Pause → response?i.OK → Skip); Task$_i$)

□ ($\Box_{tid \in 0..(tasknum-1)}$ S!i.tid → (response?i.OK → Skip
  □ response?i.Pause → response?i.OK → Skip); Task$_i$)

□ ($\Box_{rid \in 0..(resnum-1)}$ GR!i.rid → response?i.OK → Task$_i$)

□ ($\Box_{rid \in 0..(resnum-1)}$ RR!i.rid → response?i.OK → Task$_i$)

□ ($\Box_{tid \in 0..(etasknum-1)}$ ($\Box_{eid \in 0..eventnum-1}$ SE!i.tid.eid
  → (response?i.OK → Skip □ response?i.Pause
  → response?i.OK → Skip); Task$_i$))

□ ($\Box_{tid \in 0..(etasknum-1)}$ ($\Box_{eid \in 0..eventnum-1}$ WE!i.tid.eid
  → (response?i.OK → Skip □ response?i.Pause
  → response?i.OK → Skip); Task$_i$))

□ ($\Box_{eid \in 0..(eventnum-1)}$ CE!i.tid → response?i.OK → Task$_i$)

□ ($\Box_{stid \in 0..(stnum-1)}$ StartST !i.stid → (response?i.OK → Skip
  □ response?i.Pause → response?i.OK → Skip); Task$_i$)

□ ($\Box_{stid \in 0..(stnum-1)}$ StopST !i.stid → (response?i.OK → Skip
  □ response?i.Pause → response?i.OK → Skip); Task$_i$)

□ ($\Box_{stid0 \in 0..(stnum-1)} \wedge_{stid1 \in 0..(stnum-1)}$ NextST !stid0.stid$_1$ → (response?i.OK
  → Skip □ response?i.Pause → response?i.OK → Skip); Task$_i$)

□ ($\Box_{stid \in 0..(stnum-1)}$ SS!i.stid → (response?i.OK → Skip
  □ response?i.Pause → response?i.OK → Skip); Task$_i$)) ;

在任务建模时，采用 tasknum 表示任务总数，resnum 表示资源总数，etasknum 表示扩展任务总数，eventnum 表示事件总数，stnum 表示调度表总数，i 表示该任务 ID，tid、rid、eid 和 stid 分别表示任务请求调度的相关对象的 ID，对应为任务 ID、资源 ID、事件 ID 和调度表 ID。前 etasknum 个任务，即 ID 号为 0..(etasknum－1) 的任务为扩展任务，其余的为基本任务。

建模过程中忽略任务的计算行为，仅关注任务状态的迁移。所有任务都能向 OSschedule 发送相应信号来请求激活任务、请求中止任务，向扩展任务设置事件或请求资源等。总体而言，当某任务通过不同的通道发送消息时，它表明该任务请求相应的服务，建模时采用的通道与 OS 提供的 API 的对应关系间见

表 13.1。

表 13.1 通道与 OS API 的对应关系

通道名	功能说明
AT	对应于 ActivateTask 请求，与 OS API 相对应
TT	对应于 TerminateTask 请求，与 OS API 相对应
CT	对应于 ChainTask 请求，与 OS API 相对应
SE	对应于 SetEvent 请求，与 OS API 相对应
WE	对应于 WaitEvent 请求，与 OS API 相对应
CE	对应于 ClearEvent 请求，与 OS API 相对应
GR	对应于 GetResource 请求，与 OS API 相对应
RR	对应于 ReleaseResource 请求，与 OS API 相对应
S	对应于 Schedule 请求，与 OS API 相对应
StartST	对应于 StartScheduleTable 请求，与 OS API 相对应
StopST	对应于 StopScheduleTable 请求，与 OS API 相对应
NextST	对应于 NextScheduleTable 请求，与 OS API 相对应
SS	对应于 STScheduler 请求，请求 OS 调用调度表

任务通过不同的通道表明对 OS API 的请求，从而针对不同请求进行准确的响应。拥有多引用属性"RESOURCE"的任务能调用 GetResource 和 ReleaseResource。这两个 API 和 ClearEvent 不会引起任务状态的改变。任务还能调用与调度表相关的 API：StartScheduleTable 用于启动某个调度表、StopScheduleTable 用于停止某个调度表或调用 NextScheduleTable 用于将某个调度表作为下一个启动的调度表；这三个 API 不会引起任务状态的改变，但会引起调度表状态的改变。

现在以任务请求调用服务 StartScheduleTable 为例，任务 i 将自己的 ID 号 i 及要求开始的调度表 ID 号 stid 通过通道 StartST 发送给进程 OSschedule。假定任何一个任务能开始任意调度表，因此 stid 的取值范围是 0 到 stnum-1。当任务收到 OSschedule 通过 response 通道发回调度成功的 OK 信号后将继续执行，若任务收到 OSschedule 的调度中断信号 Pause，则保存它的上下文并且会一直等待 OSschedule 的 OK 信号直到接收到信号并从下一轮执行。

13.3.3 调度表的建模

一个应用通常包含一个或多个调度表。任一调度表由若干个 EP 点组成，每个 EP 点包含两个要素：偏移量和动作。动作包含任务的激活或事件的设置。

偏移量表示的是两个 EP 点之间的时间间隔，单位是 tick。调度表由 OS counter 驱动，由于调度表的时间间隔应与系统时钟的时间间隔保持一致，因此采用 tick 来度量系统的实际执行时间。那么，时间间隔的限制能很好地被 Timed CSP 表示。若某调度表要在 t 个 tick 后开始，就可以建模为 Wait[t]。

在系统执行调度表的过程中，调度表按照时间顺序逐个运行 EP 点，从而执行每个 EP 的动作，调度表向 OSschedule 发送 SActivateTask 或 SSetEvent 请求，OSschedule 成功调度将使系统执行相应的功能。

对调度表而言，它被形式化建模为一个 Timed CSP 进程。此处忽略系统调用的内部执行时间并假设这些行为瞬时完成。这个假设可以通过在使用工具建模时，将这些操作设置为瞬时动作实现。

$SchTab_j =_{df} (EP_1; EP_2; ..EP_k ; Wait[finaldelay]; SchTab_j) \square$
$\qquad (EP_1; EP_2; ..EP_k ; Wait[finaldelay] \to Skip);$
$EP_k =_{df} Wait[delay]; (\square_{tid \in 0. (n-1)} SAT\ !j.tid \to Skip) \square$
$\qquad (\square_{tid \in 0. (n-1)} SSE!tid.eid \to Skip) \to$
$\qquad (Sresponse?j.OK_S \to Skip \square Sresponse?j.PauseS \to$
$\qquad Sresponse?j.OK_S \to Skip);$

在进程 $SchTab_j$ 中，j 表示的是调度表的 ID，在每个 EP 点的执行过程中，它等待相应的延迟时间，然后，调度表可以激活若干个任务或给扩展任务设置事件，剩下的 EP 点也以此方式执行。$SchTab_j$ 定义中，"□"之前表示的是周期性调度表的定义，在完成一轮执行后，调度表又可以继续执行；"□"之后表示的是一次性调度表的定义，它每次仅执行一轮。在结束本轮运行前，调度表可能还有最后的延迟时间（在最后一个 EP 点运行完后）。

与 $Task_i$ 进程中采用 AT 通道请求激活任务不同，在调度表中采用新的通道 SAT 来表明激活一个任务。之所以如此，是因为待激活的任务 ID 没有额外的信息表明究竟是任务还是调度表发来要求激活这个任务，因此只能用不同的通道名来区分。另外，OSschedule 采用不同的回复信号 OK_S 和 $Pause_S$ 来区分任务调度的反馈信号 OK 和 Pause。对于调度表请求设置某个事件给任一个扩展任务，采用通道 SSE 区别于任务请求的 SE 也是同样的道理。

13.3.4　OS 调度的建模

进程 OSschedule 负责管理任务、调度表和资源，它有以下四种职能：处理任务的请求、根据不同的需求访问并修改数据表中的数据、任务重调度和安排调度表。因此，OSschedule 由四个进程并发而成：OS、MdfTable、CallScheduler 和 STScheduler。这些进程分别对应上述的四种职能，OSschedule 定义如下：

$OSschedule =_{df} OS\ ||\ MdfTable\ ||\ CallScheduler\ ||\ STScheduler;$

进程 OS 直接和任务或调度表通信，它负责处理任务或者调度表的各种请求，各种请求对应于多个子进程，这些进程的名字和对应的 API 同名，OS 定义如下：

OS $=_{df}$ ActivateTask‖ TerminateTask ‖ ChainTask
　　　‖ Schedule ‖ SetEvent ‖ WaitEvent
　　　‖ ClearEvent ‖ GetResource ‖ ReleaseResource
　　　‖ SActivateTask ‖ SSetEvent ‖ StartScheduleTable
　　　‖ StopScheduleTable ‖ NextScheduleTable ;

在上述定义中，多个子进程名字均与 AUTOSAR OS 中提供的 API 同名，但与表 13.1 不同的是，此处新增了两个子进程：SActivateTask 与 SSetEvent，分别对应于调度表的请求。

任务和调度表均能请求激活任务和设置事件的操作，为了区分不同的通信对象，激活任务和设置事件对应于调度表的是 SActivateTask 与 SSetEvent，对应于任务的是 ActivateTask 与 SetEvent。

OSschedule 通过通道 StartST 接收任务的 ID 号 i 及要求启动的调度表的 ID 号 stid，从而采用 MdfTable 更改待启动调度表的状态等信息，接着 OS 通过 CallScheduler 对调度表进行调度。最后，OS 调度器通过通道 response 返回调度成功还是中断的信号。这样便与任务的 StartScheduleTable 请求完成交互。

子进程 StartScheduleTable 的定义如下：

StartScheduleTable $=_{df}$ StartST ?i.stid → MdfTableStartST → ScallScheduler
　　　→（response!i.OK → Skip □ response!i.Pause → Skip）;

该进程处理的是某任务要求开始调度表的请求，OS 接收请求的任务 ID 号 i 和通过通道 StartST 传来的待开始的调度表 ID 号 stid，MdfTableStartST 根据这两个 ID 号修改数据表中待启动调度表的状态等信息记录，ScallScheduler 选择下一个待运行的调度表并修改相应调度表的状态，若正在调用的调度表是下一个待运行的调度表，该进程会通过通道 response 发送 OK；若想终止此任务，则发送 Pause 给该任务。

考虑激活任务进程：SActivateTask，其定义如下：

SActivateTask $=_{df}$ SAT ?j.tid → MdfTableSAT → callScheduler
　　　→（Sresponse!j.OK$_S$ → Skip □ Sresponse!j.PauseS → Skip）;

此进程与 ActivateTask 类似，它处理的是某个调度表要求激活一任务的请求。由于调度表和任务都可以请求激活任务，所以采用不同的发送通道和不同的接收通道来区分：与在任务进程中采用 AT 通道不同，在调度表中采用新的通道 SAT 来标明激活一个任务。这样做的原因是 task ID 没有额外的信息表明究竟是 task 还是调度表发来要求激活某个任务，只能用不同的通道名来区分。另外，采用不同的回复信号 OK_S 和 $Pause_S$ 来区分 OS 调度器反馈回来的不同信号。对于设置某个事件给任一个扩展任务，在调度表中采用通道 SSE 区别于 SE。

在 AUTOSAR OS 的建模过程中，进程 MdfTable 是在 OSschedule 中用来实时维护调度表、任务、资源、事件信息的子进程。当操作系统调用 CallScheduler 用来对任务进行调度，在这过程中会引起各个任务运行状态的改变。这些信息的更新都由 MdfTable 来完成，其具体定义如下：

MdfTable $=_{df}$ MdfTableAT || MdfTableT T || MdfTableCT
     || MdfTableSE || MdfTableW E || MdfTableCE
     || MdfTableGR || MdfTableRR || MdfTableSAT
     || MdfTableSSE || MdfTableStartST || MdfTableStopST
     || MdfTableNextST ;

操作系能响应任务和调度表的多种请求，因此 MdfTable 分别针对每一种请求予以响应，每次只更新该请求下的响应信息，对每种请求的响应操作不同，但其建模原理是一致的。

下面以其中的 MdfTableStartST 为例，该子进程对应于调度表请求调用 StartScheduleTable，操作系统更新调度表的状态。其具体定义如下：

MdfTableStartST $=_{df}$ mdfTable_StartST ?i.stid →
     if (SchTabState[stid] == Sstopped)
     {{SchTabState[stid] = Snext} → {SReadyQueue[sreadynum] = stid} →
     {sreadynum + +} → Skip};
     mdfTable_StartST_res!OK_S → MdfTable;

该进程接收调度表的 ID 号 stid，因为只有调度表处于停止状态，才能请求开始调度。即待开始的调度表状态为 Sstopped 时该请求才有效。进行合法性判断后，若合法，则将其放入调度表就绪队列 SReadyQueue 并更改该队列中的对应信息，同时将此调度表状态更新为 Snext。更改 SReadyQueue 中的具体信息操作在 STCallScheduler 中实现。当信息更新全部完成后，由通道 mdfTable_StartST_res 向操作系统发送 OK_S 信号，表明对调度表的处理已响应，且调度表状态的更新已完成。

调度表的调度策略对整个系统而言是相当重要的，AUTOSAR OS 采用判别每个调度表的初始偏移量来决定调度哪个调度表，它禁止同一时刻任何两个调度表同时运行。系统总是优先调用初始偏移量最小的调度表。调度表的调度策略 STScheduler 与 CallScheduler 类似，CallScheduler 采用比较任务就绪队列中任务优先级的方式选取每次运行的任务，而 STScheduler 采用比较调度表就绪队列中每个调度表的初始偏移量来选取每次要运行的调度表。两者区别在于在任务调度时就绪队列按照任务的优先级降序排列，在安排调度表时调度表就绪队列按照其初始偏移量升序排列。

此处只选取 STScheduler 的定义为例，讲述 OS 中调度算法的形式化模型。STScheduler 的具体实现如下：

STScheduler $=_{df}$ ScallScheduler?i →
　　{var index = 1; minSTID = 0;
　　if（SReadyQueue[index − 1]! = −1）
　　　　{minSTID = SReadyQueue[index − 1];
　　　while（index < 10&SReadyQueue[index]! = −1）// 就绪队列长度为 10.
　　　　{if（SchTabInitOff [minSTID] >
　　　　SchTabInitOff [SReadyQueue[index]]）
　　　　　　{minSTID = SReadyQueue[index]; }index + +; }; }} →
　　if（SchTabInitOff [minSTID] >= SchTabInitOff [i]）
　　{ScallScheduler_res!OKS → Skip}
else{{SchTabState[i] = Snext} →
　　{SchTabState[minSTID] = Srunning} →
　　　{varindex = 0;
　　　while（SReadyQueue[index]! = −1）
　　　{if（SReadyQueue[index] == minSTID）
　　　　{while（SReadyQueue[index + 1]! = −1）
　　　　{SReadyQueue[index] = SReadyQueue[index + 1]; index + +; }
　　　}index + +; };
　　SReadyQueue[index − 1] = i; } →
ScallScheduler_res!Pause_S → Sresponse!minSTID.OK_S → Skip};
STScheduler;

其基本原理是，每次选取就绪队列中初始偏移量最小作为下次要调度的对象。在调度时，把运行完的调度表状态变为 Sstopped, 将调度的对象移出就绪队列，并将其状态变更为 Srunning。而调度表的就绪状态是在 OSschedule 接收到任务请求 StartScheduleTable 开始时更新。

13.4 EMS 建模

有了 AUTOSAR OS 的模型，下面将对 EMS 进行建模。对基于 AUTOSAR OS 应用的建模，一个关键问题是运用 OS 提供的接口对应用进行实例化分析，建模的基本思路是先从整体把握，分析该应用中有哪些任务、哪些调度表。

本节针对汽车发动机管理系统，分析其任务和调度表，并结合 OS 的 API 分别给出其 Timed CSP 模型描述。

EMS 包括控制部分和执行部分两部分，采用 AUTOSAR 中的任务机制和调度表机制来描述控制部分。对于执行部分，采用 Timed CSP 中的进程来模拟四个不同气缸的四个不同行程的并行特性。

图 13.6 所示为 EMS 的基本架构，包括控制部分和执行部分的架构。

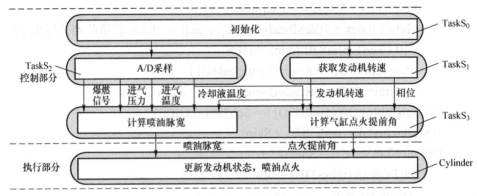

图 13.6　EMS 模型架构

整个应用由 4 个基本步骤组成，前 3 个步骤属于控制部分，最后一部分属于执行部分。这 4 个步骤如下：

- 步骤 1：应用程序初始化汽车电子控制单元（ECU）和相应外围设备。该工作是一次性的，在以下部分用 $TaskS_0$ 表示。
- 步骤 2：通过对外部环境进气压力和温度以及冷却液温度的 A/D 采样，这些动作都在 $TaskS_2$ 中体现出来。同时，根据增强型时序处理单元（eTPU）的信号，此步骤会获取发动机转速和相位（发动机曲轴的旋转角度），这些都在接下来的 $TaskS_1$ 中体现出来。$TaskS_2$ 的执行周期为 2 个单位时间，$TaskS_1$ 的激活周期为 1 个时间单位。
- 步骤 3：在该步骤中需根据环境参数计算喷油脉宽从而决定喷油的数量，同时也会计算点火提前角从而决定气缸何时点火，以上这些动作都将在任务 $TaskS_3$ 中描述，根据 EMS 的需求，该任务的激活工作每 10 个时间单位执行一次。
- 步骤 4：EMS 应用更新发动机状态并触发四个气缸的点火过程。这四个气缸的四个行程按特定的模式进行，这种模式类似于流水线，将在 Cylinder 进程中给出具体描述。一旦开始，这四个气缸将一直按这个模式运转下去。

13.4.1 控制部分建模

根据上述描述的 EMS 工作原理，抽取出 4 个任务：$TaskS_0$ 用来进行初始化工作，它是一次性任务；$TaskS_1$ 负责采样 A/D 转换数据；$TaskS_2$ 获取发动机的转速；$TaskS_3$ 更新发动机状态并且触发四个缸的燃烧进程。由于 $TaskS_1$、$TaskS_2$ 和 $TaskS_3$ 是周期性任务，采用调度表机制来调度这三个任务。因此，EMS 的控制部分被建模成 4 个 Task 和一个调度表，图 13.7 描述了这个周期为 10，最终偏移量为 0 的周期性调度表。由此可以推断，当 $TaskS_3$ 开始时，$TaskS_1$ 已经进行过 10 次了，$TaskS_2$ 已经进行 5 次了，如图 13.7 所示。

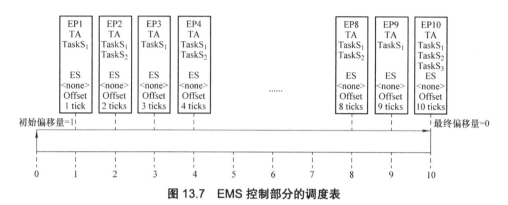

图 13.7　EMS 控制部分的调度表

进程的 $TaskS_i$ 表示 ID 号为 i 的任务进程，此处列出 $TaskS_i$ 的定义如下：

$TaskS_0 =_{df\,response} ?0.OK \rightarrow initial \rightarrow Task0;$

$TaskS_1 =_{df\,response} ?1.OK \rightarrow rpm!mid \rightarrow phase!mid \rightarrow Task1;$

$TaskS_2 =_{df\,response} ?2.OK \rightarrow knock!mid \rightarrow$
　　　　　　$intake\_pressure!mid \rightarrow coolant\_temp!mid \rightarrow Task2;$

$TaskS_3 =_{df\,response} ?3.OK \rightarrow rpm?mid \rightarrow phase?mid \rightarrow$
　　　　　　$knock?mid \rightarrow intake\_pressure?mid \rightarrow$
　　　　　　$coolant\_temp?mid \rightarrow width\_value!mid \rightarrow$
　　　　　　$TDC\_ING!mid \rightarrow Task3;$

$TaskS_0$ 首先接收来自系统的启动响应，然后进行初始化工作，此处使用一个执行动作 initial 来表示整个系统的初始化动作。然后它根据外部选择可以做 AUTOSAR OS 提供的 14 个服务接口中的若干个。

$TaskS_1$、$TaskS_2$、$TaskS_3$ 首先接受来自系统的回复。$TaskS_1$ 将发动机转速传给 $TaskS_3$，采用信号 mid 通过通道 rpm 和通道 knock 来表示这两个任务之间的通信。

$TaskS_2$ 和 $TaskS_3$ 之间的通信信号包括相位、进气温度、冷却液温度，采用相同的信号 mid 和 3 个不同的通道：knock、intake_pressure 和 cooltant_temp 来描述它们之间的通信。

TaskS$_3$ 不仅和 TaskS$_1$ 以及 TaskS$_2$ 有通信，同时也触发了四个气缸的燃烧过程，这些过程在接下来的进程 Cylinder 中呈现出来。

采用两个不同的通道 width_value 和 TDC_ING 来表示 TaskS$_3$ 和 Cylinder 之间的通信，所有任务（TaskS$_0$、TaskS$_1$、TaskS$_2$ 和 TaskS$_3$）都能执行 AUTOSAR OS 中提供的服务。

采用 ScheduleTables$_{EMS}$ 来调度 TaskS$_1$、TaskS$_2$ 和 TaskS$_3$，由于这三个任务都是周期性的，ScheduleTables$_{EMS}$ 也是周期性的。它被定义如下：

ScheduleTablesEMS =$_{df}$ Sresponse?0.OKS → ScheduleTable；
ScheduleTable =$_{df}$ EP0; EP1; EP0; EP1; EP0; EP1;
    EP0; EP1; EP0; EP2; ScheduleTable;

其中进程 EP$_0$ 对应于图 13.7 描述的 EP1、EP3、EP5、EP7 和 EP9，其定义如下：

EP$_0$ =$_{df}$ Wait[1]; SAT !0.1 →（Sresponse?1.OK → Skip □
  Sresponse?1.Pause → Sresponse?1.OK → Skip）；

进程 EP$_1$ 对应于图 13.7 中描述的 EP2、EP4、EP6 和 EP8，其定义如下：

EP$_1$ =$_{df}$ Wait[1]; SAT !0.1 →（Sresponse?1.OK → Skip □
  Sresponse?1.Pause → Sresponse?1.OK → Skip）；
  SAT !0.2 →（Sresponse?2.OK → Skip □
  Sresponse?2.Pause → Sresponse?2.OK → Skip）；

进程 EP$_2$ 对应于图 13.7 中描述的 EP10，其定义如下：

EP$_2$ =$_{df}$ Wait[1]; SAT !0.1 →（Sresponse?1.OK → Skip □
  Sresponse?1.Pause → Sresponse?1.OK → Skip）；
  SAT !0.2 →（Sresponse?2.OK → Skip □
  Sresponse?2.Pause → Sresponse?2.OK → Skip）；
  SAT !0.3 →（Sresponse?3.OK → Skip □
  Sresponse?3.Pause → Sresponse?3.OK → Skip）；

ScheduleTableS$_{EMS}$ 首先接收来自系统的回复，该应用的任何两个相邻 EP 点的延迟为 1 个时间单位，该调度表包含 3 类 EP 点：一类负责向系统请求激活任务 TaskS$_1$；一类负责向系统请求激活 TaskS$_1$ 和 TaskS$_2$；最后一类负责向系统请求激活 TaskS$_1$、TaskS$_2$ 和 TaskS$_3$。

13.4.2 执行部分建模

对 EMS 执行部分四个气缸燃烧过程的建模，采用 Timed CSP 来模拟四个气缸行程的并行。执行过程中的四个气缸在同一时刻处于互不相同的四个行程。这种并发过程是在软件检测下由硬件完成的。当进程 Cylinder 通过通道 width_value 和 TDC_ING 接收来自 $TaskS_3$ 的信号时,开始启动流水线。气缸流水线模型如下:

Cylinder $=_{df}$ width_value?mid $\rightarrow$ TDC_ING?mid $\rightarrow$ pip_0;

流水线分为两部分:pip_0 模拟流水线不稳定的状态;pip_1 模拟流水线稳定状态。pip_0 执行完后,重复执行 pip_1。

pip_0 $=_{df}$ Wait[1]; atomic{cyl0_intake $\rightarrow$ Skip};
　　　　Wait[1]; atomic{cyl0_compression $\rightarrow$ Skip || cyl1_intake $\rightarrow$
　　　　Skip};
　　　　Wait[1]; atomic{cyl0_power $\rightarrow$ Skip || cyl1_compression $\rightarrow$
　　　　Skip || cyl2_intake $\rightarrow$ Skip}; pip1;

pip_1 $=_{df}$ Wait[1]; atomic{cyl_0_exhaust $\rightarrow$ Skip || cyl_1_power $\rightarrow$
　　　　Skip || cyl_2_compression $\rightarrow$ Skip || cyl_3_intake $\rightarrow$ Skip};
　　　　Wait[1]; atomic{cyl_0_intake $\rightarrow$ Skip || cyl_1_exhaust $\rightarrow$
　　　　Skip || cyl_2_power $\rightarrow$ Skip || cyl_3_compression $\rightarrow$ Skip};
　　　　Wait[1]; atomic{cyl_0_compression $\rightarrow$ Skip || cyl_1_intake $\rightarrow$
　　　　Skip || cyl_2_exhaust $\rightarrow$ Skip || cyl_3_power $\rightarrow$ Skip};
　　　　Wait[1]; atomic{cyl_0_power $\rightarrow$ Skip || cyl_1_compression $\rightarrow$
　　　　Skip || cyl_2_intake $\rightarrow$ Skip || cyl_3_exhaust $\rightarrow$ Skip}; pip_1;

稳定状态下在同一阶段,四个气缸分别做不同的行程;但对于每个气缸而言,它按序完成每一个动作。在任意时刻,为了保证四个气缸的四个不同动作的同时性,令每一步为原子操作。此处引入 atomic 操作,表示瞬时完成的动作。

EMS 应用建模成由四个任务、一个调度表、进程 Cylinder 和进程 OSschedule 并发而成,其具体定义如下:

Application $=_{df}$ ($TaskS_0$|||$TaskS_1$|||$TaskS_2$|||$TaskS_3$)
　　　　||ScheduleTableS$_{EMS}$||OSschedule||Cylinder

进程 Application 表示的是 EMS 的行为,每个 $TaskS_i$ 以及 ScheduleTableS$_{EMS}$ 都能向 AUTOSAR OS 发送请求,进程 OSschedule 接收这些请求并处理。

13.5　EMS 的验证

为了验证 AUTOSAR OS 模型及其汽车发动机管理系统模型是否满足 AUTOSAR OS 和应用的规范及需求,从这些规范及需求中抽取出 9 种性质,这些性质包括 AUTOSAR OS 的任务管理、资源分配和调度表调度相关的性质,以及汽车发动机管理系统中需要遵循的性质。为了兼顾性质描述的准确性及可读性，这里一阶逻辑来描述这些性质。

要对所关注性质进行形式化描述，一个关键问题是如何将非形式化的特征进行形式化。为此，先引入辅助性质描述的全局数据，列举任务、调度表等AUTOSAR OS 对象以及气缸等应用对象需维护的具体信息。然后基于这些数据采用逻辑表达式分别对 AUTOSAR OS 和发动机管理系统中关注的性质进行说明。

13.5.1 数据结构

建模描述部分已经对 AUTOSAR OS 及汽车发动机管理系统进行行为级描述，接着需要验证系统的正确性。在此过程中，需要关注系统的性质。性质的描述，通过对操作系统级的任务、资源和调度表，以及汽车发动机管理系统中各个气缸的状态的研究实现。为了便于验证，表 13.2 列出了在验证过程中需要维护的全局变量信息。这些信息会在各个系统模型运行时进行更新，在每个时刻只需检查某项目对应的全局变量的值，便可知道该项目的运行状态。

表 13.2 系统的全局变量

项目	需维护的具体信息
任务	任务标识号（TIDS），任务初始优先级（TaskInitPri），任务运行优先级（TaskRunPri），任务被激活次数（TaskActTimes），任务就绪队列（ReadyQueue），任务总数（TaskNum），任务占有的资源（TaskOccupiedRes），就绪任务总数（readyNum），优先级最高的任务标识号（maxID），任务状态（TaskState）
资源	资源标识号（RIDS），资源优先级（ResPri），资源总数（resNum），资源空闲状态（ResState），被占有的资源数目（AllResCount）
调度表	调度表标识号（STIDS），调度表总数（schtabNum），调度表就绪队列（SReadyQueue），调度表状态（SchTabState），初始偏移量最小的调度表标识号（minSTID），就绪调度表总数（sreadyNum），调度表初始偏移量（SchTabInitOff）
汽车	汽车标识号（AutoIDS），发动机状态（EngineState），起动机状态（StaterState）
气缸	流水线状态（status），气缸标识号（CylIDS），气缸状态（CylState）

13.5.2 AUTOSAR OS 性质

考虑 AUTOSAR OS 需求中的五类性质：任务间的互斥性、调度表间的互斥性、天花板优先级协议、防止优先级反转和任务调度无死锁性。

1）任务间的互斥性。表述如下：

$\forall i, j \in \text{TIDS}\cdot$
$(\text{TaskState}_i == \text{running} \land j \neq i$
$\Rightarrow \text{TaskState}_j \neq \text{running})$

AUTOSAR OS 规范中规定在任意时刻,只有一个任务在运行,即当某个 Task_i 在运行时,其他任务不能处于运行状态。任务 ID 不同则表示不是同一个任务。这表明,若当前正在运行的任务为 Task_i,则任意不同于 Task_i 的任务,其状态必不为 running。

2)调度表间的互斥性。表述如下:

$\forall i, j \in \text{STIDS}\cdot$
$(\text{SchTabState}_i == \text{Srunning} \land j \neq i$
$\Rightarrow \text{SchTabState}_j \neq \text{Srunning})$

在系统运行的任何时候,至多有一个调度表在运行,也就是说当某个 SchTab_i 在运行时,其他任何调度表 SchTab_j 不运行。此处的 Srunning 状态表示的是调度表正在运行阶段。

3)天花板优先级协议。表述如下:

$\forall i \in \text{TIDS}, j \in \text{RIDS}\cdot$
$(j \in \text{TaskOccupiedRes}(i) \Rightarrow \text{ResPri}_j > \text{TaskInitPri}_i)$

AUTOSAR 继承了 OSEK/VDX 的任务调度方式,并采用天花板优先级协议(Ceiling Priority Protocol,也称为最高限制协议)进行资源的分配。该协议中资源被赋予特定的优先级,且当该资源被任务占用时,将资源的优先级赋给任务。并且每个任务都有特定的初始优先级,在当前运行任务请求资源时只能请求优先级高于该任务初始优先级的资源。该性质表明,当任务 Task_i 占有资源 Res_j 时,那么必然有被任务 Task_i 占有的资源 Res_j 的优先级高于该任务的初始优先级。

4)防止优先级反转。表述如下:

$\forall i, j \in \text{TIDS}\cdot$
$(\text{TaskState}_i == \text{running} \land \text{TaskState}_j == \text{ready}$
$\Rightarrow \text{TaskRunPri}_i > \text{TaskRunPri}_j)$

优先级反转即由于资源被锁,优先级低的任务延缓了优先级高的任务运行。在任务调度过程中,要防止任务优先级反转情况的发生。高优先级任务的执行不能被低优先级任务抢占,若当前正在运行的任务为 Task_i,则可知它运行时的优先级必然大于就绪队列中任一任务 Task_j 的初始优先级。根据调度策略可知,任务只能请求比它自身初始优先级更高的资源。在得到所请求的资源后,任务优先级变为该任务获得的所有资源中优先级最高的优先级值,这样能有效避免任务间的优先级反转情况发生。

5) 资源分配无死锁。表述如下:

$\forall i \in TIDS, \forall j \in RIDS \cdot$
$(TaskState_i == running \land TaskInitPri_j < ResPri_j$
$\Rightarrow ResState_j == unused)$

AUTOSAR OS 中提到的资源,是一种类似于信号量的数据结构,用来实现任务间对全局数据的互斥访问。在规范中用资源防止死锁的出现。死锁即每一个任务互相锁住对方需要的资源,导致任务处于无限等待状态而不能执行。资源分配的无死锁,即当 $Task_i$ 执行时,它所需资源不能被其他任务占有。而原则上 $Task_i$ 可以申请所有优先级高于它自身初始优先级的资源。

13.5.3 应用性质

发动机管理系统中,由于对应四个气缸,且每四个时间单位气缸对应状态一致,所以采用全局二维数组 CylState[4][4] 记录四个气缸的状态。CylState[4][4] 每个元素的初始值为 $unused_C$,该值表明气缸未开始启动,当气缸开始运转,气缸 i 在时刻 j 对应的状态记录在 CylState[i][j%4] 中,其值为 intake、compression、power 和 exhuast 之一。变量 status 记录的是气缸流水线稳定与否,其值为枚举类型值 stable 或 unstable。气缸的性质有以下三个:

1) 多个气缸固定的启动顺序。表述如下:

$\forall i,j \in CylIDS, k \in \{0,1,2,3\} \cdot$
$(status == unstable \land i < j \land CylState_{ik} == intake$
$\Rightarrow CylState_{jk} == unused_C)$

气缸必须按照合理的顺序启动,也就是说在流水线的不稳定状态,当前面的气缸启动,后续的气缸不能启动。我们采用气缸号来表示气缸的启动顺序,气缸号越小,表明该气缸越早启动。$CylState_{ik}$ 和 $CylState_{jk}$ 是气缸 i 和气缸 j 分别在第 k 步对应的状态,状态 $unused_C$ 表示气缸还未启动。

2) 气缸间的互斥。表述如下:

$\forall i,j \in CylIDS, k \in \{0,1,2,3\} \cdot$
$(status == stable \land i \neq j$
$\Rightarrow CylState_{ik} \neq CylState_{jk})$

根据 EMS 应用需求,为了保证汽车行车过程中车身的平稳性,当四个气

第13章 形式化方法在发动机管理系统建模中的应用

缸都启动后，在同一时刻它们的运行状态互斥，也就是说当四个气缸的流水线稳定后，四个气缸分别互斥地处于进气、压缩、做功和排气状态中的某一个。因此，在相同的第 k 步，任何两个气缸不能处于相同状态。

3）四个行程的固定顺序。表述如下：

$\forall i \in \text{CylIDS}, j \in \{0,1,2,3\} \cdot$
$(\text{status} == \text{stable} \wedge \text{CylinderState}_{ij} == \text{intake}$
$\quad \Rightarrow \text{CylState}_{i((j+1)\%4)} == \text{compression}$
$\quad \wedge \text{CylState}_{i((j+2)\%4)} == \text{power}$
$\quad \wedge \text{CylState}_{i((j+3)\%4)} == \text{exhaust})$

当流水线稳定时，对于某个气缸而言，四个行程通常按照如下特定的顺序循环进行：进气（intake）、压缩（compression）、做功（power）和排气（exhaust），由于受存储空间的限制，$\text{CylinderState}_{ij}$ 表示的是在第 i 个气缸在第 j 个时刻的状态。随着时间的推移，每个气缸的状态值不断更新，但对于每个气缸而言，只需检验相邻四个时刻的状态值，且每隔 4 个时间单位气缸状态又复原。因此将每个气缸的状态存储组织成循环队列，当列变量变化至 3 时，下一步它将被更新为 0。该性质具体体现为：若知道某一时刻气缸的状态为 intake，则必有其往后的三个时刻状态顺次为 compression、power 和 exhaust。与之类似，当某一时刻气缸的状态为 compression，则其往后的三个时刻状态为 power、exhaust 和 intake；当某一时刻气缸的状态为 power，则其往后的三个时刻状态为 exhaust、intake 和 compression；当某一时刻气缸的状态为 exhaust，则其往后的三个时刻状态为 intake、compression 和 power。此处省略这三种情况的数学表达式。

13.6 实现

前几节介绍过 AUTOSAR OS、汽车发动机管理系统的 Timed CSP 模型，以及相关性质提取。本节从模型实现、性质验证和实验结果与分析三个方面来介绍如何在模型检测工具 PAT 中实现系统的形式化模型和形式化性质，以及对性质的验证。

模型检测工具 PAT 是由新加坡国立大学开发的，基于 CSP 语言的验证工具，其原理如图 13.8 所示。

PAT 工具内部包含编辑器、解析器、模拟器和验证器，用户可在编辑界面中编辑系统的形式化模型以及待验证性质。

系统模型的语言建模是基于进程代数 CSP 的，包括 CSP#、Timed CSP 和

Probabilistic CSP 等在内的多种建模语言。

系统性质的描述可采用 LTL 断言、可达性断言、死锁断言和精化断言等。

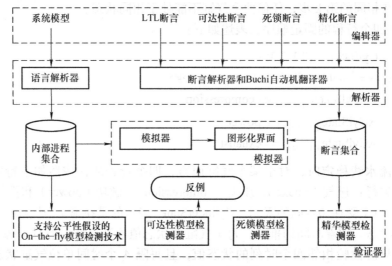

图 13.8　PAT 工作原理

系统模型或断言被 PAT 内部的解析器解析，形成 PAT 的内部进程集合以及断言集合，并根据用户的模拟需求或验证需求，给出相应的模拟结果或验证结果。在验证过程中，若搜索到违背性质，则会给出一个反例路径。

对于 AUTOSAR OS 的五类性质，由于其在验证的整个过程中，这些性质都必须满足，因此在利用 PAT 的可达性分析时，不能直接枚举其所有的正面情况。因为 PAT 在找到满足条件的路径后就终止搜索，而某些路径上满足这五类性质的正面情况，不能代表所有路径都满足。因此对于 AUTOSAR OS 的五类性质，采用取反证明。即当 PAT 在整个搜索空间上搜索不到违背性质的路径，则表明这些性质在整个状态空间上满足。为了防止状态爆炸而导致机器死机的风险，在搜索过程进行了优化。由于 AUTOSAR OS 对于任务及调度表提供的 API 数目是固定的，因此其状态空间中的 AUTOSAR OS 的行为其实是固定的有限种。基于该分析，在实验时用一个大数值 M 设定最大调用深度，当到达最大调用深度而 PAT 仍找不到满足条件的路径时，就认为该断言非法，由于采用的是对性质的取反进行验证，当该断言非法时表明系统满足对应的性质。

13.7　小结

本章重点讨论了形式化建模在 AUTOSAR OS 及其 EMS 系统中的应用，对 AUTOSAR OS 中关于任务、调度表和 OS 调度的部分进行建模，并采用 Timed

第13章　形式化方法在发动机管理系统建模中的应用

CSP 对 AUTOSAR 操作系统进行建模。然后分析 AUTOSAR OS 的应用发动机管理系统，抽取出应用中的任务或调度表及系统本身行为，采用 Timed CSP 建立形式化模型。同时本章还抽取了 AUTOSAR OS 以及发动机管理系统的性质，包括 AUTOSAR OS 的五类性质：操作系统任务间的互斥性、调度表间的互斥性、天花板优先级协议、防止优先级反转以及资源分配无死锁性；发动机管理系统中的三类性质：多个气缸固定的启动顺序、气缸间状态的互斥和四个气缸的固定顺序。先采用一阶逻辑对这些性质进行描述，在验证过程中结合各个系统实例化的模型，给出了每类性质的断言表现形式。最终将所有形式化模型及其性质在模型检测工具 PAT 中进行整合，根据验证结果分析可知，AUTOSAR OS 及其应用满足对应的相关性质。

通过这个例子给读者展示了形式化方法在汽车电子功能安全的概念阶段关于规范建模的应用，在 ISO 26262 标准中，形式化方法分布在功能安全分析的各个阶段，当然采用的方法也是不同的，所用的工具也会不同。

第 14 章
基于 ASIL 等级的电子节气门控制系统（ETC）软件开发

通过对软件开发过程的分析，我们已经了解了基于 V 模型的汽车电子软件开发过程。在开发过程中，从系统设计部分获得了对软件开发的规格说明、技术安全概念和软硬件接口。软件开发过程包括软件安全需求规范、软件架构设计，软件单元设计与实现；在测试阶段，有软件单元测试与验证、软件的集成与验证及嵌入式软件的测试等完成软件的开发。

在软件开发过程中，为了满足一定的 ASIL 等级的要求，在 ISO 26262 标准中给出了一些技术的应用，有些技术是强制推荐使用的，有些技术是推荐使用，有些技术是可选使用。对于强制建议使用的，若没有使用，则需要说明理由。

对于电子节气门控制系统（ETC），是整个汽车电子的核心，它的安全要求非常高，若是没有得到及时控制，可能会造成车毁人亡的结果。因此对于电子节气门控制系统软件的 ASIL 等级一定是最高级的 ASIL D 级。下面，我们将按照 ISO 26262-6 标准，给出在开发电子节气门控制系统软件过程中，需要应用哪些技术开发，以达到 ASIL D 等级的要求。

14.1 整体设计指导

在这部分需要给出在整个软件开发过程中的一些工具、方法、指南等方面的建议。电子节气门控制系统的软件需要达到 ASIL D 等级要求，对于软件开发过程的一些建议见表 14.1。

第14章 基于ASIL等级的电子节气门控制系统（ETC）软件开发

表 14.1 软件开发工具、方法、指南等的建议

主题	强推荐	推荐
强制低复杂度	√	
语言子集的使用	√	
强类型执行	√	
防御实现技术的使用	√	
高可信设计原则的使用	√	
无歧义图形表示的使用	√	
设计指南的使用	√	
约定命名的使用	√	
并发方面	√	

软件的复杂度决定着系统的可维护性、可扩展性和灵活性。软件设计与开发的核心就在于控制复杂度。作为软件开发人员需要以某种方式去组织软件程序，以便能在同一个时刻专注于一个问题。而要尽量减少同一时间考虑的程序量。

软件的复杂度由问题的复杂度、技术的复杂度和环境的复杂度组成。

1）问题复杂度。其含义是对于正确事情的认识，清楚的表达，以及如何验证定义清楚，减轻需求蔓延，降低问题复杂度。

2）技术复杂度。内容包括：更高的抽象，分解，信息封装手段；使用成熟的软件的框架、库、标准、中间件；更加灵活的架构，随着软件持续演化的架构；更高级别语言；提高代码的可读性和维护性、重构等。

3）环境复杂度。其含义是 infrastructure as code 的理念，使用 Docker 提供的封装和标准环境，自动化部署，持续发布，自动化的调度，监控，这些大大降低环境复杂度和运行的复杂度。

对于复杂度的降低可以采用分解下降复杂度，以分解的方式进行的设计，其主要特点是分离职责和关注接口。有效的管理项目范畴需要理解业务的真正需求，减少软件中自制开发的代码行数也会降低项目的复杂度。

对于语言子集的使用，针对一个语言，如 C 语言，应该排除那些在不同的建模工具、编译器、程序员或者代码生成器中有不同理解或解释的语言成分。使用一个有一致性理解的语言子集，以保证在开发过程中的代码被编译、翻译或生成的一致性。

强/弱类型是指类型检查的严格程度的。语言有无类型、弱类型和强类型三种。无类型的不检查，甚至不区分指令和数据；弱类型的检查很弱，仅能严格的区分指令和数据；强类型则严格在编译期进行检查。

预防实现技术，比如在做除法时对除数的检查，在实现分支操作时需要有一个缺省情况的处理，以便能够探测到一个错误，以及在调用时的一个身份认

证等。高可信设计原则的使用，对于一个应用的假设、边界和条件的有效性的验证是需要完成的，可采用代码复用的策略。

14.2 电子节气门控制系统整体架构

电子节气门控制系统结构如图 14.1 所示。

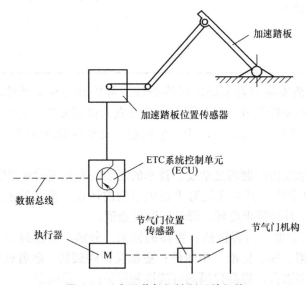

图 14.1 电子节气门控制系统架构

通过加速踏板位置传感器感知踏板的角度，并把其传送给 ETC 控制单元，控制单元通过计算，将节气门控制的角度发送给执行器，调节节气门的角度。其中的 ETC 控制单元就是一个电子控制单元（ECU），其软件系统需要满足 ASIL D 等级。

电子节气门控制系统包括 PWM 控制驱动模块、直流电动机、节气门执行机构、传感器。直流电动机为节气门的转动提供转矩，它是执行元件，减速齿轮机构、节气门阀、复位弹簧组成了执行机构。输入电压作用于直流电动机在电路中产生电流，电流在回路中磁感应场下产生电磁转矩，电磁转矩经过减速齿轮机构减速增矩，带动节气门转动，从而达到改变节气门开度的目的。

系统软件整体流程为：汽车电子节气门控制系统检测是否接收到加速信号，如接收到加速信号，该系统会根据汽车当前的档位和加速踏板的位置来计算出理想汽车的运行速度；系统通过加减速控制算法计算出节气门的开度。汽车空调开启、爬坡行驶和载物行驶都会消耗一部分发动机的功率，这些因素会对汽车速度产生影响，为了减小它们对汽车行驶速度的影响，需要分别计算出三种

第 14 章　基于 ASIL 等级的电子节气门控制系统（ETC）软件开发

情况消耗发动机功率的大小，并对节气门开度进行调节。通过增大节气门的大小来加大发动机的输出功率，从而抵消上述三种因素对汽车行驶速度的影响。发动机的输出功率可以通过节气门的开度来调节，节气门的开度与发动机的输出功率成正比。

14.3　软件架构设计

为了获得电子节气门控制系统的软件架构也能够达到 ASIL D 等级，对于软件架构的表示方法见表 14.2。

表 14.2　软件架构的表示方法的建议

主题	高度推荐	推荐
自然语言	√	
非形式化表示		√
半形式化表示	√	
形式化表示		√

虽然在对软件架构的表示过程中，自然语言的表示会存在歧义性以及二义性的问题，但是，对于有些情况，用形式化或者半形式化是无法表示，这时自然语言就是有利的补充。通过前面的分析，可以看到，为了表示电子节气门控制系统的软件架构，这里采用自然语言与半形式化的表示方法。目前常用的半形式化方法有 UML、SYSML、Simulink 等，这里结合电子节气门控制系统的特点，采用 Simulink 表示。

对于在软件架构设计过程中需要遵循哪些原则，以使系统能够达到 ASIL D 等级，表 14.3 列出了需要使用技术的建议。

表 14.3　软件架构设计原则的技术建议

主题	高度推荐	推荐
软件组件的适当层次	√	
限制软件组件的规模及复杂度	√	
限制接口规模	√	
每个组件内高内聚	√	
每个组件间低耦合	√	
恰当调度特性	√	
限制中断的使用	√	
软件组件的适当的空间隔离	√	
共享资源恰当的管理	√	

在电子节气门控制系统的软件架构的设计过程中，组件的划分应注意高内

聚、低耦合、接口简单、模块层次清楚。根据这些要求，对整个软件架构分为 PID 控制器、PWM 控制器、节气门控制器和传感器。其中 PID 控制器，根据接收到的加速踏板位置信号、结合汽车的档位计算出想要的汽车运行速度；PWM 控制器由汽车运行的速度、想要的理想运行速度，计算 PWM 占空比，控制节气门开度；节气门控制器监测汽车的载重，根据 PWM 计算的节气门开度，计算调节节气门的开度；传感器监测汽车行驶的速度，通过反馈，微调节气门的开度，完成对节气门的调整。其软件架构图如图 14.2 所示。

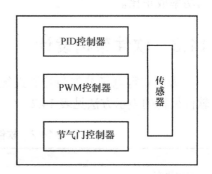

图 14.2　电子节气门控制系统软件架构

为了能够对设计的软件架构进行验证，使得系统能够达到 ASIL D 等级，对于软件架构验证技术的建议见表 14.4。

表 14.4　软件架构验证技术的建议

主题	高度推荐	推荐
设计走读		
设计审查	√	
设计动态行为仿真	√	
原型生成	√	
形式化验证		√
控制流分析	√	
数据流分析	√	
调度分析	√	

审查用来检测在开发和维护阶段内软件的质量变化。在架构设计阶段，就要把质量要求考虑进去。并在开发过程每一阶段的终点，设置检查点进行检查；审查的目的就是要证实已开发的软件是否符合规定的标准和质量要求。

为了验证软件架构的正确性，这里采用 Simulink 为其建立仿真系统，并对其进行仿真。同时，目前 Matlab 支持一些形式化验证技术，这样可通过 Matlab 的线性时态逻辑（LTL）公式表示其满足的性质，完成基于 Matlab 模型的模型检验。

对于软件的控制流和数据流分析，可以采用 CDFG 图，采用静态或动态的方法分析。

通过软件架构描述的表示、设计的技术、验证的技术的使用，完成对 ETC 系统的软件架构的设计，并验证了其正确性。

第 14 章　基于 ASIL 等级的电子节气门控制系统（ETC）软件开发

14.4　软件单元设计与实现

在电子节气门控制系统的软件架构设计完成的基础上，开始模块及单元设计。对软件单元设计的表示，可以采用表 14.5 所列的建议。

表 14.5　软件单元设计的表示方法的建议

主题	高度推荐	推荐
自然语言	√	
非形式化表示		√
半形式化表示	√	
形式化表示		√

可以看到，针对 ASIL D 等级，在软件架构和软件单元设计的表示方法都是高度推荐自然语言和半形式化表示。虽然形式化表示更加严格，但由于其学习成本比较高，因此，这里只给出了推荐。

在软件单元设计中，为了系统能够达到 ASIL D 等级，表 14.6 列出了需要使用技术的建议。

表 14.6　软件单元设计及实现的设计原则的技术建议

主题	高度推荐	推荐
在子程序和函数中是单入口和单出口	√	
在创建时，没有动态对象和变量，否则需要在线测试	√	
变量初始化	√	
变量名没有多次使用	√	
避免使用全局变量，否则需证明其使用的合理性	√	
限制指针的使用	√	
没有隐式类型转换	√	
没有隐藏的数据流或控制流	√	
没有无条件跳转	√	
没有递归	√	

为了便于软件单元设计为后续的验证，以及系统集成，在单元设计中，应遵守软件开发过程中的基本设计原则，以便满足软件开发的"高内聚、低耦合"的目标。

14.5　软件单元验证

软件单元设计完成后，需验证其正确性，验证软件单元使用的方法见表 14.7。

表 14.7 软件架构验证技术的建议

主题	高度推荐	推荐
设计走读		
程序匹配		√
设计审查	√	
半形式化验证	√	
形式化验证		√
控制流分析	√	
数据流分析	√	
静态代码分析	√	
基于抽象解释的静态代码分析		√
基于需求的测试	√	
接口测试	√	
错误注入测试	√	
资源使用评估	√	
若可使用,模型与代码背对背比较测试	√	

在测试过程中,需要测试用例。测试用例的提取方法见表 14.8。

表 14.8 软件单元测试的测试用例提取方法

主题	高度推荐	推荐
需求的分析	√	
等价类的产生于分析	√	
边界值的分析	√	
基于知识与经验的错误猜测		√

为了评估单元测试的覆盖率,对于需求覆盖率、结构覆盖率的评估方法见表 14.9。

表 14.9 软件单元测试的覆盖率度量方法

主题	高度推荐	推荐
语句覆盖		√
分支覆盖	√	
MC/DC 覆盖(Modified Condition/Decision Coverage)	√	

由上海工业控制安全创新功能型平台与华东师范大学联合开发的测试设计工具 SmartUnit 采用人工智能算法,利用自动推理与符号执行技术,自动产生满足覆盖标准的测试用例,并在后台自动执行测试用例。实现支持第三方工具的单元测试数据自动生成的商用工具,通过 ISO 26262 工具认证。SmartUnit 生成的单元测试用例能够无缝应用于汽车电子行业,从而帮助测试人员快速达到

满足要求的语句 / 分支、MC/DC 覆盖。

14.6 软件集成和验证

软件单元测试完成后，需要对软件进行集成，并完成集成软件验证。集成验证的方法见表 14.10。

表 14.10 软件集成验证的方法

主题	高度推荐	推荐
基于需求的测试	√	
接口测试	√	
故障注入测试	√	
资源使用评估	√	
若应用基于模型的设计方法，背对背模型与代码比较测试	√	
控制流数据流验证	√	
静态代码分析	√	
基于抽象解释的静态分析		√

在软件集成测试中，测试用例获得的方法见表 14.11。

表 14.11 软件集成测试的测试用例提取方法

主题	高度推荐	推荐
需求的分析	√	
等价类的产生于分析	√	
边界值的分析	√	
基于知识与经验的错误猜测		√

为了评估集成测试的测试对象测试用例的完整性，需要评估结构的覆盖率，软件集成测试的结构覆盖率的技术见表 14.12。

表 14.12 软件集成测试结构覆盖率评估技术

主题	高度推荐	推荐
函数覆盖	√	
调用覆盖	√	

14.7 嵌入式软件测试

嵌入式软件与其目标环境相关，对嵌入式软件的测试有其不同的方法。首先要给出其测试环境，嵌入式软件测试环境见表 14.13。

表 14.13　嵌入式软件测试环境

主题	高度推荐	推荐
硬件在环的环境	√	
电子控制单元网络环境	√	
整车环境	√	

嵌入式软件的测试方法，见表 14.14，通过这些方法能够满足嵌入式软件需求对规定的相应的 ASIL D 的等级要求。

为了能够获得适当的测试用例，可采用表 14.15 所列的方法。

表 14.14　嵌入式软件测试方法

主题	高度推荐	推荐
基于需求的测试	√	
故障注入测试	√	

表 14.15　嵌入式软件测试用例提取方法

主题	高度推荐	推荐
需求的分析	√	
等价类的产生于分析	√	
边界值的分析	√	
基于知识与经验的错误猜测	√	
功能依赖的分析	√	
可操作用例的分析	√	

14.8　小结

在本章通过电子节气门控制系统的例子，给读者描述了若一个软件系统要到达 ASIL D 等级，可以通过在软件开发的各个阶段运用哪些技术实现其 ASIL D 的等级要求。

参 考 文 献

[1] 史学玲. 功能安全标准的历史过程与发展趋势 [J]. 仪器仪表标准化与计量, 2006 (2): 6-8.

[2] 李跃峰. 功能安全国际标准的研究 [D]. 杭州：浙江大学, 2007.

[3] IEC. Functional Safety of Electrical/Electronic/Programmable Electronic Safety Related Systems [Z]. 2000.

[4] AMKREUTZ R. Summary of Draft IEC 61511 Standard for Functional Safety: Safety instrumented Systems for process Industry [Z]. 2018.

[5] 徐哲. 我国汽车电子产业发展现状及对策研究 [J]. 工业技术经济, 2006, 25 (2): 106-108.

[6] 谢少芳. 现代电子技术在汽车上的应用及未来发展趋势 [J]. 机械设计与制造工程, 2008, 37 (7): 53-56.

[7] 龚进峰, 曹健, 袁大宏. 浅谈我国汽车电子产业现状及发展建议 [J]. 汽车工程, 2004, 26 (3): 363-366.

[8] KIM J, RAJKUMAR R, JOCHIM M. Towards dependable autonomous driving vehicles: a system-level approach[J]. Acm Sigbed Review, 2013, 10(1):29-32.

[9] CHEN B, CHENG H H. A review of the applications of agent technology in traffic and transportation systems[J]. IEEE Transactions on intelligent transportation systems, 2010, 11(2): 485-497.

[10] BROGGI A, BERTOZZI M, FASCIOLI A, et al. The ARGO autonomous vehicle's vision and control systems[J]. International Journal of Intelligent Control and Systems, 1999, 3(4): 409-441.

[11] PERKINS G, MURMANN J P. What does the success of Tesla mean for the future dynamics in the global automobile sector?[J]. Management and Organization Review, 2018, 14(3): 471-480.

[12] 刘志锋. 醇类替代燃料汽车可行性分析 [D]. 长春：吉林大学, 2004.

[13] LI G B. Dimethyl ether (DME): a new alternative fuel for diesel vehicle[C]//Advanced Materials Research. [S.l.]: Trans Tech Publications Ltd, 2011, 156: 1014-1018.

[14] 俞小莉, 元广杰, 沈瑜铭, 等. 气动汽车发动机工作循环的理论分析 [J]. 机械工程学报, 2002, 38 (9): 118-122.

[15] 刘彤, 侯元元, 黄裕荣, 等. 基于专利分析的国内外新能源汽车技术发展现状对比研究 [J]. 科技和产业, 2016, 16 (8): 74-79.

[16] 张晓宇, 赵海斌, 周小柯. 中国新能源汽车产业发展现状及其问题分析 - 基于我国汽

[17] 谢志明，张媛，贺正楚，等．新能源汽车产业专利趋势分析 [J]．中国软科学，2015 (09): 127-141.

[18] LIU Z, HAO H, CHENG X, et al. Critical issues of energy efficient and new energy vehicles development in China[J]. Energy Policy, 2018, 115: 92-97.

[19] SINGH C D, KHAMBA J S. Manufacturing competency and strategic success in the automobile industry[M]. New York: CRC Press, 2019.

[20] 齐亮，贾莉洁，李宏伟．中国新能源汽车商业化发展现状及国际比较研究 [J]．汽车工业研究，2017 (9): 42-48.

[21] LIU K, DU X C. The Strategy Promotes Automobile Industry's Self-Innovation Ability under the Era of "Internet+"[C] //2016 International Conference on Management Science and Management Innovation. Dordrecht: Atlantis Press, 2016.

[22] LAUER J, LIEFNER I. State-Led Innovation at the City Level: Policy Measures to Promote New Energy Vehicles in Shenzhen, China[J]. Geographical Review, 2019, 109(3): 436-456.

[23] 邬肖鹏，刘飞，熊璐，等．ISO 26262 标准下永磁同步电机故障对整车安全性的影响分析 [J]．汽车技术，2013, 449(2): 13-18.

[24] Road Vehicles – Functional Safety: ISO 26262: 2011 [S].

[25] Road Vehicles – Functional Safety: ISO 26262: 2018 [S].

[26] 汪应络．系统工程 [M]．5 版．北京：机械工业出版社，2017.

[27] BIRCH J, RIVETT R, HABLI I, et al. Safety cases and their role in ISO 26262 functional safety assessment[C] //International Conference on Computer Safety, Reliability, and Security. Berlin: Springer, 2013: 154-165.

[28] Exida. Temperature Converter D1072S: FMEDA，Proven-in-use Assessment [Z]. 2018.

[29] SUN T, LEE S H, HONG J P. Faults analysis and simulation for interior permanent magnet synchronous motor using Simulink@ MATLAB[C] //2007 International Conference on Electrical Machines and Systems (ICEMS).New York：IEEE, 2007: 900-905.

[30] 郭海涛，阳宪惠．一种安全仪表系统 SIL 分配的定量方法 [J]．化工自动化及仪表，2006, 33 (6): 65-67.

[31] 茆诗松，王玲玲．可靠性统计 [M]．上海：华东师范大学出版社，1984.

[32] SAE International. Considerations for ISO 26262 ASIL Hazard Classification: SAE J2980: 2018 [S/OL].[2021-03-01]. https://www.sae.org/standards/content/j2980_201804/.

[33] 刘佳熙，郭辉，李君．汽车电子电气系统的功能安全标准 ISO 26262[J]．上海汽车，2011(10):57-61.

[34] Nicolescu G．Model-Based Design for Embedded Systems[J]. Crc Press, 2009, 34(4):657-

664.

[35] 刘木春，艾玲梅，魏清. 基于规范化工作流网建模的模型验证方法 [J]. 陕西师范大学学报（自然科学版）, 2014(03):15-19.

[36] 张庆新. 基于 xUML 的列控系统需求规范验证方法研究 [D]. 北京：北京交通大学，2011.

[37] 杨放春，陈俊亮. 软件需求工程 [J]. 电信科学，1990, 006(002):50-54.

[38] 沈雷，沈备军. 敏捷方法的研究与实践 [J]. 计算机工程，2005, 31(7):219-222.

[39] 芮雄健，王忠民. 基于敏捷软件开发方法的基金管理信息系统开发 [J]. 计算机应用，2004, 24(11):162-165.

[40] 杨善红，李静雯. 测试驱动开发研究 [J]. 黑龙江科技信息，2007(3S):52-53.

[41] 杜美艳. 浅谈测试驱动开发在软件开发中的作用 [J]. 科技信息（学术版），2008 (32):180.

[42] 倪时龙，苏江文，池少宁，等. 一种自动化测试结果持续集成整合方法及系统：CN201410664985. 8[P]. 2015-02-25.

[43] 高珺. 以持续集成方式进行系统自动化部署 [J]. 华东师范大学学报（自然科学版），2015 (01): 373-377.

[44] Agile software development[EB/OL].(2020-07-13)[2021-03-01].https://en.wilipdia.org/wiki/Agile_software_development.

[45] 方菲，孙家骕，王立福，等. 面向对象软件回归测试技术研究 [J]. 软件学报，2001,12(3): 372-376.

[46] 张广泉. 关于软件形式化方法 [J]. 重庆师范大学学报（自然科学版），2002, 19(2):1-4.

[47] 杨军，葛海通，郑飞君，等. 一种形式化验证方法：模型检验 [J]. 浙江大学学报（理学版），2006(04):403-407.

[48] ALAGAR V S，PERIYASAMY K．Vienna Development Method[M]// Specification of Software Systems. New York: Springer, 1998.

[49] ABRIAL J R．The B-Book: Assigning Programs to Meanings[M]. Cambridge: Cambridge University Press, 1996.

[50] SPIVEY J M. The Z Notation[J]. A Reference Manual, 1990, 15(2-3):253-255.

[51] MILNER R. A calculus of communicating system[M]. Berlin: Springer, 1980.

[52] HOARE C A R. Communicating sequential processes[J]. Communications of the ACM, 1978, 21(8):76-85.

[53] MILNER R. Communicating and mobile systems[J]. Cambridge University Press New York, 1999, 42(2-3):191-225.

[54] ISO. Information Processing System, Open Systems Interconnection[C]// LOTOS- A Formal Description Technique Based on the Temporal Ordering of Observational Behaviour.

[S.l.:s.n.], 1989.

[55] GENRICH H J. Predicate/Transition Nets[C]// Petri Nets: Central Models and Their Properties, Advances in Petri Nets 1986, Part I, Proceedings of an Advanced Course, Bad Honnef, 8.-19. September 1986. [S.l.:s.n.], 1986.

[56] REISIG W. Petri Nets: An Introduction[M]. Springer-Verlag, 1985.

[57] HOLZMANN G J. The SPIN Model Checker: Primer and Reference Manual[M]. [S.l.]: Addison-Wesley Professional, 2004.

[58] HENZINGER T A, HOROWITZ B, Christoph M. Kirsch. Giotto: A time-triggered language for embedded programming[J]. Proceedings of the IEEE, 2003, 2211(1): 84-99.

[59] HALBWACHS N, CASPI P, RAYMOND P, et al. The synchronous data flow programming language LUSTRE[J]. Proceedings of the IEEE, 1991, 79(9):1305-1320.

[60] ANSYS SCADE Suite. Model-Based Development[EB/OL].(2020-09-28)[2021-03-01]. https://www.ansys.com/products/embedded-software/ansys-scade-suite.

[61] HENZINGER M, RAGHAVAN P, RAJAGOPALAN S. Computing on data streams[M]// External Memory Algorithms. [S.l.:s.n.], 1999.

[62] HE J, HOARE C A R. Unifying Theories of Programming[C]// Participants Copies for Relational Methods in Logic, Algebra and Computer Science, 4th International Seminar RelMiCS, Warsaw, Poland, Septermber 14-20, 1998. [S.l.]: DBLP, 1998.

[63] ABRIAL J R. Data semantics[M]. [S.l.]: Université scientifique et médicale, 1974.

[64] IBM. Customer Information Control System (CICS) General Information Manual[Z]. 1973.

[65] ABRIAL J R. Modeling in Event-B: System and Software Engineering[M]. [S.l.:s.n.], 2013.

[66] SCHNEIDER S, Davies J, Jackson D M, et al. Timed CSP: Theory and Practice[C]// Real-Time: Theory in Practice, REX Workshop, Mook, The Netherlands, June 3-7, 1991, Proceedings. Berlin: Springer, 1991.

[67] LIMITED I. OCCAM programming manual[M]// Occam Programming Manual. London: Prentice Hall Trade, 1986.

[68] DORWARD S, PIKE R, WINTERBOTTOM P. Programming in Limbo[C]// IEEE International Computer Conference. New York: IEEE, 1997.

[69] MEYERSON J. The Go Programming Language[J]. IEEE Software, 2014, 31(5):104.

[70] CIARDO G, MUPPALA J, TRIVEDI K. SPNP: stochastic Petri net package[C]// Proceedings of the Third International Workshop on Petri Nets and Performance Models. New York: IEEE Computer Society, 1989.

[71] LINDEMANN C. Stochastic modeling using DSPNexpress[C]// Petri Nets and Perfor-

mance Models, 1995. Proceedings of the Sixth International Workshop on. New York: IEEE, 1995.

[72] CHIOLA G , FRANCESCHINIS G , GAETA R , et al. GreatSPN 1.7: Graphical editor and analyzer for timed and stochastic Petri nets[J]. Performance Evaluation, 1995, 24(1-2): 47-68.

[73] HOARE, C. A R . An axiomatic basis for computer programming[J]. Communications of the ACM, 1969,12(10):576-585.

[74] COHEN E , NARAIN S . Temporal Logic[M]// Wiley Encyclopedia of Electrical and Electronics Engineering. Hoboken: John Wiley & Sons, Inc. 1999.

[75] BABENYSHEV S, RYBAKOV V. Linear temporal logic LTL: basis for admissible rules[J]. Journal of Logic and Computation, 2011, 21(2): 157-177.

[76] CLARKE E M , EMERSON E A . Design and Synthesis of Synchronization Skeletons Using Branching Time Temporal Logic[C]// 25 Years of Model Checking - History, Achievements, Perspectives. Berlin: Springer, 2008.

[77] INGERMAN P Z . "Panini-Backus Form" suggested[J]. Communications of the Acm, 1967, 10(3):137.

[78] REYNOLDS J C . Separation Logic: A Logic for Shared Mutable Data Structures[C]// Proceedings 17th Annual IEEE Symposium on Logic in Computer Science. New York: IEEE, 2002.

[79] MARTIN A J L. Cadence design environment[D]. LasCruces: New Mexico State University, 2002.

[80] BERTOT Y, CASTÉRAN P. Interactive theorem proving and program development: Coq'Art: the calculus of inductive constructions[M]. Berlin: Springer Science & Business Media, 2013.

[81] NECULA G . Proof-Carrying Code[M]. Boston: Springer US, 2011.

[82] BRYANT R E. Graph-based algorithms for boolean function manipulation[J]. Computers, IEEE Transactions on, 1986, 100(8): 677-691.

[83] MCMILLAN K L. Symbolic model checking[M]//Symbolic Model Checking. Boston: Springer, 1993: 25-60.

[84] CLARKE E M, EMERSON E A, SISTLA A P. Automatic verification of finite state concurrent system using temporal logic specifications: a practical approach[C]//Proceedings of the 10th ACM SIGACT-SIGPLAN symposium on Principles of programming languages. New York: ACM, 1983: 117-126.

[85] QUEILLE J P, SIFAKIS J. Specification and verification of concurrent systems in CESAR[C]//International Symposium on programming. Berlin: Springer, 1982: 337-351.

[86] DILL D L. The Mur verification system[C]//International Conference on Computer Aided Verification. Berlin: Springer, 1996: 390-393.

[87] CLEAVELAND R, PARROW J, STEFFEN B. The Concurrency Workbench: A semantics-based tool for the verification of concurrent systems[J]. ACM Transactions on Programming Languages and Systems (TOPLAS), 1993, 15(1): 36-72.

[88] Simulation and Verification Environment (SVE)[EB/OL]. (2020-10-19)[2021-03-01]. https://www.mrcy.com/embedded-signal-processing/software/simulation- verification/.

[89] HENZINGER T A, HO P H, WONG-TOI H. HyTech: A model checker for hybrid systems[C]//International Conference on Computer Aided Verification. Berlin: Springer, 1997: 460-463.

[90] YOVINE S. Kronos: A verification tool for real-time systems[J]. STTT, 1997, 1(1-2): 123-133.

[91] HARDIN R H, HAR'El Z, KURSHAN R P. Cospan[C]//International Conference on Computer Aided Verification. Berlin: Springer, 1996: 423-427.

[92] ROSCOE A W. Modelling and verifying key-exchange protocols using CSP and FDR[C]//Proceedings The Eighth IEEE Computer Security Foundations Workshop. New York: IEEE, 1995: 98-107.

[93] AZIZ A, BALARIN F, CHENG S T, et al. HSIS: A BDD-based environment for formal verification[C]//Proceedings of the 31st annual Design Automation Conference. [S.l.: s.n.], 1994: 454-459.

[94] MANNA Z, BJRNER N, BROWNE A, et al. STeP: The stanford temporal prover[C]//Colloquium on Trees in Algebra and Programming. Berlin: Springer, 1995: 793-794.

[95] BRAYTON R K, HACHTEL G D, Sangiovanni-Vincentelli A, et al. VIS: A system for verification and synthesis[C]//International conference on computer aided verification. Berlin: Springer, 1996: 428-432.

[96] OWRE S, RUSHBY J M, SHANKAR N. PVS: A prototype verification system[C]//International Conference on Automated Deduction. Berlin: Springer, 1992: 748-752.

[97] STEFFEN B, MARGARIA T. META Frame in practice: design of intelligent network services[M]//Correct System Design. Berlin: Springer, 1999: 390-415.

[98] CRAIGEN D, KROMODIMOELJO S, MEISELS I, et al. EVES: An overview[C]//International Symposium of VDM Europe. Berlin: Springer, 1991: 389-405.

[99] GARLAND S, GUTTAG J, STAUSTRUP J. Verification of VLSI circuits using LP[D]. Aarhus: Aarhus University, 1988.

[100] BOYER R S, MOORE J S. A computational logic[M]. Pittsburgh: Academic Press, 1980.

[101] BOYER R S, MOORE J S. A computational logic handbook[M]. Pittsburgh: Academic

Press, 1988.

[102] LESCANNE P. Computer experiments with the REVE term rewriting system generator[C]//Proceedings of the 10th ACM SIGACT-SIGPLAN symposium on Principles of programming languages. New York: ACM, 1983: 99-108.

[103] KAPUR D, ZHANG H. An overview of rewrite rule laboratory (RRL)[J]. Computers & Mathematics with Applications, 1995, 29(2): 91-114.

[104] BARRAS B, BOUTIN S, CORNES C, et al. The Coq proof assistant reference manual: Version 6.1[D]. Inria, 1997.

[105] PAULSON T N L C, WENZEL M. A Proof Assistant for Higher-Order Logic[J]. [2006-06-06]. http://isabelle. in. tum. de, 2013.

[106] PAULSON L C. Isabelle: A generic theorem prover[M]. Berlin: Springer Science & Business Media, 1994.

[107] LUO Z, POLLACK R. LEGO proof development system: User's manual[M].Edinburgh: LFCS, Department of Computer Science, University of Edinburgh, 1992.

[108] MILNER R. Logic for computable functions description of a machine implementation[D]. PaloAlto: Stanford University, 1972.

[109] PRL Group. Implementing mathematics with the Nuprl proof development system[Z]. 1995.

[110] CLARKE E, ZHAO X. Analytica—A theorem prover in Mathematica[C]//International Conference on Automated Deduction. Berlin: Springer, 1992: 761-765.

[111] DAHLWEID M, MOSKAL M, SANTEN T, et al. VCC: Contract-based modular verification of concurrent C[C]//2009 31st International Conference on Software Engineering-Companion Volume. New York: IEEE, 2009: 429-430.

[112] CIMATTI A, CLARKE E, GIUNCHIGLIA F, et al. NuSMV: A new symbolic model verifier[C]//International conference on computer aided verification. Berlin: Springer, 1999: 495-499.

[113] KROENING D, TAUTSCHNIG M. CBMC–C bounded model checker[C]//International Conference on Tools and Algorithms for the Construction and Analysis of Systems. Berlin: Springer, 2014: 389-391.

[114] HENZINGER T A, JHALA R, MAJUMDAR R, et al. Software verification with BLAST[C]//International SPIN Workshop on Model Checking of Software. Berlin: Springer, 2003: 235-239.

[115] VON HENKE F W, CROW J S, LEE R, et al. The Ehdm verification environment: An overview[C]//Proceedings 11th National Computer Security Conference. [S.l.:s.n.], 1988: 147-155.

[116] 张杰亮. FLEDS 的功能安全评估与形式化建模的研究 [D]. 上海：华东师范大学, 2017.

[117] 彭云辉. 基于 AUTOSAR 的汽车电子操作系统及其应用的建模与分析 [D]. 上海：华东师范大学, 2014.

[118] ARM Germany GmbH. Getting started with MDK:Create applications with μVision for ARM Cortex-M microcontrollers[Z]. 2020.

[119] ST life.augmented:STM32F405xx STM32F407xx[EB/OL].(2020-08)[2020-09-27]. https:www.st.com/resource/en/datasheet/stm32f405rg.pdf.

[120] 中国信息通信研究院.2017 年 12 月国内手机市场运行分析报告 [R/OL].(2018-01-09)[2020-05-06]. https://www.sohu.com/a/215628584_483389.

[121] 电子发烧友. 嵌入式系统展望 [EB/OL].(2018-03-29)[2020-05-10]. http://www.elecfans.com/emb/20180217637251.html.

[122] PATTERSON D A, SÉQUIN C H. RISC I: A Reduced Instruction Set VLSI Computer[C] // Proceedings of the 8th Annual Symposium on Computer Architecture(ISCA). [S.l.:s.n.],1981: 443-458.

[123] TENDLER J M, DODSON J S, FIELDS J S, et al. POWER4 system microarchitecture[J]. IBM Journal of Research and Development, 2002, 46(1): 5-25.

[124] ZHANG C, YAN Y, ZHOU H, et al. Smartunit: Empirical evaluations for automated unit testing of embedded software in industry[C]//2018 IEEE/ACM 40th International Conference on Software Engineering: Software Engineering in Practice Track (ICSE-SEIP). New York: IEEE, 2018: 296-305.

[125] BOOCH G . The Unified Modeling Language User Guide[M]. [S.l.]: Addison-Wesley, 2006.

[126] BURGER E J . Flexible views for view-based model-driven development[C]// International Doctoral Symposium on Components & Architecture. New York: ACM, 2013.

[127] Mathworks. Simulink - Simulation and Model-Based Design - MATLAB[Z]. 2020.

[128] BABENYSHEV S, RYBAKOV V. Linear temporal logic LTL: basis for admissible rules[J]. Journal of Logic and Computation, 2011, 21(2): 157-177.

[129] FORSBERG K, MOOZ H. The relationship of system engineering to the project cycle[J]. INCOSE International Symposium, 1991, 1(1): 57-65.

[130] Docker. Enterprise Container Platform[Z]. 2020.

[131] ALLEN F E. Control flow analysis[J]. ACM Sigplan Notices, 1970, 5(7): 1-19.

[132] DUNJÓ J, FTHENAKIS V, VÍLCHEZ J A, et al. Hazard and operability (HAZOP) analysis. A literature review[J]. Journal of hazardous materials, 2010, 173(1-3): 19-32.

[133] XING L, AMARI S V. Fault tree analysis[M]//Handbook of performability engineering.

London: Springer, 2008: 595-620.

[134] STAMATIS D H. Failure mode and effect analysis: FMEA from theory to execution[M]. Milwaukee: ASQ Quality press, 2003.

[135] OSTROFF J S. Formal methods for the specification and design of real-time safety critical systems[J]. Journal of Systems and Software, 1992, 18(1): 33-60.

[136] KOPETZ H. Automotive electronics[C]//Proceedings of 11th Euromicro Conference on Real-Time Systems. Euromicro RTS'99. New York: IEEE, 1999: 132-140.

[137] 刘军. 精通 STM32F4: 寄存器版 [M]. 北京：北京航空航天大学出版社, 2019.

[138] STMCU. STM32F4xx 中文参考手册 [Z].2020.

[139] GREENHALGH P. LITTLE technology: The future of mobile[R]. Cambridge: ARM Limited, 2013.

[140] CHEN Y A, CLARKE E, Ho P H, et al. Verification of all circuits in a floating-point unit using word-level model checking[C]//International Conference on Formal Methods in Computer-Aided Design. Berlin: Springer, 1996: 19-33.

[141] LOWE G. Breaking and fixing the Needham-Schroeder public-key protocol using FDR[C]//International Workshop on Tools and Algorithms for the Construction and Analysis of Systems. Berlin: Springer, 1996: 147-166.

[142] MITCHELL J C, SHMATIKOV V, STERN U. Finite-State Analysis of SSL 3.0[C]//USENIX Security Symposium. 1998: 201-216.

[143] CLARKE E M, GRUMBERG O, HIRAISHI H, et al. Verification of the Futurebus+ cache coherence protocol[J]. Formal Methods in System Design, 1995, 6(2): 217-232.

[144] CIMATTI A, GIUNCHIGLIA F, MONGARDI G, et al. Model checking safety critical software with SPIN: an application to a railway interlocking system[C]//International Conference on Computer Safety, Reliability, and Security. Berlin: Springer, 1998: 284-293.

[145] SREEMANI T, ATLEE J M. Feasibility of model checking software requirements: A case study[C]//Proceedings of 11th Annual Conference on Computer Assurance. COMPASS'96. New York: IEEE, 1996: 77-88.

[146] BA W. Whetstone: A synthetic benchmark[J]. Computer Journal, 1976, 19(1): 43-49.

[147] WEICKER R P. Dhrystone: a synthetic systems programming benchmark[J]. Communications of the ACM, 1984, 27(10): 1013-1030.

[148] WEIDERMAN N. Hartstone:Synthetic Benchmark Requirements for Hard Real-Time Applications[R]. Pittsburgh: Carnegie Mellon University, 1989.

[149] KAR R, PORTER K. Implementation of rhealstone benchmark proposal[J]. Dr.Dobbs Journal, 1990,4(2):46-55.

[150] Microsoft/ POSIX/ subsystem[EB/OL]. (2020-08-11)[2021-03-01]. https://en.wikipedia.org/wiki/Microsoft_POSIX_subsystem.

[151] LIU JW S. 实时系统[M]. 北京:高等教育出版社, 2002.

[152] LIU C L, LAYLAND J W. Scheduling algorithms for multiprogramming in a hard-real-time environment[J]. Journal of the ACM (JACM), 1973, 20(1): 46-61.

[153] 汤小丹, 梁红兵, 哲凤屏, 等. 计算机操作系统[M]. 西安:西安电子科技大学出版社, 2007.

[154] PHILLIPS C A, STEIN C, WEIN E T. Optimal time-critical scheduling via resource augmentation[J]. Algorithmica, 2002, 32(2):163-200.

[155] BARUAH S K, COHEN N K, PLAXTON C G, et al. Proportionate progress: A notion of fairness in resource allocation[J]. Algorithmica, 1996, 15(6): 600-625.

[156] KELLY O R, AYDIN H, ZHAO B. On partitioned scheduling of fixed-priority mixed-criticality task sets[C]//2011 IEEE 10th International Conference on Trust, Security and Privacy in Computing and Communications. New York: IEEE, 2011: 1051-1059.

[157] FISHER N, BARUAH S, BAKER T P. The partitioned scheduling of sporadic tasks according to static-priorities[C]//18th Euromicro Conference on Real-Time Systems (ECRTS'06). New York: IEEE, 2006: 127.

[158] KATO S, YAMASAKI N. Semi-partitioned fixed-priority scheduling on multiprocessors[C]//2009 15th IEEE Real-Time and Embedded Technology and Applications Symposium. New York: IEEE, 2009: 23-32.

[159] KATO S, YAMASAKI N. Portioned static-priority scheduling on multiprocessors[C] //2008 IEEE International Symposium on Parallel and Distributed Processing. New York: IEEE, 2008: 1-12.